사회복지
정책의
이해

사회복지
정책의
이해

정헌영 지음

머리말

　산업혁명 이후 대부분의 국가에서 일찍이 경험하지 못한 사회변화가 진행되고 있다. 산업화에 따른 경제성장은 우리에게 일상생활에 있어서 많은 물질적 풍요와 편의를 제공해주고 있지만, 동시에 많은 문제들도 안겨주고 있다. 급속한 도시화로 인한 주택난 등의 도시문제, 반복되는 경제위기로 인한 실업 및 비정규직 문제, 인구의 고령화 및 저출산 문제, 빈부격차의 확대, 가족해체, 학교폭력 등 다양한 분야에서 인간다운 삶을 위협하는 사회적 문제들이 발생하고 있다. 최근에는 기술발전과 신자유주의라는 세계적 흐름 속에서 고용 없는 성장과 경제 양극화가 더욱 심화되고 있으며, 이에 따라 청년실업이라는 사회문제가 새롭게 대두되고 있는 실정이다.

　'요람에서 무덤까지'라는 말로 상징되는 현대 복지국가의 초석이 되었던 베버리지보고서 이후 사회복지는 현대사회에서 많은 사람들의 관심 대상이 되고 있다. 사회복지는 다양하게 정의될 수 있지만, 위와 같은 사회적 문제들을 잘 해결하여 모든 사람들의 행복과 안녕을 추구하기 위한 사회적 노력이라고 할 수 있다. 우리 헌법도 '모든 국민은 인간으로서의 존엄과 가치를 가지며, 행복을 추구할 권리를 갖는다. 국가는 개인이 가지는 불가침의 기본적 인권을 확인하고 이를 보장할 의무를 지고, 사회보장 및 사회복지의 증진에 노력할 의무를 지며, 모든 국민은 인간다운 생활을 할 권리를 가진다'고 규정함으로써 사회복지의 중요성을 강조하고 있다.

이 책은 사회복지정책을 처음으로 접하는 학생들을 위한 개론서를 목표로 집필되었으며, 크게 10장으로 구성되었다.

먼저 총론 부분인 제1장에서는 사회복지정책의 의의와 발달이론을 다루었다. 제2장에서는 사회복지와 인간이라는 주제로 인간, 욕구, 사회적 위험, 사회문제, 사회복지라는 내용을 다루었다. 제3장에서는 사회복지의 개념, 기준, 관점을 다루었고, 제4장에서는 사회복지의 이념과 가치를 소개하였다.

그리고 제5장에서는 영국을 비롯한 선진국 복지제도의 발달과정과 우리나라 사회복지의 발달사를 소개하였고, 제6장에서는 사회복지정책의 구성요소를 주체, 객체, 급여, 전달체계, 재원으로 나누어 살펴보았다.

제7장에서는 사회복지의 주요 제도의 하나인 공공부조정책에 대해 과거의 생활보호제도와 현재의 국민기초생활보장제도를 비교해서 살펴보았고, 제8장에서는 우리나라의 현행 공공부조 정책을 다루었다. 그리고 제9장에서는 사회복지의 또 다른 주요 제도인 사회보험정책에 대해 국민연금, 건강보험, 산업재해보상보험, 고용보험, 노인장기요양보험 등으로 나누어 살펴보았다.

마지막으로 제10장에서는 노인복지서비스, 아동복지서비스, 장애인복지서비스, 여성복지서비스 등 주요한 분야별 사회복지서비스정책을 소개하였다.

　끝으로 이 책의 발간을 위해 적극 지원해주신 출판사인 한국학술
정보(주) 관계자 여러분께 감사드리며, 아무쪼록 이 책이 사회복지
정책에 관심이 있는 사람들에게 작은 도움이 되길 바라는 마음이다.

2020년 12월
정현영

차 례

제10장 사회복지서비스정책

제1장

사회복지정책의 의의 및 발달이론

사회복지정책의 개념

사회복지정책은 '사회복지'와 '정책'이라는 두 용어의 복합개념
이다. 따라서 사회복지정책의 개념을 파악하기 위해서는 '사회복지
란 무엇이며, 정책이란 무엇인가'에 대한 이해가 선행되어야 할 필
요가 있다.

1. 사회복지의 개념

좁은 의미로서의 사회복지는 복지의 대상을 전체 국민 중에서 보
다 한정된 사회적 약자 또는 사회적 낙오자에 두고, 그들의 구제,
보호, 갱생을 위해 도움을 주는 제반 시책과 방법을 실천하는 활동
을 의미한다. 이러한 좁은 의미의 사회복지는 전문사회사업
(professional social work)이라든가 사회사업(social work) 또는 대
인사회서비스(personal social service)라는 말로 표현하기도 한다.

이와 같은 관점에서 Philip Klein(1968: 7)은 '사회복지란 스스로의 노력으로는 도저히 물질적 자원의 획득이나 건강의 유지가 곤란하거나 불가능한 개인 또는 가족에게 일정한 서비스를 실시·제공하는 일'이라고 보았다.

한편 넓은 의미로서의 사회복지는 제한된 요구호대상자가 아닌 사회구성원 일반을 대상으로 하여 생활의 어려움과 곤란함 등을 해결하고자 하는 활동이다. 이에 따라 넓은 의미의 사회복지에는 좁은 의미의 사회복지의 내용 외에 사회정책, 사회보장, 보건, 의료, 주택, 고용, 교육 등이 포함되며, 국가에 있어서 최저한 또는 평균적 욕구가 충족되지 않는 개인, 가족, 집단 등에 대한 여러 가지 사회적 서비스를 제공하게 된다.

그런데 위와 같은 두 가지 관점은 상호 배타적이라기보다는 상호 보완적인 것이라고 할 수 있다. 즉, 한정적이고 좁은 의미로서의 사회복지는 사회적 약자에 대한 재정적 원조와 서비스를 제공하는 것을 의미하며, 적극적이고 넓은 의미로서의 사회복지는 국민의 보편적 욕구에 대한 공동책임을 의미한다고 할 것이다. 최근의 사회복지는 사회발전과정 속에서 좁은 의미보다는 넓은 의미로 사회복지를 받아들이는 경향이 있다. 또한 사회복지의 의미는 불변하는 것이 아니고 특정 사회나 국가가 처한 시대적·사회적 제반 상황과 여건에 따라 변하는 것이라고 할 수 있다.

결론적으로 현시점에서는 사회복지를 사회의 저수혜자나 요구호대상자를 포함한 전 국민을 대상으로 사회구성원의 생활수준을 개선하기 위한 제반 활동이라고 볼 수 있다.

2. 정책의 개념

정책은 목표와 이의 실현을 위한 행동으로 구성된 것이라고 할 수 있고(Wildavsky, 1979: 20-21), 주로 정부기관이 최선의 수단에 의하여 공익달성을 목표로 결정하는 미래 행동의 주요 지침이라고 볼 수 있다(Dror, 1983: 12).

즉, 정책은 국가나 지방자치단체 등의 권위 있는 공공기관이 사회문제 해결이나 공익을 달성하기 위해 정치·행정적 과정을 거치거나 당위성에 입각하여 의도적으로 결정한 장래의 행동지침이라고 이해할 수 있다.

3. 사회복지정책의 개념

이제 사회복지와 정책을 개념에 대한 이해를 바탕으로 사회복지정책의 개념을 살펴보면, 사회복지정책은 결국 사회복지의 실현, 즉 전체 사회구성원의 삶의 질적 수준을 향상시켜 인간의 복리나 행복, 안녕 등을 도모하기 위하여 국가가 수행하려는 미래의 활동 및 행동지침이라고 할 수 있다. 보다 자세히는 사회복지정책이란 사회복지(국민생활의 질 향상 내지 인간의 복리나 행복, 안녕 도모)라는 공공목표를 달성하기 위하여(사회복지정책 목표) 국가 또는 지방자치단체 등의 기관(사회복지정책 주체)이 정치행정적 과정(사회복지정책 수단 및 방법)을 통하여 전체 국민(사회복지정책 대상자 및 객체)을 위해 수행하려는 장래의 활동 및 행동방침이라고 할 것이다.

사회복지정책의 특성

사회복지정책이 다른 유사한 정책과 독특하게 다른 점은 결국 사회복지가 갖는 독특성과 관련되어 있다고 할 수 있다.

1. 변화하는 정책

사회복지정책은 다른 정책에 비해 상대적으로 빠르게 변화하는 정책이라고 볼 수 있다. 이는 외부적으로 사회변동에 따라 발생하는 사회문제의 내용에 대응하여 사회복지정책의 내용이 달라지기도 하는 한편 한 개인의 경우 삶의 주기에 따라 개인적 욕구가 다를 수 있는데, 특히 자신이 스스로 인간다운 생활을 영위할 수 없는 사회적 약자에 대응하여 사회복지정책의 내용이 변화하기 때문이다.

2. 가치개입적 정책

사회복지정책은 특정한 사회의 경제적·사회적 기반에 따라 그 내용이 달라지므로 사회복지정책은 시대의 소산물이라고 할 수 있다. 물론 사회복지정책도 합리성과 효율성, 효과성을 중시하고 이에 좌우되기도 하나, 사회복지정책은 다른 정책에 비해 상대적으로 가치 및 이념과 강한 연관성을 지니고 있다.

역사적으로 사회복지정책 혹은 사회복지와 관련하여 많은 이념논쟁이 있었던 것도 사회복지정책이 갖는 가치지향적 특성에서 연유하는 것으로 이해할 수 있다.

3. 희소성의 원칙이 지배하는 정책

사회복지정책은 사회 내의 한정된 자원으로 사회 내의 미충족 욕구를 해결하기 위한 정책이다. 그런데 사회복지정책을 통해 해결해야 하는 미충족 욕구는 사회적 자원보다 언제나 많다고 할 수 있다. 물론 이 경우의 자원은 한정된 국가예산을 포함한 사회적 자원 전체를 말한다. 흔히 국가의 예산배분에 있어서 사회복지정책 예산은 지금까지 항상 우선순위를 차지하지 못하였고, 반대로 불황으로 긴축예산을 수립해야 하는 경우에는 우선적으로 긴축대상이 되어왔다.

4. 이익집단의 힘이 약한 정책

민주주의국가에서 모든 시민은 정치과정에 참여하여 자신의 입장과 이익을 투입할 수 있는 권리를 가진다. 특히 이익집단을 통해 집단적으로 자신들의 이해관계를 정치과정에 반영함으로써 자신들에게 유리한 서비스를 향유하는 일이 민주주의 정치체제에서 합법적으로 인정되고 있다.

그런데 사회복지정책은 다른 정책에 비해 정책의 부산물인 사회복지서비스를 향유하는 대상집단이 이익집단화 되는 경우가 많지 않다. 즉, 일반적으로 사회복지정책의 주된 대상인 사회적 취약계층은 사회성과 조직력이 약하여 이익집단화 되는 경우가 드물다.

5. 내용 포착이 어려운 정책

사회복지정책의 개념에서 살펴본 바와 같이 사회복지정책의 내용이 나라마다 사회적·경제적 특수성에 따라 약간씩 상이하므로 그 내용을 구체적이고 정확하게 이해하는 일이 쉽지 않다.

제3절

사회복지정책의 목표

사회복지정책의 목표는 사회복지정책을 통해 달성하려는 미래의 바람직한 상태(desirable condition)를 말한다. 사회복지정책의 목표는 사실 구체적인 사회복지정책의 내용에 따라 매우 다양하다. 예컨대, 빈곤문제 해결을 위한 정책일 경우에는 빈곤문제를 해소하는 것으로 자활이나 직업재활 등을 통한 소득의 확보가 사회복지정책의 목표가 될 수 있다. 이와 같이 구체적 사회복지정책의 내용에 따라 상이한 정책목표가 다양하게 존재하지만, 크게 나누면 사회구성원인 개인이나 집단을 향한 정책목표를 기본적 목표로 볼 수 있고, 또 사회 전체적인 측면에서 요구되는 정책목표를 사회기능적 목표로 볼 수 있다.

1. 기본적 목표
(개인·집단 측면의 사회복지정책 목표)

1) 인간의 존엄성 유지

인간의 존엄성이란 한 개인은 인종, 종교, 연령, 성별, 교육수준, 경제사회적 신분 등의 차이에 관계없이 인간으로서 존엄한 가치를 지닌 존재라는 것을 의미한다.

역사적으로는 1919년 바이마르공화국 헌법에 생존권이 규정됨으로써 인간의 존엄성 유지를 위해 국가가 적극적으로 개입할 수 있는 길이 열리게 되었다. 이러한 생존권 개념을 실현하기 위한 구체적인 제도적 장치가 바로 사회복지정책인 것이다.

오늘날 복지국가를 지향하는 세계 거의 모든 국가에서 국민복지를 위해 각종 사회복지정책적 노력을 강구하고 있다. 우리나라도 인간의 존엄성을 확보하기 위해 「헌법」에 구체적으로 사회복지 관련규정을 설정해놓고 있다. 「헌법」 제34조에 기술된 '모든 국민은 인간다운 생활을 할 권리를 가진다'는 규정이 그것인데, 바로 이 규정이 우리나라 사회복지정책의 기본목표로서의 의미를 지니고 있는 것이다. 즉, 인간다운 생활을 통해서 인간의 존엄성이 유지·확보될 수 있으므로 인간의 존엄성 유지는 사회복지정책의 최고의 기본적 목표라 할 것이다.

2) 자립성 유지

사회복지의 이상이자 목표는 타인에 대한 의존에서 벗어나 자기 스스로 삶을 영위하는 데 있다. 사회복지서비스가 아무리 전문적이고 수준이 높다고 하더라도 자신이 스스로 생활하는 사람과 비교할 수 없는 것이다. 따라서 자립성 유지는 한 개인이 스스로 자신의 생활을 결정하고 영위할 수 있는 데까지 이르도록 사회복지정책이 기본적으로 추구하는 목표가 된다.

3) 개인적 성장과 계발

사회복지는 인간의 문제를 해결하고 예방하는 데서 한 걸음 더 나아가 한 개인이나 가정 혹은 집단이나 지역사회, 국가 등이 성장하고 발전할 수 있는 잠재력을 가진 것으로 이해한다. 그러므로 사회복지정책은 모든 사람들이 제각기 능력에 따라 성장하고 발달할 수 있는 잠재력을 발휘할 수 있도록 돕는 데 목표를 두기도 한다. 또한 사회복지는 인간을 합리적이고 이성적인 존재로 간주하는 한편 자신의 문제를 스스로 해결할 수 있다는 자기결정권(self determination)의 원리를 중시하고 있다.

따라서 개인적 성장과 계발은 사회복지정책의 기본적 목표로서의 중요성을 충분히 갖는다고 하겠다.

2. 사회 기능적 목표
(사회 전체적 측면의 사회복지정책 목표)

1) 사회통합과 안정

사회복지는 사회생활에 있어서 어려움을 갖는 개인이 사회복지적 원조를 통하여 사회생활을 유지하게 함으로써 개인적으로 사회에 적응할 수 있을 뿐만 아니라, 사회 전체적으로도 사회혼란을 방지하게 되어 사회통합과 안정에 기여하게 된다는 것이다. 즉, 사회복지는 사회제도의 하나로서 다른 사회제도가 제 기능을 상실하게 되었을 때, 그 제도를 일시적으로 보충하고 보완해줌으로써 사회 전체의 질서유지와 안정, 통합에 기여한다는 것이다.

따라서 사회통합과 안정은 사회 전체적인 측면에서 볼 때 사회복지정책의 핵심적인 사회 기능적 목표로서 기능한다고 할 수 있다.

2) 경제성장과 경제안정

사회복지가 경제성장에 플러스 효과를 가져오는 것은 사회복지적 활동을 통해 인적자원의 질적 수준을 높임으로써 가능하다고 할 것이다. 이는 건강과 보건, 교육, 주택, 기타 사회복지서비스 등이 노동자의 복지증진은 물론 노동력의 질적 수준을 향상시킨다는 데서 비롯된다. 또한 개발도상국 혹은 저개발국의 경우 경제성장을 위한 자본축적을 위해 사회복지제도를 활용하는 경우가 흔히 있는데, 소비억제를 도모하는 동시에 저축증대와 같은 효과를 지닌 사회보험적 성격의 장기보험을 도입하는 경우가 그것이다. 이처럼 사회보험제도를 활용하여 투자재원을 확보하는 장치로서 사회복지제도를 활용하는 경우가 많이 있다.

시회복지가 비단 경제성장에만 효과를 미치는 것이 아니라, 경기변동에 영향을 미쳐 경기를 안정화시킴으로써 경제성장에 간접적 기여를 하는 측면도 있다. 사회복지재원으로 사용되는 세금의 경우 간접세보다는 직접세가 일반적으로 누진적 성향을 띠고 있으므로 경기변동의 안정화에 기여하게 되는 폭이 크다. 또한 대부분의 국가에서 사회복지재원으로서 누진적 직접세를 채택하는 것이 일반적이어서 경기변동에 기여하는 측면을 짐작할 수 있다.

이처럼 사회복지정책은 여러 나라에서 경제안정과 성장에 기여하는 정책목표로서 활용되는 경향이 있다.

3) 정치적 안정

그동안 다원주의적 민주주의의 발달이 오히려 사회적으로 분파적 이익에만 급급하게 함으로써 사회적 불평등을 야기시켰다는 반성과 비판이 지적되어 왔다. 그것은 정치적 결사의 자유에 힘입어 자신들의 이익을 정치활동에 투입하여 각종 입법화와 정책화를 도모해왔다는 사실에 대한 반성에서 비롯된다. 이로 인해 보다 좋은 조직력을 갖추거나 권력과 금권을 이용해 자신들의 이익을 더욱 증대하여 상대적으로 사회적 약자에게 불평등한 관계를 더욱 강화하게 되었다는 결론이다.

이에 따라 사회복지정책은 각종의 사회복지제도를 활용해 불평등의 해소와 사회적 갈등을 해소하고 이를 통해 정치적 안정을 추구하는 데 초점을 맞추기도 한다. 이러한 견지에서 정치적 안정은 사회복지정책이 정치 영역에서 추구하는 사회 기능적 목표라고 할 수 있다.

사회복지정책의 발달이론

1. 사회양심이론(Social Conscience Theory)

사회양심이론은 베이커(J. Baker) 등이 주장했는데, 사회복지정책의 발달이 사회적 양심의 증대 때문이라고 보는 이론이다. Hall은 사회복지란 다른 사람들의 불행을 도우려는 사회적 양심의 발로에서 비롯된 것이라고 주장하였다. 즉, 복지사각지대 등에 양질의 사회복지정책을 통한 사회복지를 증대시키는 것은 사회적 의무감, 타인에 대한 사랑 등 동정주의적 관점에 입각한 사회적 양심의 증대로 가능해졌다는 것이다.

사회양심이론은 1950년대 영국 사회정책학의 지배적 이론으로서, 사회복지는 사람들의 이타심이 발현된 것이며, 사회양심이론에 의하면 복지국가는 인간의 본성이나 가치에 비추어 당연한 귀결이라고 간주한다,

사회양심이론의 주요 내용은 다음과 같은 5가지로 요약할 수

있다.

첫째, 사회복지정책은 인간이 가지고 있는 서로를 위한 사랑이 국가를 통해 표현된 것이며, 사회복지의 혜택은 전체 공동체를 위해 제공된다.

둘째, 사회복지정책은 사회적 의무감의 확대·심화와 사회적 욕구에 대한 과학적 지식의 증대로 인해 변화되고 발달한다.

셋째, 사회복지정책의 변화는 누적적이며, 계속하여 보다 넓은 범위로 발전한다.

넷째, 사회복지정책의 변화나 개선은 불가피하며, 이에 따라 현재의 사회복지는 역사상 지금까지 가장 높은 수준이다.

다섯째, 비록 현재의 사회복지서비스가 완전한 것은 아닐지라도 사회복지의 주요 문제는 이미 해결되었고, 사회는 안정된 기반 위에 구축되어 있기 때문에 사회복지정책의 지속적 발달에 대한 전망은 낙관적이다.

하지만 사회양심이론은 일정 부분 한계를 노출하는데, 사회양심이론의 단점은 만일 사회양심이론가들이 주장하는 대로 사회복지정책이 사회적 양심의 발로라고 한다면 모든 인간 사회에서 똑같이 사회복지정책이 발전해야 하는데 모든 사회가 똑같지 않다는 것이다. 사회양심이론에 대한 비판은 다음과 같다.

첫째, 사회복지정책의 자비적 특성을 지나치게 강조하여 국가의 역할에 관한 왜곡된 견해를 지니고 있다.

둘째, 사회복지정책의 형성 및 변화에 미치는 압력 및 영향에 대한 분석 등 여타의 사회적 맥락을 간과했다.

셋째, 만약 사회복지정책이 이타심의 발현이라면 이러한 가치의 표현은 모든 형태의 사회에서 비슷하게 나타나야 하는데 그렇지 못하다.

2. 합리론(Rationality Theory)

합리론은 어떤 형태의 사회이든 그것이 산업화되는 과정에서 필연적으로 각종 사회문제가 파생되는데, 이때 이성을 가진 인간이 고안해낸 합리적 문제 해결책이 사회복지정책이라는 것이다, 예컨대 산업화 사회에서 인구증가, 핵가족화, 평균수명의 연장 등으로 인해 전통가족 및 지역사회의 개인에 대한 복지제공기능이 붕괴되기 때문에 노인 및 아동과 같은 취약계층이 필연적으로 형성되는데, 합리적인 인간은 이들의 빈곤이 불필요하고 낭비적인 것으로 인식하기 때문에 이에 대한 합리적인 해결책이나 완화책으로써 사회복지정책이 등장·발전하게 된다는 것이다.

즉, 합리론에 따르면 산업화 과정에서 사회의 변화 속도는 매우 빠르므로 사회복지정책의 발전은 새로운 산업사회로의 전환을 위하여 등장하게 되는 자연적이고 논리적인 과정이라는 것이다. 한편, 합리론에 대한 비판은 다음과 같다.

첫째, 사회문제의 현명한 대책에 대해 합리적 사고만을 유일한 문제 해결의 원동력으로 간주함으로써 마치 문제의 인식과 해결책에 관한 합의가 그때그때 존재하는 것처럼 오해를 불러일으킬 수 있다.

둘째, 건강보험에 대한 의사들의 불만처럼 어떤 개인에게 합리적인 것이 다른 사람에게 불합리할 수 있음을 간과하고 있다.

셋째, 사회복지정책을 탈가치적인 것으로 보고 정책결정과정의 영향 요소로서 이데올로기나 이념을 무시한 측면이 있다.

3. 수렴이론(Convergence Theory)

수렴이론은 산업화론, 합리론 등과 유사한 이론으로서 현대사회를 이해하기 위한 중요한 변수로서 산업화와 경제발전을 들고 있으며, 기술발전 등으로 인한 산업화는 경제성장을 가져오는 동시에 새로운 문제와 미충족 욕구를 수반하게 되고, 경제성장은 새로운 문제와 미충족 욕구의 해결을 위한 자원의 제공을 가능케 하여 복지국가가 등장한다는 것으로, 각 사회의 정치·경제적 형태와 문화 및 역사적 배경이 어떠하든지 간에 산업화된 부유한 사회들은 사회구조는 물론 이념적 측면에서 점점 같아진다는 것이다. 즉, 수렴이론 혹은 기술결정론(technology theory)에서는 산업사회의 사회구조를 결정짓는 것은 인도주의나 양심, 이데올로기나 계급 간의 갈등이 아니라 기술, 즉 산업화이며, 어느 수준의 산업화를 이룬 국가들의 사회복지제도는 어느 한 점으로 수렴되어 서로 비슷하게 되어 있다는 것이다.

이러한 수렴이론에 대한 비판은 다음과 같다.

첫째, 기술을 지나치게 강조함으로써 사회복지정책의 발달에서 각 사회의 문화나 이념 등 다른 요인들의 역할을 경시 내지 무시한 경향이 있다.

둘째, 산업화된 현대사회에서 사회복지제도의 출현이 불가피하고도 당연한 것으로 간주하고 있으나, 이는 제도도입과정에서 나타난 국가 간의 가치 차이를 경시한 것이다.

셋째, 정책결정과정에서 지배계층의 존재나 이익집단의 활동, 가치판단 등을 경시하고 있다.

4. 시민권론(Citizenship Theory)

시민권론은 마샬(Marshall) 등이 주장했는데, 시민권이란 시민에게 부여되는 권리와 권력을 향유할 수 있는 지위로서, 18세기에는 사유재산권 및 법 앞에서의 평등, 표현·사상·신념 등 개인의 자유 등과 같은 공민권(civil right), 19세기에는 투표권 혹은 참정권과 같은 정치권(political right), 20세기에는 최소한의 경제적 복지와 인간다운 생활의 보장에 대해 정부에 서비스제공을 요청할 수 있는 사회권(social right) 내지 복지권(welfare right)으로 발전되었다고 볼 수 있다.

이에 따라 시민권론에서는 사회복지를 법에 규정된 시민의 권리, 즉 사회권(복지권)으로 파악하고 있으며, 불평등한 자본주의 체계의 문제점을 해결하고 갈등관계를 해소하기 위해 복지권에 근거한 사회복지정책이 발전하였다고 보고 있다.

5. 음모론(Conspiracy Theory)

음모론은 피븐(F. F. Piven)과 클로워드(R. A. Clowawd) 등이 주장했는데, 자본가 등 지배계급이 자비심에서가 아니라 빈민을 규제하기 위해 사회복지정책을 이용한다는 이론으로 사회복지정책의 주목적이 인도주의나 양심의 실현이라는 사회양심이론과 반대되는 이론이라고 할 수 있다.

따라서 음모론에서는 대규모 실업 등으로 인해 사회가 불안정할 경우 사회복지정책을 확대 실시하고, 고용이 확대되는 등 사회가 안정될 경우에는 사회복지정책을 축소하거나 폐지하고, 대신 노동윤리를 강조하는 등의 방식으로 대응하는 등, 지배계층이 사회복지정책을 생활처지의 추락과 궁핍에 대해 서민들이 저항하고 투쟁하는 것을 막기 위한 대응책으로 이용한다는 것이라고 보고 있다.

음모론 역시 일정 부분 한계를 노출하고 있는데, 음모론에 대한 비판은 다음과 같다.

첫째, 정책결정자의 의도를 지나치게 중시한 나머지 정치적 현실을 과소평가하고 있다.

둘째, 노인이나 환자 등 사회 안정에 위협적이지 않는 집단에 대한 사회서비스의 확충을 제대로 설명하지 못하고 있다.

셋째, 사회정책에 다소간 음모가 있는 것은 사실이지만 역사적으로 그렇게 자주 또 반드시 성공하지도 않는다.

6. 확산이론(Diffusion Theory)

전파이론이라고도 하는 이 이론은 국가 간 관계가 긴밀하게 이루어지는 현대사회에서 사회복지정책과 사회보장의 아이디어가 국가 간 협력으로 한 나라에서 다른 나라로 전파·확산된다는 설명이다.

사회복지정책의 발달사에서 익히 알려진 대로 1900년대 초반 로이드 조지(Loyd George)는 독일 비스마르크 정권의 사회보험제도를 시찰한 후 이를 모방하여 영국에 노령연금제도를 도입하였는데 확산의 대표적 사례이다. 그리고 제2차 세계대전 후 독립한 제3세계의 국가들은 대부분 식민지시대에 물려받았던 제도를 답습하거나 연장하는 과정에서 자연스럽게 지배국가의 온갖 제도를 도입하게 된 결과가 되었는데, 이 또한 확산의 한 사례라고 할 수 있다.

확산은 보통 두 가지 방식으로 일어나는데, 위계적 확산과 공간적 확산이 그것이다.

위계적 확산은 새로운 제도가 선진국에서 후진국으로 전파되는 경우를 말하는데, 일반적으로 근대화가 먼저 진행된 국가들로부터 늦게 진행된 국가로 위계적 확산이 일어난다. 공간적 확산은 특정 국가에서 만들어진 제도나 프로그램이 우선 인접한 주변국을 중심으로 하여 점차적으로 넓게 확산되어 간다고 본다.

제2장

사회복지와 인간

본 장에서는 먼저 인간 이해에 대한 다양한 시각들을 살펴본 후, 인간을 '환경 속의 인간(person in environment)'으로 보는 사회복지의 시각을 소개한다.

또한 행복한 삶을 영위할 수 없게끔 현대사회에서 발생하는 여러 가지 사회적인 위험과 문제들에 대해 살펴볼 것이다. 사회적 위험은 사회가 공동체적 차원에서 공동으로 대처하기로 명시적 혹은 묵시적으로 승인한 위험을 말한다. 즉 의료, 질병, 실업, 노령, 산업재해, 자녀양육, 직업능력의 상실 등이 그것이다.

그리고 사회문제는 공공문제라는 의미를 가지며, 일반적으로 개인문제와는 다른 사회성과 보편성의 성격을 갖고 있다. 이러한 사회문제의 발생에는 그 전제로서 개인문제의 발생이 선행되며, 개인문제는 욕구의 불충족에서 비롯된다. 이러한 욕구는 충족되어야 하고 해결되어야 할 문제로 보며, 많은 경우 욕구는 문제와 같은 의미로도 사용된다.

마지막으로 사회복지가 현대사회에서 갖는 의의를 살펴보고 그 역할을 논의할 것이다.

제1절

인간의 이해

1. 인간 이해에 대한 다양한 시각

사회복지에 대한 이해는 '인간이란 무엇인가?'라는 질문에서 출발한다.

즉, 사회복지는 인간이 인간다운 삶을 영위할 수 있도록 인간이 겪고 있는 여러 사회문제들을 해결하고, 개개인이 보다 행복하게 살 수 있는 사회를 만드는 것을 목표로 하고 있다. 따라서 사회복지를 이해하려면 우선 인간의 존재와 본질에 대한 이해가 필요하다고 할 수 있다. 인간의 존재와 본질을 밝히기 위한 작업은 철학, 종교, 고고학, 심리학, 사회학 등의 다양한 학문 분야에서 제각각의 의견들이 제시되는 가운데 이루어지고 있다.

1) 철학

소크라테스(Socrates)는 인간을 '이성을 가진 존재'로 보았는데, 그는 인간의 삶에서 가장 중요한 것은 육체의 안녕이나 쾌락을 추구하는 것이 아닌 선을 추구하는 맑은 영혼을 소유하는 것이라고 강조하였다. 소크라테스가 말하는 이성(reason)은 이치에 따라 사리를 분별할 수 있는 인간의 능력을 말하는데, 이는 논리적으로 판단하여 사고할 수 있는 능력으로서 감각적 능력에만 의존해 본능적으로 행동하는 동물과는 다른 인간의 고유한 특징이다.[1] 즉, 소크라테스는 인간은 동물과 다르게 논리적으로 사고하여 이치를 판단할 수 있는 능력을 가지고 있고, 그것에 따라 행동할 수 있기 때문에 인간을 이성적 동물이라고 한다.

아리스토텔레스(Aristoteles)는 인간을 '사회적 동물'로 보았는데, 인간이 개인으로서 존재하고 있어도 그 개인이 유일적(唯一的)으로 존재하고 있는 것이 아니라, 국가나 사회 속에서 끊임없이 타인과의 관계하에 존재하고 있다는 생각이다.[2]

프랑스의 실존주의 철학자인 사르트르(Sartre)는 인간의 존재(實

---

[1] 소크라테스가 활동할 당시 그리스에서는 소피스트(sophist)들이 많이 활동하였다. 소피스트들은 자신이 주장하는 것을 설득하기 위해 논변술을 사용하였다. 그들은 옳고 그른가에 대해서는 중점을 두지 않았다. 단지 자기의 주장을 설득하면 되었다. 이러한 소피스트들에 의하면 진리는 중요하지 않다. 자신의 주장의 관철이라는 목적만 달성하면 된다. 소크라테스는 이것을 옳지 않다고 보았다. 어떤 주장을 하려면 그것이 옳은가를 판단하고, 옳은 것일 때 그것을 주장하고 설득하여야 한다고 생각한 것이다. 이를 위해 소크라테스는 문답법을 사용하였다. '너 자신을 알라'고 한 것도 바로 문답법에서 나온 것이다. 내가 아는 것이 제한적이고 자신이 무지하다고 생각할 때, 인간은 이성에 따라 답을 찾고 진리에 접근할 수 있다는 것이다. 사실 '너 자신을 알라'라는 말은 원래 델파이 신전의 입구에 쓰여 있었던 말이라고 한다. 바로 그 말을 소크라테스는 '네가 진리를 모른다는 사실을 알라[무지(無知)의 지(知)]'라는 뜻으로 최초로 해석한 것이다. 즉 소크라테스가 추구하고자 한 것은 스스로 모른다는 사실을 깨닫고 진리인 지식을 획득해 그 지식을 행동으로 옮기는 선한 행동이라는 것이다.

[2] 사실 아리스토텔레스는 인간을 홀로 살아가는 존재가 아니라 본성적으로 국가나 사회공동체를 구성하여 살아가는 정치적 동물(zoion politikon)로 언급하였는데, 보통 사회적 동물과 같은 의미로 해석한다.

存)란 그 본질에 선행한다고 보았는데, 인간은 어떤 목적에 따라 만들어지지 않았고 또 신이 창조한 것도 아니며, 진화에 따라 생겨난 것도 아니고 그 무엇에 의해서도 창조된 것이 아니라는 것이다. 그에 따르면 우리는 단지 우리가 존재하고 있음을 발견하게 될 뿐이며, 우리 스스로 어떤 존재가 될 것인가 결정해야 하는 것이다.[3]

2) 종교

(1) 기독교

기독교에서는 인간을 하나님에 의해 창조된 존재로 본다. 내재적 존재이고 초월적 존재인 하나님은 인간을 그의 형상대로 창조하였고, 인간으로 하여금 모든 만물을 다스리게 하였다(창세기 1장 26절). 따라서 인간의 운명은 하나님과의 관계에 의해 좌우되며, 또 하나님의 전능만이 인간을 죄의 상태에서 구원할 수 있다고 믿는다. 기독교적 인간관을 요약하면 다음과 같다.

첫째, 인간은 피조물이다. 인간은 전지전능한 하나님에 의해서 창조되었다. 그러므로 인간은 유한한 존재이며, 그의 가능성의 역사적 실현은 제한성을 가지고 있다.

---

3) 사르트르가 말하는 '실존은 본질에 앞선다'는 것의 의미는 인간은 사물의 본질, 즉 목적이 선행한 후의 창조물이 아니라 인간은 그 자체로 존재하는 무(無)의 실존이라는 것이다. 즉, 무이기 때문에 인간은 행동에 의해서 자기 자신을 만들어 나아가는 것이다. 이러함으로써 인간은 행동의 주체요, 선택의 주체다. 인간은 자기가 자기를 선택하는 주체이며, 자기가 자기를 선택하는 이상 그 책임 역시 자기에게 있다. 그리고 내가 내게 대해서 책임을 진다는 것은 전 인류에 대해 책임의 의식을 가지는 것이며 연대(solidarity)의 문제로 나아가게 된다. 이러한 의미에서 사르트르의 실존주의를 실존주의적 휴머니즘이라고도 하는데, 왜냐하면 사르트르의 주장은 인간의 운명은 인간 수중에 장악되어 있기 때문에 이것을 주장하고 이것을 인간에게 자각시켜야 한다는 것이며, 그러한 의미에서 휴머니즘이다. 사르트르에 따르면 자유의 존재이자 실천의 주체인 인간은 이 사회 속에 내어 던져진 우연적인 존재이면서 자기의 자유로운 행동과 노력으로서 이 사회를 초극하고 변혁할 수 있는 것이다.

둘째, 인간은 신의 형상을 가지고 창조되었다. 신의 형상을 지닌 인간은 상상력에 의해 자기를 초월하고, 창조적 활동을 할 수 있다. 인간이 이룩한 역사와 문화의 창조도 바로 이러한 능력을 부여받았기 때문이다.

셋째, 인간은 죄인이다. 그의 본성에 숙명적인 결함이 있는 인간은 하나님의 명령을 거부하고 타락하여 하나님이 주신 자유의지를 자신의 의지대로 사용하는 죄를 짓게 된 것이다(이사야 59장 2절). 이러한 인간은 하나님의 자비와 용서와 사랑에 의해서 구원과 재생이 가능하다는 것이다.

기독교에서는 이상적 인간을 그리스도를 닮은 인간, 즉 하나님을 경외하고, 이웃을 사랑하며, 만물에 대한 책임을 다하는 사람으로 보고 있다.

(2) 불교

동양의 인간관이 서양의 기독교적 인간관과 다른 부분은 하나님과 같은 창조주를 인정하지 않고 인간을 자연의 일부로 보고 있는 점이다. 물론 동양에서도 인간을 자연 중에서도 매우 독특하고 고등한 존재로 보고 있다. 기독교가 인간을 타락에서 구원을 찾아가는 존재로 보고 있는 반면에, 불교에서는 인간을 해탈에 이르는 고통스러운 존재로, 유교에서는 군자와 대인을 지향하는 존재로 보고 있다.

불교에서는 인간이 육체(色)와 감각기능을 가지고 상상하고 행동하며, 의식을 지닌 존재로 본다. 인간은 잘못된 욕심이나 욕구로 인하여 고통스러운 현실에 둘러싸여 있지만, 불성(佛性)[4]을 깨달음으로써 고통을 극복하고 해탈의 경지에 도달할 수 있다고 본다. 이를 위해 불교에서는 인간이 자타불이(自他不二)의 정신을 자각하고 자비의 윤리를 실천할 것을 강조하고 있다.

불교에서는 이상적 인간상을 부처[5]와 보살(菩薩)[6]로 보는데, 보살은 위로는 깨달음을 구하고 아래로는 중생을 가르쳐 상구보리 하화중생(上求菩提 下化衆生)을 구현하게 하는 사람을 말한다.

(3) 유교

유교에서는 하늘과 만물 곧 우주의 모든 존재를 인간과의 관계 속에서 이해하려는 입장으로, 인간이 하늘로부터 부여받아 타고난 선한 본성(仁·義·禮·智)[7]을 갖고 있고, 동시에 자신을 성찰할 수 있는 도덕적 능력을 갖춘 존재로 본다. 즉, 인간과 동물의 차이점은 인간을 착한 성품을 지닌 도덕적 존재로 보고 있다는 점이다. 그러나 인간의 성품은 육체적 욕구에 의해서 악해질 가능성도 있다고 보아 인간을 중간적 존재로 이해하고 있다.

유교는 이러한 우주적 자연관과 공동체적·도덕적 인간관 속에서 인간이 인간답게 행동하고 살아가는 도리를 근본문제로 삼고 있다. 또한 사욕이 선한 본성을 가려 그 유혹에 넘어가는 수도 있지만, 결국에는 극기복례(克己復禮) 하려고 애쓰는 것이 인간이라고

---

4) 부처를 이룰 수 있는 근본 성품으로서 미혹이나 깨달음에 의하여 변하는 일 없이 본래부터 중생에게 갖추어져 있는 근본 성품, 즉 진실한 자기 자신이다. 불교에서는 모든 사람에게 불성이 있기 때문에 부처가 될 수 있고 불교가 성립될 수 있다고 본다.

5) 부처는 깨달음을 통해 주체적으로 지혜와 자비를 실현하는 사람이다.

6) 대승불교에서는 보살을 다른 중생을 구원하기 위해 이 세상에 남아 있는 해탈한 존재라고 본다.

7) 유교에서 말하는 사람이 마땅히 갖추어야 할 네 가지 성품, 곧 어질고, 의롭고, 예의 바르고, 지혜로움을 이른다.

본다. 유교에서는 이와 같이 인간이 악에 빠졌더라도 언제든지 선으로 돌아올 수 있음을 굳게 믿고 있다.

유교에서는 이상적 인간을 군자(君子), 즉 도덕과 학문이 뛰어나 천인합일(天人合一)의 경지에 이른 사람으로 보고 있다.

3) 고고학(archaeology)

고고학은 과거 인간이 남긴 물질적인 흔적인 유물이나 유적을 토대로 고대 인류의 문화를 복원하고 해석하는 학문이다. 오늘날 고고학에서는 인간이 유인원(類人猿)이라는 동물세계에서 유래해서 그 일부분으로 남아 있으며, 선사시대를 거치면서 환경에 적응하면서 문화를 창출해낸 특별한 동물로 보고 있다.

즉 고고학에서는 인간을 오스트랄로피테쿠스(猿人),[8] 직립원인(直立猿人),[9] 슬기 사람(Homo sapiens),[10] Homo sapiens sapiens[11] 등으로 진화하면서 문화를 이루어온, 진화하는 동물로 본다.

---

[8] 오스트랄로피테쿠스(Australopithecus: 원인)는 신생대 신제3기 마이오세부터 제4기 플라이스토세에 살던 유인원과 인류의 중간 형태를 가진 멸종된 화석인류로 500만 년 전에서 50만 년 전에 아프리카 대륙에서 서식했다는 것이 밝혀졌다. 발원지는 동부 아프리카로 추정되며 남아프리카, 사하라사막, 동부 아프리카 일대에서 생존한 것으로 밝혀져 있다. 남방고원(南方古猿) 또는 남방 사람원숭이라는 이름으로도 불린다. 오스트랄로피테쿠스는 현생인류와는 그 모습이 다르지만, 두 발로 걸을 수 있었고(이족보행), 송곳니가 원숭이와는 다르게 작고 덜 날카롭기 때문에 원숭이에 가까운 인간으로 알려졌다. 1924년에 남아프리카에서 발견됐고 그 후 많은 화석이 발견되었다.

[9] 곧선사람(Homo erectus)이라는 뜻으로, 신생대 제4기 홍적세에 살던 멸종된 화석인류로서 160만 년 전부터 25만 년 전까지 전 세계적으로 분포하였으며, 아직도 상당한 논란이 있으나 일반적으로 호모사피엔스(Homo sapiens)의 직계조상으로 간주된다.

[10] 생물학에서 현생인류를 가리키는 말이며, 어원은 라틴어로 '지혜가 있는 사람'이라는 뜻이다. 식물학자 린네(Carl von Linne)가 처음으로 분류하였으며, 우리말로는 '슬기사람'으로도 번역된다. 이들은 4~5만 년 전부터 지구상에 퍼져나가 후기 구석기 문화를 발생시켰다. 그러나 이들의 기원은 아프리카 기원설과 다지역 기원설이 현재 공존하고 있어 확정하기 어렵다. 호모사피엔스는 이족직립보행을 했다는 특징이 있으며, 뇌 용적은 평균 1,350cc로 확대되었고, 도구를 사용할 수 있으며 언어를 사용하는 등 초기 인류에 비하여 발전된 모습을 보였다.

[11] '슬기슬기 사람'이라는 뜻으로 오늘날의 인간을 생물학이나 고인류학의 종(種)으로 나타낼 때

즉 사람을 신성불가침의 존엄한 존재라고 하는 관념론에서 벗어나, '진화된 동물' 또는 '문화를 창조한 동물'로 파악한다.

4) 심리학(psychology)

심리학은 인간행동 가운데 개인행동(personal behavior)을 연구대상으로 하는 학문인데, 현대 심리학의 인간에 대한 관점은 크게 정신분석학적 인간관, 행동주의적 인간관, 인본주의적 인간관 등으로 대별할 수 있다.

(1) 정신분석학적 인간관

정신분석학적 심리학은 프로이트(Freud), 아들러(Adler), 융(Jung), 에릭슨(Erikson) 등에 의해 발전되었고, 인간행동의 이해에 있어서 인간의 정신과정과 이를 지배하는 심층적인 무의식의 세계를 중요시하고 있다. 따라서 인간행동의 이해는 인간의 심층적인 무의식의 세계를 통찰할 때 비로소 가능하다는 견해이다. 정신분석학적 인간관은 행동주의적 인간관과 마찬가지로 인간행동의 원인을 과거에 두고, 개인의 자아의지를 무시하고 있는 점이 공통점이다.

(2) 행동주의적 인간관

행동주의적 심리학은 파블로프(Pavlov), 손다이크(Thorndike), 스키너(Skinner) 등에 의해 발전되었고, 인간행동에 대한 과학적 접근을 목표로 인간행동을 이해하고 설명하는 데 있어서 관찰 가능하고

사용하는 명칭이다. 호모 사피엔스(Homo sapiens)의 아종(亞種)으로, 뷔름 빙기(Wurm Glacial Stage) 때인 약 4~5만 년 전에 출현하여 후기 구석기 문화를 발달시킨 것으로 여겨지고 있다.

객관적인 자료에만 의존한다. 행동주의적 심리학에서는 '인간은 복잡한 기계'라는 인간관을 갖고 있기 때문에 인간의 행동은 복잡하기는 하지만 원칙적으로는 예측이 가능하다고 본다. 그러나 행동주의는 인간의 행동을 자극이나 환경에 반응하는 수동적인 것으로만 파악하고, 인간 내면의 심리과정을 지나치게 경시하고 있다는 비판을 받고 있다.

(3) 인본주의적 인간관

제1의 심리학이라 불리는 프로이트의 정신분석을 근간으로 하는 정신분석학적이고 본능적인 인간관과 제2의 심리학이라 불리는 행동주의의 기계론적 인간관에 반감을 가진 학자들이 인간의 자유의지와 자아실현에 초점을 두고 인간행동을 연구하는 인본주의 심리학을 제창했다. 제3의 심리학이라 불리는 인본주의는 인간이 자신의 문제를 해결하고, 잠재력을 실현하며, 삶을 긍정적으로 변화시킬 수 있는 능력을 가진 자율적인 존재라고 본다.

인본주의 심리학(humanistic psychology)은 매슬로(Maslow)에 의해 주창된 것으로 인간의 행동은 인간 내면의 무의식이나 어떤 선행조건(자극이나 환경)의 필연적인 산물이 아니라 개인의 자유의지가 작용하는 의식의 발로라고 규정한다.

(4) 종합적 인간관

이상을 종합하면 인간행동은 동물적이면서도 인간만의 차원 높은 영역을 지니고 있으며, 기계적인 면이 있으면서도 동시에 자아의 특이한 현상적 세계 속에서 작용하는 역동성을 지니고 있고, 대부분의 행동이 선행조건에 의해서 결정되면서도 일부 행동은 과거로부터 해방된 자유로운 의지의 발로로서 결정되는 다원적이고 복합적인 것이라고 볼 수 있다.

5) 사회학(sociology)

사회학은 인간 사회와 인간의 사회적 행위를 체계적으로 연구하는 학문으로서, 개인에게 미치는 사회구조의 영향 또는 사회가 어떻게 사람들의 태도와 행동에 영향을 끼치는가를 연구하는 학문이다. 사회학에서는 대체로 인간의 본성은 본질적으로 사회적이라는 관점을 갖고 있다. 즉 사회는 개인들의 단순한 집합인 추상적 관념이 아니라, 개인들이 살고 있는 사회가 어떤 성격의 사회인가에 의해 개인의 성격이나 태도 나아가 그들의 행동이 결정된다고 볼 정도로 개인에게 영향을 주는 실체라고 본다. 현대 사회학의 주요 관점은 다음과 같다.

(1) 구조기능주의(structural functionalism)

구조기능주의 또는 기능주의는 사회체계를 생물유기체에 비유하여 사회를 구성하고 있는 각 부분이 조화롭게 통합됨으로써 안정적으로 유지될 수 있다고 본다. 구조기능주의는 콩트와 스펜서로부터 뒤르켐을 거쳐 미국 사회학의 발전에 크게 기여한 탤컷 파슨스(Talcott Parsons)와 로버트 머튼(Robert Merton) 등에 의해 체계화되었다.

구조기능주의 이론의 대표자인 파슨스는 인간 사회가 생물유기체나 마찬가지로 상호 의존되어 있는 여러 부분들로 이루어져 있고, 전체적으로는 기능적으로 통합된 하나의 체계(system)를 이루고 있으며, 균형을 유지하려는 경향이 있다고 보았다. 그에 따르면 사회체계의 각 구성요소들은 기능적 상호 의존관계를 유지하여 전체 시스템의 균형 유지와 안정에 기여하고 있으며, 사회체계의 주요 기능은 하위체계인 여러 사회제도에 의하여 분담되어 있다.

(2) 갈등이론(conflict theory)

갈등이론은 사회의 안정과 질서에 대한 합의와 통합을 강조하는 구조기능주의와 달리 사회갈등이 사회변동의 원동력이라는 마르크스(Marx)의 이론으로부터 유래한다. 즉 갈등이론은 구조기능주의가 사회를 합의와 균형만 존재하는 이상향으로만 바라보고 있다는 비판에서 출발하였으며, 사회는 의견대립과 갈등을 가지고 있어 항상 변화하며, 갈등은 사회발전에 기여한다는 견해이다. 사회에는 무질서가 늘 존재하여 불안정하기 때문에 갈등이 일어나며, 이런 현상은 비정상적인 것이 아니라 보편적인 현상이라고 본다. 따라서 이 이론은 사회가 통합이 잘 되어 있고, 잘 짜인 체계가 아니라는 점을 강조한다. 대표적인 학자로는 랄프 다렌도르프(Ralf Dahrendorf), 루이스 코저(Lewis Coser), 앤서니 기든스(Anthony Giddens) 등을 들 수 있다.

(3) 상호작용론(interactionism)

상호작용론은 사회구조나 체계, 제도 등에 초점을 맞추어 거시적으로 연구하는 구조기능주의나 갈등이론과 달리 일상생활 속에서 사람들 간의 일상적 상호작용과 상호작용에 부여하는 의미 해석에 초점을 맞추어 사회현상을 미시적으로 연구하는 이론적 관점이다. 상호작용론은 개인과 집단이 따로 존재하는 것이 아니라 서로 의존하고 있고 서로 상호작용하고 있다는 입장이며, 사회는 개인을 떠나 존재할 수 없고, 개인 또한 사회를 떠나 존재할 수 없다는 입장이다. 상호작용론에는 미드(Mead)와 블루머(Blumer) 등을 필두로 하는 상징적 상호작용론과 가핑클(Garfinkel)을 필두로 하는 민속방법론 등이 있다.

상징적 상호작용론자들은 개인은 사회에서 요구하는 규정된 규범에 따라 행동하는 사회의 산물이 아니라, 자신의 주관에 따라 대상과 상황을 규정하고 거기에 의미를 부여함으로써 자신의 세계를 능동적으로 이끌어가는 주체라고 보았다. 민속방법론은 인간행위의 미시적 측면에 초점을 두어 사람들이 어떻게 그들의 일상생활에서 현실 상황을 지각하고 행동하는가를 관찰하고 분석하였는데, 특히 사람들이 사회적 규칙과 가치들을 어떻게 해석하고 상호작용하는가를 분석하였다.

(4) 비교

대부분의 인간은 사회 규범이나 제도 등에 의해 사회에서 기대되거나 규정된 대로 행동하려는 경향을 보인다. 하지만 간혹 사회에서 규정한 제도나 규범에서 벗어난 행위를 하는데, 이를 일탈행동이라고 한다. 개인의 일탈행동은 개인적 긴장을 야기하고 사회적 질서를 깨뜨릴 수 있다. 위에서 살펴본 사회학의 세 가지 주된 관점은 이러한 '일탈행동'에 대해 어떻게 분석하는지 그 차이를 살펴보면 다음과 같다.

기능주의에서는 사회의 각 요소들이 유기적 연관관계를 맺고 있다고 가정하고, 사회의 질서와 안정은 각각의 구성요소들이 합의된 가치와 규범을 수용함으로써 유지된다고 본다. 따라서 사회의 개별 구성요소들이 각각에게 주어진 기능을 적절히 수행하지 못하여 상호 간의 유기적 연관성이 떨어질 경우, 가치와 규범에 대한 사회적 공유가 낮아진 상황이 발생할 경우, 또는 어느 개인 또는 집단이 사회가 요구하는 가치와 규범 등을 적절히 수용하지 못하여 사회화에 실패하였을 때 일탈행동이 발생한다고 파악한다.

갈등이론에서는 자본주의 체제의 특성과 계급갈등이 일탈행동의 근본적인 원인이 된다고 주장한다. 자본주의 체제는 인간의 물질적 탐욕을 조장하는데, 이러한 탐욕을 만족하게 하려고 사람들에게 법을 위반하기 쉬운 분위기를 조성하고 있다는 것이다. 또한 현대사회의 범죄는 자본주의 체제의 산물로서 권력구조와 연관되어 있다고 본다.

상징적 상호작용론에서는 일탈행위의 본질이 그 자체의 특별한 속성에 있는 것이 아니라 그와 상호작용하는 타자(他者)들에게 어떻게 보이는가에 달려 있다고 본다. 타자들이 일탈행위라고 규정할 때 그 현상은 일탈행동이 되는 것이다. 이처럼 상징적 상호작용론에서는 언어와 상징을 매개로 한 상황, 일탈행위자 그리고 그에 반응하는 타자라는 세 축을 중심으로 일탈행동을 이해하려고 한다.

2. 사회복지학의 인간 이해

지금까지 인간의 존재와 본질을 밝히기 위한 철학, 종교, 고고학, 심리학, 사회학 등 여러 학문 분야의 다양한 견해들을 살펴보았는데, 한 가지 공통점은 인간은 동물과는 다른 인간만의 독특한 특성을 갖는 특별하고도 존엄한 존재며 만물의 영장이라는 것이다. 인간은 인간으로 태어난 이상 인간다운 삶을 살아갈 가치와 권리를 가지며, 인간다운 삶이란 인간의 존엄성이 구현되는 삶을 말한다. 사회복지란 모든 국민의 인간다운 삶을 보장하고자 하는 사회 또는 국가 차원의 노력을 의미한다.

사회복지학은 인간의 사회적 욕구와 사회문제를 해결하기 위해 국가 또는 민간이 제공하는 정책 및 서비스를 연구하는 학문이다. 사회복지학에서 인간은 생존에 필요한 욕구를 지닌 존재이자 그 욕구를 충족하기 위해 노력하는 존재이고, 혼자서보다는 무리를 지어 서로의 욕구 충족을 돕는 존재이며, 나아가 무리에서 도태된 동료에게 측은지심을 느끼고 상부상조하는 존재이다. 사회복지학의 기본적 관심은 다음과 같다.

- 인간이 행복한 삶을 누릴 수 있도록 삶의 질을 높이기 위해 무엇을 변화시킬 것인가?
- 인간이 갖고 있는 많은 문제의 원천은 무엇인가?
- 이러한 문제에 대해 어떻게 해결책을 모색할 것인가?

사회복지학에서는 인간의 존재와 본질에 대해 어느 한 입장만을

취하기보다는 다양한 이론을 응용하여 각 개인들이 겪고 있는 문제
해결에 대처하려고 한다. 즉 현실 사회에서 인간이 겪는 문제의 양
상은 실제로 매우 복잡하여, 어느 한 이론만으로 설명할 수 없는
성격을 가지고 있기 때문에, 사회복지학에서는 인간이 경험하는 각
종 문제의 원인을 개인 또는 환경 중 어느 한쪽의 결함으로 보기보
다는 양자의 요소가 서로 어우러져 나타난 결과라고 본다.

결국 사회복지학은 인간을 '환경 속의 인간(person in environ
ment)'으로 이해하여 개인-환경 간 상호 증진의 책임을 개인과 환
경 모두에 두고 있으며, 개인과 환경 양자 모두에 초점을 맞춰 인
간을 파악하려는 입장을 취한다.

사회적 위험과 사회문제

1. 사회적 위험

1) 사회적 위험의 개념

인간은 자신을 둘러싼 환경 속에서 행복하고 인간다운 삶을 영위하려는 데 삶의 중요한 목적을 둔다. 그러나 인간은 전 생애에 걸쳐 생존과 인간다운 삶을 위협하는 각종 위험에 직면하게 된다. 특히 환경과의 상호작용을 잘 이루어내지 못함으로써 자신의 개인적 욕구를 충족하지 못하거나, 어려운 상황에 직면하여 이를 해결할 수 있는 방법과 자원들을 동원하지 못하게 될 때 행복한 삶을 영위하기 어렵게 될 위험에 처하게 된다.

즉 인간은 태어나면서부터 죽을 때까지 인간다운 생활을 위협하는 여러 위험을 겪게 되며, 이러한 위험으로 인해 인간은 기본적인 욕구를 충족하는 데 많은 위협을 받게 된다. 이러한 위험 중에서 사회구성원 대부분에게 발생할 가능성이 크면서 그 위험의 책임을 개인 차원에 한정할 수 없고, 사회적 대처가 필요한 위험을 사회적 위험(social risks)이라고 한다. 이러한 사회적 위험들은 개인의 노동능력을 감소시키거나 상실하게 할 뿐만 아니라 결과적으로 개인의 소득수준을 떨어뜨림으로써 인간다운 생활을 위협하게 된다.

이처럼 사회적 위험은 위험의 발생과 결과에 대한 책임을 그 위험에 놓여 있는 개인에게만 탓할 수 없는 위험으로서, 사회구성원 대부분에게 보편적으로 발생할 가능성이 많아 사회가 공동체적 차원에서 공동으로 대처하기로 명시적 혹은 묵시적으로 승인한 위험이라고 할 수 있다. 한 사회가 어떤 위험을 사회적 위험으로 간주하느냐 여부는 그러한 위험 발생의 원인에 대한 사회적 인식에 달려 있기 때문에 각 사회마다 승인된 사회 위험의 목록은 다를 수밖에 없다.

2) 사회적 위험의 종류

사회적 위험은 사회가 공동체적 차원에서 대처하기로 인정한 것으로 사회의 발전과 변화에 따라 두 유형으로 구분할 수 있다.

① 구사회적 위험: 빈곤과 실업에 의해 소득보장이 되지 않는 과거의 전통적인 사회적 위험
② 신사회적 위험: 일을 해도 가난한 근로빈곤층이 점점 많이 등장하게 되어 나타난 신빈곤 문제와 함께 급격한 저출산 및 고령화에 따른 새로운 사회적 위험

한편 국제노동기구(ILO)는 1952년 '사회보장 최저기준에 관한 조약'에서 현대 산업국가가 보장해야 할 9가지 사회적 위험들을 제시하고 각국 정부는 이러한 위험으로부터 국민들을 지킬 것을 권고하였다.

〈표 2-1〉 ILO에서 제시한 9가지 사회적 위험

사회적 위험	사회보장급여
질병	의료급여
노동능력 상실이나 감소	상병급여
실업	실업급여
노령	노령급여
산업재해	산재급여
자녀 양육	가족급여
직업병	폐질급여
임신과 분만	모성급여
부양책임자의 사망	유족급여

이 9가지 사회적 위험을 산업재해, 노령(장애·유족 포함), 질병(출산 포함), 실업, 아동양육 등 5가지 영역으로 재분류할 수 있는데, 일반적으로 산업재해, 노령, 질병과 같은 사회적 위험에 대처하기 위한 사회보장제도가 어느 나라에서나 먼저 도입되는 경향이 있어 이들 제도를 '사회보장의 제1세대'라 부르고, 나머지 실업 및 가족과 같은 사회적 위험을 위한 사회보장제도를 '사회보장의 제2세대'라고 부른다. 소위 복지국가라고 부르는 서유럽 및 북유럽 국가들은 이미 20세기 초에 이러한 제도를 도입하여 복지국가의 초석을 마련하였고, 제2차 세계대전 이후에는 수급대상자를 전체 국민으로 확대하였다. 우리나라의 경우에도 사회적 위험에 대처하기 위

한 사회보장제도를 마련하여 실시하고 있는데, 그 내용은 다음의 표와 같다.

〈표 2-2〉 사회적 위험에 대한 한국의 사회보장제도

사회적 위험	사회보장의 영역		한국 사회보장제도
노동재해	산재급여	사회보장의 제1세대	산업재해보상보험
질병	건강급여		건강보험
노령	연금급여		국민연금
실업	실업급여	사회보장의 제2세대	고용보험
가족	가족급여		보육수당

2. 사회문제

1) 사회문제의 개념

사회복지에서 문제 또는 사회문제(social problems)는 욕구와 함께 가장 기초가 되는 개념이다. 왜냐하면 사회복지는 흔히 사회적 욕구를 충족시키는 일이고, 사회문제에 대한 대책이라고 일컬어지기 때문이다. 따라서 사회문제가 무엇인지를 이해할 수 있다면, 사회문제에 대한 대책인 사회복지도 보다 확실히 파악할 수 있을 것이다.

문제는 '인간의 욕구 충족을 위협하는 위험요인으로 인해 사람에게 그에 대한 해결욕구를 유발시키는 불만족스러운 상태 또는 조건'이나 때로는 '욕구의 미충족 상태 그 자체'로 이해된다. 이처럼 문제는 욕구와 연관된 것이며, 사회복지에서 관심을 갖는 문제는 개인문제(private problems)가 아닌 사회적 문제이다. 다음은 사회적 위험, 사회적 욕구, 사회문제, 사회복지 간의 관련성을 도식화한 것이다.

사회적 위험 발생 → 사회적 욕구의 미충족 → 사회문제 발생 → 문제 해결을 위한 사회적 노력(사회복지)

그런데 인간이 가진 많은 문제들 중에서 어떤 문제가 개인문제가 아닌 사회문제로 규정되는 지에 대해 먼저 살펴볼 필요가 있는데, 밀스(Mills)는 문제를 개인문제(private problems)와 공공문제 (public issue)로 구분하였다. 그에 따르면 개인문제는 욕구의 불충족이나 사람의 성격 및 타인과의 관계 속에서 발생한 문제를 말하며, 반면에 공공문제는 다음과 같은 특징이 있는 문제를 말하고, 공공문제야말로 진정한 의미의 사회문제라는 것이다(Meenaghan & Washington).

- 크기와 범위: 사회의 상당수의 사람이 특별한 결과를 공유하고 있는 것
- 고유성: 연령, 성별, 민족과 같은 일부 집단에서 공통적 또는 불특정적으로 발견된 것
- 비교적 영속적인 것: 문제가 수년간 지속된 상태로 나타난 것
- 제도의 역기능: 문제가 특정한 사람들에 의하여 경험되는 동안 반드시 그들에 의해서만 야기되는 것이 아니라, 정치, 경제, 교육, 보건과 같은 주요한 제도가 그러한 문제를 경험하는 자들과 어떻게든 관련되어 비롯된 것(어떤 의미에서 제도란 사람들

에게서 발생되는 문제의 원인을 이해하는 데 중요하다)

　사회문제의 발생에는 그 전제로서 개인문제의 발생이 선행되어
야 하며, 개인문제가 어느 정도 시간이 흐르는 동안 개인문제는 사
회문제로 바뀌게 된다. 즉, 불만족스러운 상태를 야기시키는 개인
적인 문제가 불특정 다수인에게 장기간에 걸쳐 반복적으로 일어날
경우, 개인문제는 사회문제화 된다는 사실이다. 사회문제는 불특정
다수인과 불만족스러운 상태의 지속을 기본 속성으로 가진다.

　사회문제가 개인문제와 다른 점은 사회문제가 지니고 있는 사회
성과 보편성에서 분명히 구분된다. 여기서 사회성이란 개인의 욕구
충족이 어려운 사건과 상태가 특정 문제에 직면한 개인의 책임에서
보다는 상대적으로 사회제도나 구조상의 결함과 실패로 인하여 야
기되는 경우를 말한다. 즉, 문제 발생의 사회적 맥락을 의미한다.
한편 보편성이란 사회문제가 지닌 부정적인 영향력이 특정 개인에
게만 한정된 것이 아니라 사회구성원 전체에 보편적으로 미칠 수
있음을 의미한다(남세진 외, 1996).

　사회문제가 개인문제와 달리 사회성과 보편성을 가진 문제라고
하더라도, 아직 사회문제의 개념은 명확하게 잡히지 않는다. 여러
학자들이 사회문제를 정의한 것 중에서 공통적인 요소를 찾아서,
다음과 같이 사회문제를 정의할 수 있다. 즉, 사회문제는 어떤 사회
적 현상이 ① 사회적 가치(또는 규범)에서 벗어나고, ② 상당수의
사람들이 그 현상으로 인하여 부정적인 영향을 받고 있으며, ③ 그
원인이 사회적인 것이며, ④ 다수의 사람들이나 영향력 있는 일부
의 사람들이 문제로 판단하고 있고, ⑤ 사회가 그 개선을 원하며,

⑥ 사회적 대책이 요청되는 것이다(최성재 외, 1996).

이처럼 사회문제가 개인문제와 다른 점은 사회문제가 지니고 있는 사회성과 보편성에 있으며, 따라서 사회성과 보편성은 사회문제를 개인문제와 엄격하게 구별하기 위한 지침으로 제시될 수 있다.

- 사회성: 개인의 욕구 충족이 어려운 상태가 특정 문제에 직면한 개인의 책임보다는 상대적으로 사회적 제도나 구조상의 결함과 실패로 야기되는 경우로 문제 발생의 사회적 맥락을 의미
- 보편성: 사회문제가 지닌 부정적인 영향력이 특정 개인에게만 한정된 것이 아니라 사회구성원 전체에 보편적으로 미칠 수 있는 개연성이 높다는 의미

2) 현대사회의 변화와 사회문제

(1) 사회의 기능과 제도

길버트와 스펙트(Gilbert & Specht)에 따르면 사회가 발전하면서 사회의 여러 가지 기능들을 담당하는 사회제도들이 발전하기 시작하였는데, 경제제도, 가족제도, 정치제도, 종교제도, 사회복지제도 등이 그것이다.

① 생산·분배·소비 기능

사회구성원들이 일상생활을 영위하는 데 필요한 재화와 서비스를 생산하고 분배하며 소비하는 과정과 관련된 기능을 수행하는 제도이다. 이러한 기능은 전통적인 사회에서는 가족이나 이웃, 부락 등의 지역공동체를 중심으로 수행되었다. 하지만 경제기능이 대규

모로 커져 분업화되고 전문화된 현대사회에서는 민간기업 등 경제조직들로 구성된 경제제도가 이 기능을 담당한다.

② 사회화(socialization) 기능

사회화란 해당 사회가 그 사회가 향유하는 일반적 지식, 사회적 가치, 행동양태 등을 그 사회의 구성원들에게 전달하는 과정을 말하며, 이러한 사회화과정을 통해서 사회구성원들은 다른 사회와 구별되는 생활양식을 터득하게 되고, 자신의 가정생활, 직장생활, 사회생활에 적응할 수 있는 토대를 마련하게 된다.

사회화는 일생을 통해서 지속되지만, 어린 시절에 이루어지는 사회화가 특히 중요하기 때문에 사회화 기능을 담당하는 가장 중요한 일차적 제도는 가족제도와 교육제도라고 할 수 있다.

③ 사회통제(social control) 기능

사회통제란 사회가 구성원들에게 그 사회의 규범(법, 도덕, 규칙 등)에 순응하고 준수하도록 하는 기능을 말하는데, 이러한 사회통제 기능이 제대로 작동하지 않아 사회구성원들이 규범을 준수하도록 하는 강제력이 결여될 경우 비행과 범죄가 빈발하는 등 사회질서가 파괴되게 되는데 이러한 현상을 사회해체(social disorganization)라고 한다.

사회통제 기능은 법을 제정하고 집행하는 정치제도와 행정제도에 의해 수행되는데, 즉 정부가 공권력과 사법권을 바탕으로 사회구성원들로 하여금 규범을 준수하도록 하는 강제력을 행사한다고 하겠다.

④ 사회통합(social integration) 기능

사회통합이란 사회구성원 간 또는 사회를 구성하는 여러 집단, 단체, 기관들 간의 관계가 정상적으로 작동하도록 하여 서로 결속력을 갖도록 하는 기능을 말하며, 이 기능은 주로 종교제도에 의해 수행된다.

⑤ 상부상조(mutual support) 기능

상부상조란 사회구성원들이 위와 같은 기존의 사회제도에 의해 자신들의 기본적 욕구를 충족할 수 없는 경우, 사회구성원들이 서로 도와주어 욕구를 충족시키는 기능을 말한다. 이 기능은 전통사회에서는 가족, 친척, 이웃, 자선단체 등 1차 집단을 중심으로 수행되었으나, 현대사회에서는 사회복지제도에 의해 정부나 사회복지단체 등 2차 집단을 중심으로 수행된다.

(2) 사회문제의 유형

앞서 살펴본 바와 같이 사회문제는 '사회성'을 지니므로 사회변화에 따라 해결해야 할 사회문제도 달라지고 확대되게 된다. 예컨대 영국에서는 제2차 세계대전이 끝난 후 영국이 어떤 방향으로 나아갈지 청사진을 마련하기 위해 1942년 베버리지(Beveridge)를 위원장으로 한 왕립위원회를 구성하여 보고서를 발간하였다. '베버리지보고서'12)에서는 당시 영국사회가 극복해야 할 사회문제로 빈곤, 무지, 불결, 질병, 나태 등 5가지를 제시하였는데, 이 5가지 사회문

---

12) 1940년대 영국의 사회문제와 이에 대한 사회복지적 대응책을 제시한 '베버리지 보고서'는 영국 복지국가의 청사진을 마련한 것으로, 사회복지 역사에서 매우 중요하게 평가되고 있다.

제는 다음의 표에서 보는 것처럼 이후 영국에서 입법화 후 도입한 사회서비스와 직접적으로 연결되고 있다.

〈표 2-3〉 베버리지보고서의 5대 사회문제와 사회서비스

구분	빈곤 (want)	무지 (ignorance)	불결 (squalor)	질병 (disease)	나태 (idleness)
사회문제 영역	소득보장	교육	주택	보건	개별 사회서비스
사회서비스 (문제 해결책)	보충급여제	의무교육	임대주택	국민보건 서비스	아동서비스 노인서비스 장애인서비스

첫째, 빈곤이라는 사회문제에 대응하기 위해 소득보장대책으로 보충급여제를 제안하였다. 보충급여제는 1795년 처음 실시되었던 스핀햄랜드 제도(Speenhamland system)[13]의 전통을 이어받아 최저 생계비 이하의 소득밖에 없는 경우, 그 차액을 정부가 지원해주는 제도이다.

둘째, 무지라는 사회문제에 대응하기 위해 의무교육의 확대를 제안하였는데, 의무교육은 교육비를 국가가 책임지는 것이기 때문에 하류계층에게 교육기회가 주어져 계층이동성을 확보할 수 있게 된다.

셋째, 불결(열악한 주거상태)이라는 사회문제를 해결하기 위해 임대주택제도의 확대를 통해 저소득층의 주거문제를 해결할 것을 제안하였다.

---

13) 이 제도는 1795년 영국 스핀햄랜드라는 지역에서 처음 도입된 것으로, 식료품 가격과 자녀 수에 따라 노동자를 분류하여 임금을 보충해주는 제도인데, 현행 보충급여제의 뿌리라고 할 수 있다.

넷째, 질병이라는 사회문제에 대처하기 위해 획기적으로 전 국민에게 세금으로 의료보장서비스를 제공하는 국민보건서비스(national health service)제도를 제안하였는데, 이 제도는 1948년부터 시행되어 영국 복지국가의 근간을 이루게 된다.

마지막으로 타인의 도움이 필요한 나태라는 사회문제에 대응하기 위해 아동, 청소년, 노인 등을 대상으로 한 다양한 개별 사회서비스(personal social service)를 시행할 것을 제안하였다.

한편 현대사회 대부분의 국가에서 나타나고 있는 사회문제는 다음의 표와 같이 네 가지 유형으로 분류할 수 있으며, 문제 해결을 위해 각 사회문제에 대한 사회복지적 대응이 필요하다고 할 수 있다.

〈표 2-4〉 사회문제의 유형과 사회복지적 대응

사회문제의 영역	사회문제	사회복지적 대응
사회적 불평등	빈곤문제	저소득층복지
	양성불평등문제	여성복지
욕구와 제도 간의 갈등	가족문제	가족복지
	노동문제	산업복지
사회규범 위반과 개인적 일탈	범죄문제	교정복지
	약물문제	정신보건복지
	청소년비행문제	청소년복지 학교사회복지
사회변화에 따른 새로운 사회문제	외국인노동자문제	외국인노동자복지
	결혼이주여성문제	다문화가족복지
	인구고령화문제	노인복지

욕구의 이해

사회문제의 발생에는 그 전제로서 개인문제의 발생이 선행되며, 개인문제는 욕구(needs)의 불충족으로 야기되기 때문에, 욕구는 사회문제 해결을 위한 단서로 작동한다고 할 수 있다. 즉, 인간은 스스로 자신의 욕구를 충족시킬 수 없을 때 외부로부터 도움을 받지 않을 수 없으며, 외부로부터의 이러한 도움을 체계화, 제도화한 것이 바로 사회복지이므로, 사회복지를 이해하기 위해서는 먼저 욕구에 대한 이해가 있어야 한다. 욕구는 범위, 강도, 지속 정도 등에서 다양성을 띠고 있기 때문에 여러 유형으로 분류되나, 사회복지의 대상이 되는 욕구는 이 가운데 사회적 욕구(social needs)다.

1. 욕구의 의미

사회복지는 일반적으로 인간의 사회적 욕구를 충족시키기 위한 서비스이고, 사회문제에 대한 대책으로 인식된다. 따라서 사회복지학에서 가장 많이 쓰이는 말 중 하나가 욕구이다. 인간은 어떠한 목적을 위해 좋은 것 또는 필요한 것이나 필수적인 것이 결여되거나 부족할 때 이를 바라거나 구하게 되는데 이것이 바로 욕구다. 예를 들면 목마른 사람이 물을 마시고 싶다면, 물을 마시고 싶은 것이 '욕구'이고 물을 마신 후에 갈증이 해소될 때 '욕구 충족'이라고 볼 수 있다. 물을 마시지 못하면 목마름 때문에 탈수 증상을 일으킬 수 있듯이, 일상생활 속에서 욕구를 충족시키지 못한 사람은 심각한 어려움에 빠질 수 있다. 이처럼 욕구는 인간의 생존, 자율, 생활의 계획, 사회적 행위자의 의무를 다하기 위해 필요하여 구하는 것으로서, 충족되어야 할, 즉 해결되어야 할 문제(problem)로 볼 수 있다. 이 때문에 사회복지학에서는 많은 경우 욕구는 문제와 같은 의미로 사용되기도 한다.

그렇다면 이처럼 욕구가 충족되지 않은, 즉 욕구의 미충족 상황은 왜 발생하며, 또 그러한 미충족 욕구들을 어떻게 충족시킬 것인가에 대한 여러 가지 방안에 대해 관심을 갖지 않을 수 없다. 사회복지학은 이러한 욕구 충족의 여러 방안들 중 사회구성원의 집합적 원조 행위를 연구주제로 하는 학문이라 할 수 있다. 따라서 욕구에 대한 연구는 사회복지학의 출발에 해당된다고 볼 수 있으며, 이런 점에서 윌리엄스(Williams)는 일찍이 사회복지학을 욕구학(needology)이라고 명명한 바 있다.

2. 욕구의 분류

다양하고 무한한 인간의 욕구를 분류하기란 그리 쉬운 일이 아니다. 욕구의 분류 방법은 매우 다양하지만, 여기에서는 사회복지학에서 중요하게 고려되는 인간욕구와 기본 욕구, 그리고 사회적 욕구를 중심으로 설명한다.

1) 인간욕구(human needs)

인간이 어떠한 목적을 위해 필요하거나 필수적인 것이 결핍될 때 갖는 것이 인간욕구인데, 이러한 인간욕구의 유형화는 여러 학자들에 의해 제시된 바 있으나, 여기에서는 그중 많이 인용되는 것들을 중심으로 소개한다.

매슬로(Maslow)는 인간의 욕구를 단계별로 다섯 가지로 분류하고 있다. ① 생리적 욕구(physiological need), ② 안전의 욕구(safety need), ③ 사랑과 소속의 욕구(love and belonging need), ④ 존경의 욕구(esteem need), ⑤ 자아실현의 욕구(self-actualization need) 등이 그것이다.

① 생리적 욕구(physiological need): 생리적 욕구는 인간의 욕구 중에서 가장 기본적이고 강한 생물학적 생존의 욕구로서 유기체의 생물학적 유지와 직접적으로 관련된 기본적 욕구가 그것이다. 예컨대 배고픔, 갈증, 수면, 성욕, 피로 등 감각적 자극에 대한 욕구가 이러한 욕구라고 할 수 있다.

② 안전의 욕구(safety need): 생리적 욕구가 만족되면 개인은 새로운 안전욕구에 관심을 갖게 되는데, 이러한 욕구는 개인의 환경 내에서 안정성, 안락함, 평정, 평온 등으로 적절히 보상받고자 하는 동기에서 비롯된 욕구이다.

③ 사랑과 소속의 욕구(love and belonging need): 생리적 욕구 및 안전의 욕구가 충족되었을 때 사랑과 소속의 욕구가 나타나는데, 즉 인간은 한 집단 내에서 타인과의 애성적인 관계 형성, 준거집단에 대한 애정, 사회적 관계나 소속감 등을 갈망하는 욕구를 가지게 된다.

④ 존경의 욕구(esteem need): 존경의 욕구는 자신의 성취나 성공에 대해 사회적으로 인정받으려는 욕구로서, 즉 자기존중과 타인으로부터의 존경을 받고자 하는 것이다. 이러한 욕구는 개인의 능력, 신뢰감, 자신감, 자기개발, 긍정적인 자아관 등을 통해 발현되게 된다.

⑤ 자아실현의 욕구(self-actualization need): 이상의 모든 욕구가 충족될 때 발생하는데, 자아실현은 자신이 성취할 수 있는 모든 것을 이루려는 욕구를 말한다. 자아실현은 자신의 재능, 능력, 잠재력을 충분히 발휘하여 자기가 원하는 유형의 사람이 되는 것이다.

한편 빗 윌슨(Veit-Wilson)은 인간욕구를 생리적 욕구와 심리적 욕구로 구분하였다.

① 생리적(physiological) 욕구: 인간의 육체 및 생리에 영향을 주는 좋은 영양과 환경을 바라는 욕구를 말한다.

② 심리적(psychological) 욕구: 정신건강과 건전한 사회행동의 바탕이 되는 정체감 및 집합적 사회통합의 바탕이 되는 공동체 의식과 관련된 욕구이다.

2) 기본 욕구(basic needs)

기본 욕구는 인간의 욕구들 중에서도 누구에게나 공통적이면서 필수적인 것들의 최저 수준에 해당하는 욕구를 말하는데, 이러한 기본 욕구가 사회복지의 일차적 대상이 된다. 기본 욕구는 다음과 같은 세 가지 특성을 지닌다.

첫째, 기본 욕구는 모든 사람에게 공통적이라는 점이다. 즉, 기본 욕구는 인종, 종교, 성별, 나이, 교육수준이나 사회경제적 지위 등에 관계없이 한 인간으로서 동일하게 지니는 욕구를 말한다.

둘째, 기본 욕구는 인간성 유지에 필수불가결하다는 점이다. 이 때문에 기본 욕구가 충족되지 않으면 인간다운 생활이 보장될 수 없다고 할 것이다.

셋째, 기본 욕구는 모든 사람에게 최소한의 수준으로 충족되어야 하는 욕구이다. 따라서 한 사회에서 어떤 욕구가 기본 욕구로 채택되기 위해서는 그 사회에서 인간다운 생활을 할 수 있는 수준이면서 동시에 그 최소한에 그쳐야 한다고 할 수 있다.

이처럼 기본 욕구의 의미 속에는 인간이면 누구나 그 수준 이하로 떨어져서 생활해서는 절대로 안 되는 일종의 규범적 선언이 내포되어 있다.

3) 사회적 욕구(social needs)

욕구를 가진 개인은 먼저 자기 혼자 힘으로 욕구 해결을 시도하나, 여러 사회적 위험 때문에 개인의 기본 욕구를 충족시키지 못하는 사회구성원들의 수가 상당히 많아지게 될 때, 이들이 처해 있는 사회적 위험으로부터 탈피시키려는 집단적 욕구가 발생하게 되며, 이 경우 기본 욕구는 사회적 욕구가 된다. 즉, 개인 차원의 기본 욕구들 중 사회문제로 인식된 것은 기본 욕구인 동시에 사회적 욕구가 되며, 나아가 이러한 사회적 욕구가 사회복지의 일차적 대상이 되는 것이다. 특정의 기본 욕구가 사회적 욕구로 규정될 수 있는가의 여부는 궁극적으로는 특정 사회의 정치, 경제, 사회, 문화적 특성과 시대적 변화 및 개인의 가치판단에 따라 차이가 난다. 그럼에도 불구하고 다음과 같은 욕구들은 사회적 욕구로 인정받을 수 있는 가능성이 높다고 할 수 있는데, 예를 들면 하비(Harvey)는 음식, 주택, 의료, 교육, 신뢰 및 환경, 소비재, 레크리에이션, 이웃 분위기, 대중교통 등 아홉 가지 영역에 관한 욕구를 사회적 욕구로 제시한 바 있다.

브래드쇼(Bradshaw)는 이러한 사회적 욕구를 규범적 욕구, 상대적 욕구, 인식된 욕구, 표현된 욕구의 4가지 종류로 유형화하였다.

첫째, 규범적 욕구(normative need)이다. 이 욕구는 주로 전문가나 행정가들에 의해 규범 또는 바람직한 사회적 기준으로 제시된 욕구이며, 이 수준에 미치지 못하는 사람들은 욕구를 가진 것으로 인정되는 욕구이다. 오늘날 우리 사회에서도 뜨거운 국민적 관심의 대상이 되고 있는 최저임금이나 최저생계비의 기준이 규범적 욕구의 대표적 사례이다. 규범적 욕구는 전문가나 학자들의 전문성, 가치관, 지식 및 경험 심지어 편견에 의해 영향을 받을 수밖에 없어 절대적일 수 없고 따라서 다양한 기준이 제시될 수 있다.

둘째, 비교 욕구(comparative need)이다. 이는 다른 사람과의 비교를 통해 상대적으로 부족하게 느껴지는 욕구를 말하는 것으로서, 복지서비스를 받고 있는 사람들과 비슷한 처지에 있으면서도 서비스를 받지 못하고 있는 사람들의 욕구상태를 말한다. 예컨대 A라는 지역에 장애인 재활프로그램이 실시되는 경우, 그 참여자 수를 이 프로그램이 실시되지 않지만 유사한 특징을 가진 B라는 지역사회의 욕구로 간주하는 경우가 될 것이다.

셋째, 인식된 욕구(felt need)이다. 이 욕구는 욕구상태에 있는 당사자의 느낌에 의해 인식된 욕구를 말하며, 개인의 인식 정도에 따라 달라질 수 있다는 점에서 주관적인 것이 그 특징이다. 욕구 조사에서 특정 지역에 어린이집이 설립된다면 이용 의사가 있는지를 질문하고, 그 결과를 토대로 어린이집 건립계획을 수립할 때 사용하는 개념이다.

넷째, 표현된 욕구(expressed need)이다. 이는 인식된 욕구가 행동으로 표출된 것으로서, 욕구를 가진 사람들이 자신들이 그러한 욕구를 가졌다고 말하는 경우의 욕구를 말하는데, 복지서비스를 실제로 받기 원하는 욕구로 파악된다. 지역사회의 어린이집 입소대기자, 즉 여석이 생기면 어린이집을 이용하겠다고 구체적으로 신청한 아동의 수를 그 지역사회의 어린이집에 대한 수요(욕구)로 파악할 때의 경우가 이에 해당될 것이다.

이러한 사회적 욕구의 유형 중에서 사회복지의 주된 대상은 규범적 욕구와 표현된 욕구이며, 인식된 욕구와 비교 욕구도 사회복지 정책의 형성단계에서 고려될 수 있다고 하겠다.

이와 같은 사회적 욕구는 두 가지의 중요한 의미를 갖는다.

첫째, 그것의 해결방법이 사회 공동적이라는 점이다. 왜냐하면 사회가 산업화될수록 사회적 위험이 증대될 뿐만 아니라 그 원인을 밝히기가 힘들기 때문에 사회의 공동책임으로 이를 해결할 수밖에 없다는 점이다. 예를 들어 최근에 나타나고 있는 청년실업 문제는 그 책임을 취업에 실패한 개인에게만 물을 수도 없고, 고용을 하지 않은 기업에 돌릴 수도 없으며, 나아가 정부에 책임을 떠넘기기도 쉽지 않다. 결국 이러한 문제는 우리 사회가 공동으로 책임을 져야 한다는 결론에 도달할 가능성이 높다고 하겠다.

둘째, 욕구 해결의 주 동기가 이윤추구가 되어서는 안 된다는 점이다. 왜냐하면 사회적 욕구의 충족은 인간성 상실이라는 중대한 위기에 처해 있는 사람들을 대상으로 하기 때문에 제3자의 이윤추구가 끼어들면 안 되고, 사회적 욕구의 해결에는 기본 욕구의 충족이 일차 목표가 되어야 한다는 것이다.

사회복지의 기능과 역할

1. 사회복지의 기능

사회적 위험들이 가져다주는 문제들을 해결하기 위해서는 광범 위한 사회적 노력이 필요한데, 사회복지는 이를 위한 대표적인 사회적 노력의 하나이다. 따라서 사회복지의 개념을 한마디로 규정한다면 '다 함께 행복을 추구하기 위한 인간들의 공동체적 노력'이라고 할 수 있다. 보다 구체적으로는 빈곤, 불평등, 차별 등 사회문제의 해결과 예방, 생활의 질적 향상 등에 직접적으로 관심을 갖는 제반 공동체적 노력이라고 하겠다.

사회복지가 사회문제의 해결에 있어서 갖는 기능을 살펴보면 다음과 같다.

1) 양극화 문제의 해소

오늘날 전 세계적으로 고령인구의 급증과 저출산으로 인한 생산연령 인구의 정체 내지 감소, 가족해체에 따른 편부모 가구의 증가, 고용 없는 성장(jobless growth) 등으로 인해 상대적으로 빈곤에 빠질 가능성이 높은 계층이 확대되고 불평등이 심화되는 등 위험사회(risk society)[14]를 초래하고 있으며, 결과적으로 취약계층에 대한 사회복지의 수요가 증대됨으로써 공급 측면에서 재정위기가 초래될 가능성마저 높아지고 있다.

또한 신자유주의적 국제경제 질서 아래 이루어지고 있는 자유무역과 무한경쟁의 결과는 '20 대 80의 사회' 혹은 '승자가 독식하는 사회'를 만들어내고 있다고 해도 과언이 아니다.

결국 이러한 현상에 대해 인위적 조정기제가 발동되지 않는다면 소수에 의한 부의 독점과 이와는 반대로 다수가 느끼게 되는 상대적 박탈감의 확산에 따른 사회의 양극화 현상을 막을 길이 없다고 할 것이다.

따라서 이처럼 양극화의 정도가 더욱 심화될수록 사회복지의 적극적 실천은 양극화 문제의 해소를 위한 필수불가결한 방책이라고 할 수 있다.

2) 경제성장에의 기여

사회적 위험에 노출된 취약계층에 대한 사회복지서비스가 원활

---

14) 독일의 사회학자 울리히 벡(Ulrich Beck, 1944~2015)은 저서 위험사회(1986, Riskogesellschaft / Risk Society)에서 산업화와 근대화에 의한 과학기술의 발전으로 현대인은 물질적 풍요를 누리고 있지만 한편으론 위험사회가 도래했는데, 이러한 위험사회는 기회와 위해(危害)가 동시에 존재하는 이중적·복합적 사회라고 기술한 바 있다.

하게 제공되지 않으면 경제성장 동력은 고갈될 뿐만 아니라, 노동력의 재생산 구도를 악화시켜 오히려 경제성장에 저해요인으로 작용할 수 있다. 즉, 사회복지제도가 충분하지 못한 경우 이는 건강한 가족구도를 해치고, 아동과 청소년이 사회의 건전한 자원으로 육성되지 못하게 할 뿐만 아니라, 여성들은 가사부담에 짓눌리며, 장애인과 노인 등 취약계층에 대한 노동력 보전 및 회복기능을 상실케 하여 엄청난 사회적 비용을 지불하도록 함과 동시에 경제성장의 동력을 스스로 약화시키는 문제점을 드러낸다고 하겠다.

일반적으로 사회복지의 효과는 경제적으로 환산하기 어렵기 때문에 생산적이라기보다는 소비적인 것으로 인식하는 경향이 있으나, 다음과 같이 경제성장에 기여할 수 있다.

첫째, 사회복지서비스의 확대는 사회적 갈등과 정치적 불안을 해소시킴으로써 경제의 불확실성을 줄여 투자를 촉진시킨다. 왜냐하면 분배구조의 악화는 임금에 대한 과잉기대를 낳아 노동운동을 격렬하게 하고, 취약한 사회안전망은 해고에 대해 극단적으로 저항하게 만듦으로써 노사갈등을 초래할 수 있기 때문이다.

둘째, 중산층과 저소득층의 구매력을 높여 내수를 진작시킨다. 저소득층의 소비경향은 고소득층보다 높기 때문에 소득의 불균형 자체가 총 소비수요를 낮추게 하는데, 사회복지를 통한 소득분배의 불평등 감소는 결국 경제성장에 기여하는 토대가 된다.

셋째, 사회복지서비스의 확대는 건강하고 우수한 노동력을 재생산함으로써 고도산업사회의 인적자본 형성에 기여하는 중요한 사회적 기능을 수행함으로써 성장 동력의 밑거름이 되는 효과를 발휘한다.

특히 경제구조가 지식기반경제로 전환함에 따라 인적자본(human

capital)이 경제성장의 엔진으로 등장하였는데, 이러한 시기에 소득의 평등은 인적자본에 대한 투자를 증대시키는 효과를 지니며, 역으로 소득의 불평등은 빈곤의 덫(poverty trap)과 경제성장의 저해 원인으로 귀결될 수 있다.

넷째, 임금인상의 요인이 되는 주거, 사회복지서비스, 환경, 보건, 교육 등에 대한 과도한 개인적 부담을 완화하여 생산비용을 절감시키는 효과를 가져와 국제경쟁력 강화에 기여한다.

다섯째, 사회복지는 출산율 증대와 더불어 여성의 경제활동 참가를 촉진시키는 기능을 담당한다.

3) 복지권(사회권)의 확립

서구의 선진 복지국가들은 20세기 초부터 사회복지의 필요성과 당위성을 인지하고 이를 위한 국가적 기반을 마련하기 시작하여 제2차 세계대전 이후 복지국가의 기틀을 확립하였다. 서구 선진국들은 복지국가 확립의 과정을 통해 모든 사회구성원의 최저한의 생존을 보장하고, 실질적 평등이라는 사회정의를 구현하기 위한 사회적 기본권 사상을 강조함으로써 보편적 사회복지를 실현할 수 있었다.

다시 말해 서구의 선진 복지국가들은 '더불어 사는 공동체 의식'을 토대로 복지권(사회권) 중심의 사회복지를 실시하게 된 것이다. 이처럼 '모든 국민은 인간다운 생활을 할 권리를 가진다'15)는 사회적 기본권 사상의 대두와 함께 시민법 체계는 크게 수정되었으며, 그 결과는 사회복지법의 등장으로 나타나게 된다. 결국 사회복지법

---

15) 현재 우리나라 헌법 제34조에서도 '모든 국민은 인간다운 생활을 할 권리를 가진다'라고 규정되어 있다.

에 근거하여 사회복지서비스가 사회경제적 약자에게 전달된다고 할 때, 복지권에 대한 올바른 인식과 이해는 모든 국민의 인간다운 삶의 실현에 매우 중요한 역할을 한다고 할 수 있다.

2. 사회복지의 역할

인간의 욕구는 무한한 반면에 그 욕구를 충족시키기 위한 사회적 자원은 부족하기 때문에 자원 배분을 둘러싼 사회적 갈등은 상존하기 마련이다. 그러나 일반적으로 이들 욕구 중에서 기본적인 욕구에 해당될수록 사회는 그러한 욕구를 충족시키기 위해 적절한 사회복지급여를 제공하게 된다.

인간의 욕구 가운데 생존의 욕구와 안전욕구가 가장 기본적인 것이기 때문에 대부분의 사회적 노력은 생존의 욕구와 안전의 욕구를 충족시키는 것부터 시작하는 경향에 있다. 예를 들면 공공부조, 고용보험, 국민연금, 의료보호, 건강보험, 산재보험 등 사회복지제도의 대부분은 생존 및 안전욕구 충족을 지향하는 프로그램으로 비교적 일찍 도입되었다.

반면에 애정이나 존경, 자아실현의 욕구 등 좀 더 상위의 욕구를 충족시키는 사회복지 프로그램은 대체로 생존욕구를 충족시키는 프로그램들이 도입된 이후에 상대적으로 나중에 발전되었다.

이처럼 전 국민이 전 생애에 걸쳐 직면하게 되는 각종 욕구, 문제, 위험들을 해결하여 보다 높은 삶의 질을 도모하기 위한 제도, 법, 프로그램 등이 바로 사회복지의 역할과 직결되는 것이다.

특히 베버리지(Beveridge)의 '요람에서 무덤까지'라는 말에는 국가가 국민들의 전 생애에 걸쳐 사회복지를 제공해야 한다는 의미가 담겨 있으며, 생애 전반에 걸쳐 국민들의 욕구와 문제 해결을 위해 사회복지가 역할을 제대로 수행해야 한다는 점이 강하게 부각되어 있음을 보여준다고 하겠다.

이러한 사회복지의 역할은 사회복지가 갖는 영역의 범위에 따라 광의의 역할과 협의의 역할, 또 사회복지가 수행하는 기능에 따라 잔여적 역할과 제도적 역할로 구분할 수 있다.

1) 사회복지의 광의의 역할과 협의의 역할

사회복지는 인간의 삶의 질에 관련된 광범위한 영역을 포괄하기 때문에 아주 넓게 추상적으로 정의될 수도 있고, 혹은 아주 좁게 구체적으로 정의될 수도 있다. 사회복지의 역할을 광의로 정의한 예로써 흔히 로마니쉰(Romanyshyn)의 정의를 들 수 있다.

그는 '사회복지는 개인과 사회 전체의 복지를 증진시키려는 모든 형태의 사회적 노력을 포함하며, 사회문제의 치료와 예방, 인적자원의 개발, 인간생활의 향상에 직접적인 관련을 갖는 일체의 시책과 과정을 포함한다. 또 사회복지는 개인이나 가정에 대한 사회적 서비스의 제공뿐만 아니라 사회제도를 강화시키거나 개선시키려는 노력을 포함하는 것이다'라고 말하고 있다.

한편 프리드랜더와 앱트(Friedlander & Apte)도 '사회복지란 국민의 복지를 도모하고, 사회질서를 원활히 유지하는 데 반드시 필요하다고 생각되는 사회적 욕구를 충족시키기 위한 제반 시책으로서의 입법, 프로그램, 급여(benefits)와 서비스를 포함하는 제도이다'라고 말함으로써 사회복지의 역할을 넓게 정의하고 있다.

이상의 두 정의를 통해 우리는 광의의 사회복지 개념에 다음과 같은 역할 내용이 포함되어 있음을 엿볼 수 있다.

첫째, 사회복지는 인간이 만들어낸 사회제도의 하나로서 다른 사회제도와 구별될 수 있는 특유의 사회적 기능과 역할을 갖는다는 점이다.

둘째, 사회복지는 특수대상층의 복지뿐만 아니라 전체 구성원의 복리(well-being)를 추구하는 역할을 수행한다는 점이다.

셋째, 사회구성원의 복리는 그들의 사회적 욕구를 충족시키는 역할을 사회복지가 잘 수행함으로써 증진된다는 점이다.

넷째, 사회복지는 인간생활을 향상시키려는 제반 시책과 노력을 포함한 다양한 역할을 수행한다는 점이다. 따라서 사회복지는 정부에 의한 시책뿐만 아니라 민간부문에 의한 노력도 포함하는 것이며, 어느 특정 전문 분야의 노력뿐만 아니라 관련 전문 분야와 자원봉사의 영역까지도 포함될 수 있다는 것을 의미한다.

다섯째, 사회복지는 사회질서를 유지하고 사회안정을 도모하는 수단이 되는 역할을 수행한다는 점이다. 이러한 점에서 사회복지는 다른 사회제도에 의해서 파생되는 문제를 예방하고 해결하는 데 있어서 중요한 기능과 역할을 수행한다는 것을 알 수 있다.

반면에 협의의 입장은 사회복지를 전문적인 사회사업(social work) 중심의 역할로 국한시킨다. 즉, 사회복지의 역할이 궁극적으로는 전 국민의 복지를 추구한다고 하지만 현실의 사회사업에서 그 대상 범위는 상당히 제한되어 있고, 또 제한될 수밖에 없다는 입장이다.

예컨대 카두신(Kadushin)은 '사회복지는 흔히 국민 전체의 복지를 지원하고 제고시키는 것이라고 정의하고 있지만, 실제에 있어서 사회복지의 범위는 보다 협의적이고 잔여적 방향(residual orientation)을 취하고 있다'고 지적하면서, '미국의 사회복지는 국민 중 특수 계층의 욕구를 충족시키려는 정책, 급여, 프로그램, 서비스를 의미한다'고 주장했다.

협의의 입장을 반영하면 사회복지의 역할은 빈곤, 노령, 신체적 혹은 정신적 장애, 질병, 기타 특별한 사정으로 인해서 도움을 필요로 하는 사람들에게 제한적으로 현금이나 물품, 기타 서비스를 제공하는 것이며, 때로는 더 협의적으로 '공공부조(public assistance)'의 역할과 동일시하는 경향도 있다.

2) 사회복지의 잔여적 역할과 제도적 역할

우리는 앞에서 하나의 국가와 사회가 존립하기 위해서는 그 구성원인 개인, 가족, 지역주민, 국민들이 마음 놓고 살아갈 수 있는 수많은 기능이 국가와 사회로부터 제공되어야 하고, 이들 기능을 가장 효과적이고 효율적으로 수행하기 위한 사회제도가 존재해야 하며, 경제제도, 가족제도, 정치제도, 종교제도와 사회복지제도가 바로 이러한 기능을 수행하는 현대사회의 중요한 사회제도라는 것을 살펴보았다.

그런데 사회복지제도가 수행하는 주요 기능으로서의 상부상조가 다른 사회적 기능들과 어떤 관계를 갖느냐, 즉 보충적 관계를 갖느냐, 아니면 비교적 독자적 위치를 차지하느냐에 따라 사회복지의 개념과 역할은 달라지며, 이는 다시 사회복지의 분야를 설정하는

데 상당한 영향을 미치게 된다.

윌렌스키와 르보(Wilensky & Lebeaux)는 사회복지의 기능과 역할을 '잔여적(residual)'인 것과 '제도적(institutional)'인 것으로 구분하였는데, 사회복지제도를 다른 제도의 보충적 혹은 종속적 제도로 보는 입장이 전자에 속하고, 독자적 성격을 강조하는 것이 후자이다.

잔여적 개념은 '사회복지는 사회적 기능의 정상적인 공급원으로서의 가족이나 시장경제가 제 기능을 원활히 수행치 못할 때 파생되는 문제를 보완 내지는 해소하기 위한 제도로 필요하다'고 보는 입장인데, 따라서 사회복지는 가족이나 시장경제의 기능과 역할을 임시로 보충할 뿐이며, 사회를 유지하고 발전시키는 데 있어서 사회복지 활동이 필수적이라고 생각하지 않는다는 것이다.

즉, 현대의 산업사회에서 개인은 누구나 가정과 경제생활이라는 정상적인 궤도에서 스스로 살아가는 것으로 기대되나, 개인은 자발적이든 비자발적이든 궤도를 이탈하게 되는 낙오자(일탈자)가 될 수 있으며, 이 경우 사회로부터 최소한의 보호를 받는 것은 불가피해진다고 보고, 이때 이들에게 안전망(safety-net) 기능을 수행하는 것이 사회복지제도라고 보는 것이다.

잔여적 관점에서 사회는 가족이나 시장경제와 같은 주요 제도들이 제대로 그 기능을 수행하게 되면 결국 사회복지제도는 일시적·임시적·보충적인 역할을 수행하는 것으로 간주된다.

한편 제도적 개념은 잔여적 개념과 달리 현대사회에서 가족과 시장경제 제도는 온전히 운영될 수 없어 제 기능과 역할을 발휘할 수 없기 때문에 사회복지가 사회를 유지하는 데 필수적인 기능과 역할을 수행할 수밖에 없다는 것이다.

즉, 현대 산업사회에서는 핵가족화가 불가피하고 가족기능이 약화되어 가기 때문에 아동의 양육과 노인, 장애인의 보호 및 그들의 사회화를 가족이 전적으로 책임지는 것은 불가능하며, 또한 경제제도가 생산과 분배에 따른 제 기능을 온전히 수행할 수 없어 예상치못한 실직과 빈곤을 경험할 가능성이 높고, 이러한 상황에서 개인과 가정의 경제적 안정을 도모하는 수단으로써 사회복지제도는 매우 중요한 기능을 할 수밖에 없다는 것이다.

이처럼 제도적 개념은 사회복지제도가 가족제도, 경제제도, 정치제도, 종교제도 등 다른 사회제도의 기능 및 역할과 중복되는 기능과 함께 독자적인 기능과 역할을 확보하고 있는 것이라고 보고 있다. 전통적으로 사회복지제도의 역할은 잔여적인 성격이 강했으나, 산업화의 진전과 더불어 제도적인 성격에 대한 강조가 확대되는 현상이 나타나고 있다.

윌렌스키와 르보에 따르면 사회문제의 발생 원인과 관련하여 잔여적 역할은 개인의 책임을 강조하는 반면, 제도적 역할은 사회구조적인 책임을 강조한다. 따라서 사회복지의 역할은 잔여적 성격에서 비롯된 자선과 구호, 시혜에서 벗어나 사회문제의 발생을 예방하고 경감시키는 지속적이고 독자적인 제도적 성격으로 발전해나간다는 것이다.

제3장

사회복지의 개념

제1절

사회복지의 정의

역사적으로 사회복지의 초기 형태는 소수의 극빈층을 보호하기 위한 최소한의 구제활동이 공공부조로 제도화된 것이며, 현대사회로 넘어오면서 사회복지는 전체 사회구성원을 대상으로 경제적 결핍에 대한 지원을 넘어 사회심리적인 지원과 더불어 다양한 환경적 문제의 개선을 위한 제도나 프로그램까지 포함하는 보다 큰 개념으로 확대된 것이라고 할 수 있다.

또한 사회복지는 각각의 사회가 가진 이념적 지평에 따라 다르게 이해되고 있는데, 보수적 입장에서는 사회복지를 대상이나 기능의 측면에서 매우 한정적이고 일시적인 것으로서 소수의 극빈계층에 대한 일시적 구호 정도로 이해하는 반면, 진보적 입장은 사회복지를 전체 사회구성원들의 사회적 비복지(diswelfare)를 예방하고 제거하는 것으로서 소득, 건강, 주택, 문화, 노동, 환경 등 광범위한 영역에 관한 포괄적이고 지속적인 제도와 프로그램으로 이해하고 있다.

이처럼 사회복지라는 개념은 용어 자체가 정치인, 전문가, 지역사회 활동가, 복지수급자 등과 같은 다양한 계층에 의해 이해관계에 따라 매우 다양하고도 차별적으로 사용되기 때문에 여러 가지 의미로 이해될 수 있다. 사회복지라는 용어가 이와 같이 다양한 의미로 사용된 데에는 사회복지가 각 나라마다 다른 전통을 가지고 발전되어 사회복지의 형태 자체가 시대와 장소에 따라 독특한 모습으로 나타났으며, 학자들에 따라 혹은 지향하는 이념에 따라 강조하는 사회복지의 내용이 다르기 때문이다.

따라서 사회복지가 무엇인지를 이해하기 위해서 가장 먼저 사용되는 방식은 '사회복지'라는 말의 어원을 살펴보는 일이다. 사회복지(social welfare)는 어의적으로 사회(social)와 복지(welfare)의 합성어이다.

사회적(social)이라는 개념은 개인의 효용 극대화를 위해 이기적으로 행동한다는 의미를 가진 경제적(economic)이라는 개념과 대립되는 개념으로서, 사람과 사람 사이의 관계성을 강조하는 의미를 갖는다. 그리고 복지(welfare)는 편안하고 만족스러운 상태를 의미한다.

따라서 사회복지는 공동체 구성원들의 편안하고 만족스러운 상태를 추구하는 사회적 노력으로 이해할 수 있다. 즉, 사회복지란 사회구성원들이 기존의 사회제도를 통하여 자신의 기본적인 욕구를 충족하는 데 어려움을 겪고 있거나 어려움이 예상될 때, 그 욕구를 충족시켜 편안하고 만족스러운 상태를 추구할 수 있도록 도움을 제공하는 조직화된 사회적 노력이라고 할 수 있다.

사회복지는 협의로는 사회복지 대상 범주를 빈곤계층, 아동, 노인, 장애인 등의 사회적 약자로 한정하여 경제적 지원과 교육, 훈련, 재활, 치료 등의 서비스를 제공하는 것으로, 주로 사회복지 전문직의 활동범위 내에 있는 활동을 의미하는 개념으로 이해되는데, 예컨대 영국의 구빈법(poor law)과 같은 빈곤계층을 대상으로 한 공공부조 및 19세기 후반 영국과 미국의 박애사업, 현재의 사회보장제도에서의 공공부조나 사회복지서비스 등이 이에 해당한다.

또한 사회복지는 광의로는 전체 사회구성원을 대상으로 전통적인 공공부조와 사회복지서비스 외에 소득, 건강, 주택, 교육, 고용, 문화를 포함하여 생활의 다양한 측면에서 비복지를 해결하고 적극적으로 인간다운 삶의 질을 확보하려는 사회서비스들을 총칭하는 것으로 이해되는데, 이는 사회복지 전문직의 활동범위를 뛰어넘는 것이다.

이처럼 사회복지의 개념은 시대 및 사회적 상황과 지향하는 이념의 변화에 따라 고정되어 있는 것이 아니라 그 강조점이 변화되어 왔는데, 로마니쉰(Romanyshin)은 사회복지의 개념이 점차 ① 보완적인 것에서 제도적인 것으로, ② 자선에서 시민권으로, ③ 특수한 서비스 활동에서 보편적 서비스 활동으로, ④ 최저기준의 달성에서 최적기준의 달성으로, ⑤ 개인적 개혁에서 사회적 개혁으로, ⑥ 자발적인 것에서 공적인 것으로, ⑦ 빈민구제에서 복지사회 건설로 변화되어 가고 있다고 한다(Romanyshin, 1971).

제2절

사회복지의 관련개념

사회복지의 개념을 이해하고자 할 때, 사회서비스, 사회보장, 사회복지서비스, 사회사업, 자선사업 등과 같은 낱말과는 어떤 점에서 같고 또 어떤 점에서 다른지에 대해서 혼란스러울 때가 많다. 사회복지라는 개념이 매우 다양하게 이해되듯이, 사회복지와 유사한 낱말도 다양하게 정의되고 있지만, 우선 다음과 같이 정리하고자 한다.

1. 사회서비스(social service)

사회복지는 주로 미국에서 사용하는 개념인 반면, 영국을 위시한 많은 유럽 국가들은 사회복지라는 용어 대신 사회정책(social policy)이나 사회서비스(social service)라는 용어를 사용한다. 사회서비스는 위에서 말한 넓은 의미의 사회복지와 유사한 개념이다.

즉, 사회서비스는 사회복지에 대한 국가의 책임을 광범위하게 강조하고, 사회문제에 대한 예방과 전체 구성원에 대한 보편적 서비스를 이의 핵심적 요소로 간주하는 것으로 넓은 의미의 사회복지 개념에 해당한다고 할 것이다.

사회서비스라는 개념은 유럽에서 매우 포괄적인 의미로 사용되어 왔다. 제2차 세계대전이라는 특수한 상황으로 인해 사회보험과 공공부조뿐만 아니라 보건의료와 주택정책이 사회복지정책의 영역에 포함되었고, 무상 의무교육이 중학교로 확대되면서 교육도 사회복지정책으로 간주되었다. 그리고 영국에서는 과거부터 지방정부가 수행하던 취약계층(노인, 아동, 장애인 등)을 위한 시설보호와 거택보호 등의 개별 사회서비스도 실시되고 있었다. 영국에서는 이런 제도들을 모두 합쳐 사회서비스라고 부르고 있다.

이처럼 사회서비스는 기본적이며 보편적인 인간의 욕구를 해결하기 위한 서비스를 말하는데, 칸(Kahn)은 사회서비스의 영역으로 소득보장, 의료, 교육, 주택, 개별(personal) 사회서비스 등을 들고 있다. 결국 사회서비스 개념은 소득, 건강, 교육, 주택 등에 대한 욕구는 사회구성원의 인간다운 생활을 위한 최소한의 욕구로서 그 적정 수준의 보장을 국가가 책임을 져야 한다는 것을 인식의 바탕으로 하고 있다고 할 것이다.

2. 사회보장(social security)

사회보장이란 용어는 미국에서 고안된 용어로서 1935년 미국의

'사회보장법'에서 연유하며, 일반적으로 널리 사용하게 된 것은 1942년 영국의 베버리지보고서가 공표된 이후이다.

즉, 1929년 대공황이 심화되어 미국사회에 유례없는 경제적·사회적 위기를 초래하자 루즈벨트 대통령은 1934년 경제보장위원회를 설치하여 포괄적 소득보장계획안을 만들도록 지시하였고, 위원회가 제시한 보고서를 토대로 정부법안이 1935년 법안심의를 받는 과정에서 그 명칭이 사회보장법으로 불리면서 사회보장이라는 개념이 확산되었다.

미국에서 사회보장 프로그램들은 전반적으로 경제적 보장 프로그램의 일부분으로 시행되고 있으며, 범위 면에서 사회복지에 비해 좁은 것으로 인식되고 있다. 즉, 대다수의 미국인들에게 사회보장은 연방정부에 의해 관리·운영되는 사회보험 프로그램인 노령·유족·장애보험으로 이해되고 있다.

한편 영국에서 사회보장은 소득보장을 의미하는 것으로 이해되고 있는데, 베버리지는 베버리지보고서에서 '사회보장은 실업, 질병 및 사고, 노령, 사망, 예외적 지출과 같은 특정 위기상황에 대처하기 위해 필요한 금전적 혜택의 제공'이라고 정의하여 사회보장을 소득보장으로 정의하고 있다.

그리고 우리나라에서는 사회보장기본법 제3조에서 사회보장은 질병·장애·노령·실업·사망 등의 사회적 위험으로부터 모든 국민을 보호하고 빈곤을 해소하며 국민생활의 질을 향상시키기 위하여 제공되는 사회보험·공공부조·사회복지서비스 및 관련복지제도로 넓게 규정하고 있다.

우리나라의 사회보장법에서 사회보험은 국민에게 발생하는 사회적 위험을 보험방식에 의하여 대처함으로써 국민건강과 소득을 보장하는 제도를 의미하며, 공공부조는 국가 및 지방자치단체의 책임 하에 생활유지 능력이 없거나 생활이 어려운 국민의 최저생활을 보장하고 자립을 지원하는 제도를 말한다.

또 사회복지서비스는 국가·지방자치단체 및 민간부문의 도움을 필요로 하는 모든 국민에게 상담·재활·직업소개 및 지도·사회복지시설 이용 등을 제공하여 정상적인 사회생활이 가능하도록 지원하는 제도를 의미하며, 관련복지제도는 보건·주거·교육·고용 등의 분야에서 인간다운 생활이 보장될 수 있도록 지원하는 각종 복지제도를 말한다.

이처럼 사회보장은 각 나라의 이념이나 재정상황 등에 따라 차이가 있음에도 불구하고, 사회구성원들의 다양한 사회적·경제적 위험에 대처하기 위한 일련의 공적인 제도로서 최소한의 인간다운 생활을 보장하기 위한 사회보험, 공공부조, 사회복지서비스 등의 제도로 정의 할 수 있다. 따라서 사회보장은 환경, 노동, 여가문화, 교육 등과 같은 광범위한 영역까지를 포괄하는 넓은 의미의 사회복지에 비해 제한적 영역의 개념이나, 공공부조와 사회복지서비스를 중심으로 하는 좁은 의미의 사회복지에 비해서는 상대적으로 넓은 개념이라고 할 것이다.

3. 사회복지서비스(social service)

사회복지서비스는 개인, 가족, 집단의 특수한 욕구에 따라 서비스 제공자와 수급자 간 대면접촉을 통해 제공되는 서비스를 말하는데, 앞서 살펴본 바와 같이 영국에서는 이를 개별(personal) 사회서비스라고 부르고, 우리나라에서는 사회복지서비스라고 부르고 있다.

우리나라의 경우 처음에는 빈곤계층의 아동, 노인, 미혼모, 장애인 등 사회적 취약계층으로 그 서비스 대상이 한정적이었으나, 2007년부터 장애인 활동보조인, 노인 수발도우미 등처럼 사회서비스 사업 등에서 보편적인 일반인을 대상으로 특수한 욕구에 기초하여 서비스가 제공되고 있다. 앞서 살펴본 바와 같이 우리나라 사회복지사업법 제2조는 '사회복지서비스란 국가·지방자치단체 및 민간부문의 도움을 필요로 하는 모든 국민에게 상담, 재활, 직업 소개 및 지도, 사회복지시설의 이용 등을 제공하여 정상적인 사회생활이 가능하도록 제도적으로 지원하는 것'이라고 규정하고 있다.

사회복지서비스가 가지는 특성은 다음과 같다.

① 서비스의 욕구 차이에 따라 개별적으로 제공되는 서비스

사회복지서비스는 특수하고, 구체적이고, 개별적인 개인·가족·집단의 문제에 대응하는 것이며, 이는 보편적·평균적·균등적으로 빈곤문제에 대응하는 사회보험과는 차이가 있다.

② 대면접촉을 통한 서비스

사회복지서비스는 일선 사회복지사들이 수급자와 직접적인 대면접촉을 통해 제공되는 무형의 서비스다.

③ 사회복지사의 주된 활동의 장

사회복지사들은 사회복지서비스 이외의 분야에서 활동하는 경우
는 거의 없으며, 사회복지서비스는 사회사업의 기반인 동시에 전문
화가 이루어지는 장이다.

④ 비경제적 보장

사회보험, 공공부조, 사회수당 등이 주로 경제적 보장에 초점을
둔 반면 사회복지서비스는 신체적·정신적 재활 내지 기능 향상 등
과 같이 비경제적 보장에 초점을 둔다.

⑤ 재원은 혼합재원

사회복지서비스는 대부분의 국가에서 일반 조세재원과 민간재원
의 혼합으로 충당되고 있다.

4. 사회사업(social work)

사회사업은 우리나라에서 사회복지와 가장 많이 혼용해서 사용
된 개념인데, 1970년대까지는 사회복지학을 대학의 사회사업학과
에서 가르쳤고, 사회복지를 실천하는 사람을 사회사업가로 불렀기
때문이다.

사회사업은 미국사회복지사협회(National Association of Social
Workers)가 '개인, 가족, 지역사회가 사회적 기능을 원활하게 수행
할 수 있도록 그들의 능력을 향상시키거나 회복시킬 수 있도록 도

와주는 전문적인 활동'이라고 정의하는 데서 알 수 있듯이 주로 사회복지 전문직의 활동을 지칭하는 개념이다. 즉, 사회사업의 목적은 개인, 가족, 이웃의 사회적 기능 향상이며, 이를 위해서 사회복지 전문가의 전문적인 기술과 지식의 기반 위에서 이루어지는 실천적 활동이라고 할 수 있다.

따라서 좁은 의미의 사회복지는 대상과 목적의 측면에서 사회사업과 유사한 개념이지만, 넓은 의미의 사회복지는 사회사업에 비해 광범위하다고 할 것이다. 또 사회복지가 이념적인 측면을 강조하고 바람직한 사회건설을 목적으로 한다면, 사회사업은 구체적이고 실천적 측면을 강조하면서 바람직한 인간으로의 변화를 목적으로 한다.

그리고 사회복지가 전체적이고 보편적인 사회구성원을 대상으로 제도적·정책적 접근을 시도한다면, 사회사업은 선별적이고 개별적인 개인이나 집단을 대상으로 전문적 지식과 기술에 기반한 대면적인 접촉을 중심으로 접근한다. 또한 사회복지가 사전적·예방적·적극적 특성을 가진다면, 사회사업은 사후적·치료적·소극적 특성을 갖는다.

즉, 넓은 의미의 사회복지가 사회구성원들의 복지를 위해 필요한 기본적인 사회적 필요를 해결하기 위한 포괄적인 하나의 체계라면, 사회사업은 사회복지체계 내의 특정의 기능을 수행하는 전문적 서비스라고 할 수 있는데, 광의의 사회복지와 사회사업을 비교하면 다음의 표와 같다.

구분 분류	사회복지(광의)	사회사업
의미	이상적 측면 강조	실천적 측면 강조
목적	바람직한 사회	바람직한 인간
대상	전체적 · 불특정적	부분적 · 특정적
방법	제도, 정책	지식, 기술
특성	사전적 · 예방적 · 적극적	사후적 · 치료적 · 소극적

5. 자선사업

자선사업(charity)은 개인적인 금품 시여를 통해 개인이나 집단을 도와주는 비공식적 · 비전문적 활동을 지칭하는 개념이다. 즉, 자선 사업은 공식적인 제도하에서 수행되는 것이 아닌 비공식적 활동을 의미하고, 따라서 수혜자의 권리성은 없으며, 결국 자선사업은 공 식적인 의미의 사회복지나 사회사업과는 구분되는 개념이라고 하겠 다. 따라서 만일 자선사업가가 어렵게 사는 이웃 학생에게 현금을 지원했다고 하더라도, 인근에 사는 더 어려운 처지에 있는 학생이 그 자선가에게 자신도 지원해달라고 할 근거나 권리는 전혀 없다고 할 것이다.

6. 사회복지와 관련개념들과의 관계

이상의 논의를 바탕으로 관련개념들 간의 관계를 살펴보면 다음 과 같다.

먼저 넓은 의미의 사회복지는 사회보장, 사회복지서비스, 사회사업 등이 모두 포함되는 개념이며, 사회보장을 일반적인 의미에서 사회보험, 공공부조, 사회복지서비스를 포괄하는 개념으로 이해한다면, 사회복지서비스의 일부는 사회보장 영역에 속하지만 국가가 보장해주지 않는 영역에서 사적으로 지불하는 교육, 상담 등의 사회복지서비스가 존재한다고 할 것이다.

또 사회사업은 사회복지서비스 중 사회복지사에 의해 행해지는 전문적인 활동을 의미하기 때문에 사회복지서비스의 일부가 되지만 임상심리전문가나 특수교사 등에 의해 제공하는 사회복지서비스나 자원봉사활동과 같은 서비스는 사회사업의 영역에는 속하지 않는다고 하겠다.

그리고 자선사업은 사회복지와는 달리 비공식적 영역에서 행하여지는 활동이기 때문에 사회복지의 영역과 교차되는 영역이 존재하지 않는다고 할 것이다.

제3절

사회복지의 기준

근래에 접어들어 시대와 이념의 변화에 따라 사회복지의 성격이 빠른 속도로 변화하고 있기 때문에 기존의 기준들로는 설명하기 어려운 새로운 형태의 사회복지가 지속적으로 출현하고 있으나, 어떠한 활동들이 사회복지활동이 될 수 있는지 사회복지의 기준에 관한 논의는 변화하고 있는 사회복지의 특성을 이해하고 논의할 수 있는 중요한 이론적 근거를 제공해준다고 하겠다.

먼저 윌렌스키와 르보(Wilensky & Lebeaux)는 특정한 활동이 사회복지활동으로 개념화될 수 있는 5가지 기준을 다음과 같이 제시했다(Wilensky & Lebeaux, 1965).

① 공식적 조직에 의해 제공하는 활동

사회복지활동은 사회복지시설 및 기관에서 제공되는 활동이나 공동모금회나 기업의 사회공헌팀과 같이 사회복지활동을 할 수 있는 제도적 근거에 의해 설립된 조직에 의해 수행되는 활동이어야 한다.

② 사회적으로 승인된 목적과 방법으로 수행되고 사회적 책임을
가지는 활동

불법행위를 지원하는 것은 원조행위라고 하더라도 사회적 승
인을 받을 수 없기 때문에 사회복지활동이 될 수 없으며, 사회복
지활동은 그 방법도 관련법규에서 정한 테두리 내에서 이루어져
야 한다.

③ 이윤추구를 배제한 활동

사회복지활동은 영리를 목적으로 한 활동은 아니지만, 최근 영리
조직의 활동을 인정하고 있기 때문에 절대적 기준은 아니다.

④ 인간의 욕구에 대한 통합적 관심을 가지고 접근하는 활동

사회복지활동은 개인적인 경제적 결핍이나 신체적 고통의 해소
에 초점을 둔 활동이 아니라 사회적·심리적·경제적 욕구들에 대
해 광범위한 관심을 가지고 이 욕구의 충족을 위해 다양한 형태로
접근한다.

⑤ 인간의 소비욕구에 대한 직접적 관심을 가진 활동

사회복지활동은 인간의 의식주를 비롯한 다양한 결핍문제에 대
하여 직접적인 욕구 충족에 관심을 가진 활동이다. 이와는 달리 간
접적인 활동의 대표적인 사례인 경제정책은 빈곤계층이나 아동의
결식문제에 대해 경기부양을 통한 빈곤의 감소를 통해 결핍문제를

해결하고자 하므로 소비욕구에 대해 간접적인 관심을 가진 활동이라고 하겠다. 반면에 사회복지활동은 결식아동들의 영양결핍과 건강문제에 대하여 직접적인 관심을 가지고 도시락 배달, 방문진료의 연결 등을 추진한다.

한편 송근원과 김태성은 다음과 같이 사회복지 개념의 7가지 기준을 제시하였다(송근원·김태성, 1993).

① 기본적 필요의 개별적·배타적 해결
사회복지는 사람들의 개별적인 필요에 따라 급여를 제공하는 원칙을 중시한다. 반면에 국방이나 환경서비스와 같은 공공서비스는 개별적 방식이 아니라 일률적·집합적 방식으로 제공된다는 측면에서 사회복지와는 구분된다.

② 사람들의 기본적 필요의 직접적 해결
인간의 경제적 욕구에 대한 간접적 해결방식을 추구하는 경제정책과는 달리, 사회복지는 직접적으로 현금을 지원하는 것과 같은 방식이다.

③ 기본적 필요의 비시장적 해결
자본주의에서 인간의 욕구 충족을 위한 소득은 일차적으로 시장에서 노동력을 제공한 대가로 획득하지만, 사회복지는 일반적으로 사회보장정책과 같은 재분배를 통해 시장 메커니즘 바깥에서 이루어진다.

그러나 현대사회에서 많은 사회복지는 시장 메커니즘과 관련되어 있다. 예컨대 보육 프로그램을 통해 여성인력이 노동시장에 참여하는 것을 장려함으로써 가계소득을 높이려고 하는 정책은 사회복지와 시장 메커니즘이 연결되어 있는 정책이라고 할 것이다.

④ 공식적인 조직이나 제도를 통한 해결

이 기준은 윌렌스키와 르보(Wilensky & Lebeaux)가 말한 것처럼 사회복지가 공식적 조직이나 제도를 통해 수행되는 활동이라는 의미이다.

⑤ 비영리조직에 의한 주도

전통적으로 사회복지는 비영리조직에 의해서 주도되었다. 물론 최근의 복지다원주의 경향은 사회복지 영역에서 영리조직의 활동을 인정하는 추세이며, 특히 노인복지 영역과 개별 사회서비스 분야에서 활성화될 전망이다.

⑥ 일방적인 이전

자본주의 시장의 기본적인 원리는 등가의 교환이지만 전통적으로 사회복지는 소외계층 수급자에 대하여 대가 없는 일방적 이전의 형태로 수행되고 있다. 그러나 최근에 사회복지서비스에 대한 일부 이용자부담을 부가하는 경우가 보편적인 형태로 나타나고 있음을 주지할 필요가 있다.

⑦ 기본적인 필요 가운데 소비적인 필요의 해결

전통적으로 사회복지는 사회적 욕구 가운데 소비욕구를 대상으로 하여 국민연금 등과 같은

소득보장을 중심으로 발전하여 왔다.

제4절

사회복지의 관점

그런데 사회복지 개념의 다원성 혹은 다양성의 근저에는 사회복지의 대상과 기능에 관련된 서로 다른 관점들이 내재해 있다.

1. 잔여주의 · 제도주의 · 발달주의

1) 잔여적(residual) 관점

잔여적 관점은 개인의 욕구는 가족이나 시장을 통해 충족되어야 한다는 가정에 기초한 사회복지 개념에 바탕을 둔다. 즉, 사회복지는 경기침체나 가족위기와 같은 한정적이고 예외적인 상황에서나 작동하는 필요악이자 일종의 보완장치로써 기능해야 한다는 것이다.

따라서 잔여적 관점에 따르면 사회복지는 고아나 무의탁 노인들처럼 가족의 보호를 받을 수 없으면서 본인이 노동시장에서 자신의 욕구를 충족시킬 수 있는 정도의 소득을 만들 수 없는 극소수의 사람들에게 매우 제한적으로만 작동해야 하는 것으로 보고, 시장과 가족이 제 기능을 회복하면, 즉 고아가 성장하여 노동력을 가지게 되면 복지혜택은 사라져야 한다는 입장이라고 할 수 있다.

2) 제도적(institutional) 관점

제도적 관점은 오늘날 사람들은 복잡하고 어려운 환경에 살고 있기 때문에 사회복지는 현대사회에서 꼭 필요하면서도 정당한 기능으로 받아들여진다는 입장이다. 예컨대 누구나 노인이 되면 일을 중단해야 하고 소득결핍문제에 직면하게 되기 때문에 국민연금과 같은 제도적 구조를 통해 욕구를 충족하는 것이 정상적인 것으로 간주되어야 한다는 것이다.

따라서 이 관점에서 사회복지는 정상적이고 영구적이며, 필요한 것일 뿐만 아니라 사회구조의 바람직한 부분으로 작동한다는 것이다.

3) 발달적(developmental) 관점

발달적 관점은 현대사회의 모든 시민들이 사회 참여능력을 개발하고 바람직한 생활수준을 달성·유지하기 위해서는 사회적으로 제공되는 재화나 서비스들이 필요하다고 가정한다. 이 관점에서 사회복지는 문제를 해결하거나 사람들을 원조하는 방식보다는, 사람들이 보다 나은 생활을 영위하고, 생활의 질을 높이며, 인간개발을 성취하는 데 보다 적극적 의미를 둔다.

따라서 이 관점은 사회복지재정을 사회투자(social investment)로 인식하면서, 사회서비스를 통해 인적자본을 개발하여 더 나은 미래 사회를 구축하려는 사회복지정책을 사회복지와 같은 맥락으로 파악한다. 예컨대 건강보험이나 빈곤계층에 대한 의료급여 및 직업훈련 프로그램은 현재의 문제를 해결함과 동시에 미래 노동생산성을 향상시킬 수 있다는 의미에서 인적자본의 개발을 도모할 수 있다고 보는 것이다.

최근 우리나라에서도 유럽과 같은 넓은 범주의 공공 개별 사회서비스가 시작되었는데, 이는 현금급여 중심의 사회보험 및 빈곤계층을 위한 기초생활보장제도의 적정한 관리에 초점을 두어왔던 기존 방식에서 벗어나, 보편적 사회계층을 대상으로 교육, 훈련, 치료, 문화 등의 서비스에 대해 국가가 일정 비율의 재정을 지원하여 시장화를 도모하는 방식이다.

결국 이 같은 사회서비스는 보편적 대상으로 사회복지의 범주를 확장하고, 미래투자 혹은 예방투자의 관점에서 아동과 아동의 보호자인 여성에 대한 서비스와 근로능력이 있는 저소득층에 대한 지원을 강조하는 데 초점을 둔다.

2. 선별주의 대 보편주의

1) 선별주의 프로그램

이 프로그램은 욕구 또는 개인의 재정적 자산에 기초하여 수급자격이 결정되는 프로그램을 의미하는데, 사회복지의 대상을 사회적 취약계층으로 한정하려는 목적을 가지며, 사회복지에 소요되는 비용을 제한하려는 보수주의 이데올로기에 부합하는 것이다.

이 프로그램의 장점은 중상위 소득계층에 의한 집중적 급여활용을 방지하여 재정절감을 도모하는 것이라고 할 수 있으며, 단점은 보다 넓은 수혜계층을 가지는 보편주의 프로그램에 비해 정치적 지지 기반이 협소하며, 빈자에 대한 낙인(stigma) 부여, 자격 있는 빈자의 신청기피, 부정수급, 과다한 행정운영비로 인한 비효율성, 수급자와 비수급자 간 사회통합의 저해 등을 들 수 있다.

2) 보편주의 프로그램

이 프로그램은 어떤 계층, 범주, 지역 기준에 부합되면 누구에게나 권리로서 제공되는 것으로서, 사회구성원 전체의 복지욕구 충족을 위한 공공정책상의 개입이 이에 해당된다. 예컨대 건강, 소득, 주택, 교육, 여가활동, 노동 등과 같은 광범위한 영역에서 사회구성원들의 욕구에 대응하기 위한 정책들이 그것이다.

따라서 이 프로그램은 욕구결핍이 발생한 후의 사후적 개입보다는 문제에 대한 사전적 예방프로그램을 강조한다. 이 프로그램의 장점은 스티그마가 발생하지 않으며, 드러나지 않게 빈자를 원조할 수 있고, 광범위한 지지기반을 형성함으로써 사회적 통합을 증진할 수 있다는 데 있으며, 단점은 급여가 필요하지 않거나 원래 대상이 아닌 계층에게로 막대한 금액이 지급되는 데서 오는 비효율성을 들 수 있다.

제4장

사회복지의 이념과 가치

사회복지의 이념

사회복지는 기존의 사회제도들이 해결하지 못한 미충족 욕구를 해결하고자 하는 것이므로, 사회복지활동의 성격은 기존의 사회제도들, 즉 가족과 시장, 종교, 국가 등을 어떻게 평가하는가, 이것들이 인간의 본성에 얼마나 맞게 기능하고 있다고 생각하는가, 또 어떻게 바뀌어야 한다고 생각하는가와 무관하지 않다.

조오지와 윌딩(George & Wilding)은 사회복지에 관한 이념체계를 반집합주의, 소극적 집합주의, 페이비언주의, 그리고 마르크스주의로 나누어서 소개한 바 있다. 각 이념을 주장하는 학자들이 중시하는 사회적 가치, 사회복지에 대한 국가의 역할, 그리고 복지국가에 대한 태도 등을 간략히 정리하면 다음과 같다(George & Wilding, 1976).

1. 반집합주의

　반집합주의는 정부의 적극적인 개입을 주장하는 집합주의와 상반되게 정부의 개입을 반대하는 입장으로서 자유주의라고도 불린다.

　반집합주의자들의 기본적인 가치는 자유, 개인주의, 불평등이며, 그들은 이를 사회의 기본적 가치라고 보고 있다. 국가가 적극적으로 개입하는 것은 사회적인 분열과 불만을 조장하는 것이고 자원 낭비적이며, 경제적인 면에서도 비효율적이라고 주장한다. 즉, 반집합주의는 국가의 개입은 필요 없을 뿐만 아니라 개인의 자유를 박탈하는 것이라고 생각하면서, 사회복지도 온정주의에 입각하여 최저생활만 보장하면 된다고 주장한다.

　이들이 말하는 자유는 타인으로부터 간섭 또는 강제당하지 않는 것으로서의 자유를 의미하고, 개인주의는 사회란 개인의 자발적 협동과 경쟁에 기초하여 형성되어야 하며, 국가의 역할은 최소 수준에 머물러야 한다는 것을 의미한다.

　개인의 자발적 협동과 경쟁에 기초하여 형성된 사회는 기본적으로 자유시장이 지배하는 사회이며, 시장은 강제를 행사할 수 있는 존재가 아니기 때문에, 시장에서 발생하는 빈곤이나 불평등은 자연스럽고 바람직한 것이다. 이들은 사회정의라는 명분을 내세워 불평등을 완화하려는 시도가 오히려 개인의 자유를 침해하는 부당한 시도라고 주장한다.

　따라서 반집합주의자들은 사회적 최저 수준을 보장하기 위한 정부의 역할까지 부정하지는 않지만, 그 수준 이상을 보장하려는 시도에 대해서는 격렬한 반대 입장을 취한다. 이들은 사회가 기본적으로 자발적인 질서를 기초로 구성되어야 하며, 정부의 역할은 이 자발적 질서의 작동을 위한 규칙을 만들고 이를 실행하는 규칙 제정자로서의 역할, 시장의 작동이 불완전한 경우 이를 보완하기 위한 공동자원의 관리자로서의 역할, 그리고 스스로의 힘으로 삶을 영위할 수 없는 사람들을 보호하는 가부장적 역할로만 제한되어야 한다고 주장한다.

반집합주의자들은 최소 수준 이상의 보장으로 나간 복지국가는 시장의 자율성을 침해하고, 개인의 자유를 억압하며, 국가의 기능을 과도하게 팽창시킨다는 이유로 매우 비판적이다. 반집합주의자들은 윌렌스키와 르보가 제시한 잔여적 개념의 사회복지만을 동의한다. 반집합주의자의 대표적인 학자로는 하이에크(Hayek)와 프리드만(Friedman)이 있다.

2. 소극적 집합주의

반집합주의자들의 복지국가에 대한 태도가 철학적이고 이념적이며 원칙적이라면, 소극적 집합주의자들이 복지국가에 대해 갖는 태도는 기본적으로 실용주의적이다. 이들 역시 자유와 개인주의를 가장 바람직한 것으로 생각하며 불평등도 인정한다.

소극적 집합주의자들은 불평등을 바람직한 것으로 인정하지만, 실용주의적 경향과 인도주의적 경향으로 인해 지나친 불평등은 수정되어야 한다고 주장한다. 그 근거로 이들은 경제성장이 저축이 아니라 소비에 달려 있는 것이라면, 지나친 불평등은 저소득층의 소비 위축으로 인하여 경제성장에 도움이 되기는커녕 오히려 방해가 된다는 실용주의적 주장을 전개한다. 같은 맥락에서 이들은 불평등의 극단적인 사례인 빈곤은 제거되어야 하고 또 제거될 수 있다고 생각한다.

이들은 복지에 대한 국가의 역할을 인정하기는 하지만, 이데올로기적이기보다는 실용주의적이다. 즉, 이들은 복지를 시장경제에서 나타난 회피 가능한 해악들을 제거하기 위해 시장실패를 보충하는 수단으로 생각하기에 복지국가의 필요성을 인정한다.

베버리지(Beveridge)가 사회공동의 적으로 결핍, 질병, 무지, 불결, 나태 등 5대 악을 제시한 것은 바로 이러한 맥락에서이며, 따라서 복지에 있어서 국가의 역할은 사회체계의 전체적인 변화를 지향하는 진보적인 것이라기보다는 당면 문제의 해결에 치우치는 문제해결 지향적인 것으로 상정된다. 같은 맥락에서 소극적 집합주의자들은 국민 최저선의 보장을 강조하며, 가능한 모든 해악을 회피하기 위해서 종합적이고 포괄적인 대책을 주장한다.

소극적 집합주의자들은 복지국가의 가장 중요한 기능은 불평등의 완화가 아니라 빈곤의 제거라고 생각한다. 이들은 실용주의적 입장에서 복지지출의 일부는 전체 사회를 위한 투자라고 주장한다. 대표적인 학자로는 베버리지, 케인즈(Keynes), 갤브레이스(Galbraith) 등이 꼽힌다.

3. 페이비언주의

페이비언주의는 페이비언 사회주의라고도 불리는데, 영국의 독특한 실용주의적·점진적 사회주의로서, 1884년 설립된 영국 페이비언협회에 기원을 두고 있다.

페이비언주의의 기본적 가치는 평등, 자유, 우애(연대)이다. 반집합주의자들은 불평등이 자연스러운 것이라고 하지만, 페이비언주의자들은 불평등이 자연적 정의에 어긋난다고 주장한다. 이들은 사회통합의 증진과 경제적 효율성의 증진, 그리고 개인의 자아실현을 위해서 평등이 실현되어야 한다고 주장한다.

반집합주의자들은 강제당하지 않는 상태를 자유로 간주하지만, 페이비언주의자들은 각 개인이 자신의 삶을 스스로 통제하고 자신의 목표를 이룰 수 있는 상태를 자유로 간주한다. 이들에게 자유는 정치적인 자유만을 의미하는 것이 아니라 경제적 자유까지 의미하는 것이다. 따라서 이들에게 평등과 자유는 거의 같은 우선순위를 갖는 가치이다. 자유와 평등에 대한 이러한 개념화는 민주적 참여를 중시하는 입장으로 연결된다. 개인이 자신의 삶을 스스로 통제할 수 있기 위해서는 직장에서 노동자들의 발언권이 보장될 수 있어야 하고, 근로조건의 결정에 노동자들이 참여할 수 있어야 한다. 참여를 통해서 노동자들은 보다 평등한 권리를 누릴 수 있고, 그것이 곧 자유의 신장을 의미한다.

페이비언주의자들이 말하는 우애는 시장적 경쟁보다는 협동, 개인의 사적 이익보다는 공동체의 이익, 이기주의보다는 이타주의를 강조하는 것을 의미한다. 이들은 시장자본주의가 개인의 능력을 동료 인간의 이익을 위해서가 아니라 자기 자신만의 이익을 위해 사용하도록 유도한다고 비판한다. 자본주의에서 개인이 이기적인 존재가 되는 것은 개인적 성향의 문제가 아니라 체제 자체의 문제인 것이다. 이와 같은 우애의 가치는 인본주의적 입장과 연결된다. 인본주의적 가치는 사회구성원들로 하여금 자신의 잠재력을 실현할 수 있는 여건을 조성하고, 상대적으로 박탈당한 사람들의 복지에 보다 높은 우선순위를 부여함을 의미한다.

따라서 페이비언주의자들은 복지국가를 옹호한다. 이들은 자본주의 내에서 복지국가의 역할에 대해 소극적 집합주의자들에 비해 훨씬 적극적이다. 이들은 복지국가를 통해 자원을 재분배하고, 사회통합을 증진시키며, 경기변동으로 나타난 비복지의 공평한 분담을 추구하고, 이타주의를 증진시킬 수 있다고 생각한다. 이들도 소극적 집합주의자들처럼 빈곤의 제거가 복지국가의 중요한 목표라는 점에 동의하지만, 그들은 빈곤의 제거를 위해서는 불평등의 감소가 반드시 선행되어야 한다고 주장한다. 대표적인 학자로는 티트머스(Titmuss), 크로스랜드(Crosland), 토니(Tawney), 마샬(Marshall) 등이 꼽힌다.

4. 마르크스주의

마르크스주의자는 평등과 자유를 강조하고 자유를 적극적 의미로 해석하며, 이러한 적극적 자유를 성취하기 위해서는 경제적 평등이 필수적이라고 주장한다. 하지만 이들은 페이비언주의자들과 달리 적극적 자유와 평등이 복지국가를 통해 어느 정도나 실현될 수 있는가에 대해서는 상당히 회의적이다. 이들은 사회주의사회가 되어야만 이러한 가치가 완전히 실현될 수 있다고 생각한다.

마르크스주의자들의 복지에 대한 태도는 자본주의에 대한 전면적 거부라는 태도에 그 기초를 두고 있다. 하지만 현실적으로 사회복지제도가 가져야 하는 성격에 대한 입장은 페이비언주의자들과 크게 다르지 않다. 이들은 사회주의적 사회복지는 욕구 충족에 중점을 두고 보편적으로 적용되어야 하고, 전문가에 의한 것이 아니라 참여를 기초로 해야 하며, 예방중심의 원리로 운영되어야 한다는 입장을 가지고 있다. 그러나 마르크스주의자들은 현실의 복지국가가 자본주의를 변형시켜 사회주의로 갈 수 있다고는 생각하지 않는다는 점에서 페이비언주의자들과 차이를 보인다.

마르크스주의자들은 복지와 사회개혁적 조치가 노동자계급에 이익이 될 수 있다는 사실을 전적으로 부정하지 않지만, 복지의 진정한 수혜자가 노동자계급일 수 있는가에 대해서는 회의적인 시각을 가지고 있는 등 양면적인 태도를 취하고 있다. 대표적인 학자로는 라스키(Laski), 밀리반드(Miliband), 오코너(O'Connor) 등이 꼽힌다.

사회복지의 가치

사회복지학을 공부하는 사람들은 사회복지를 가치중립적으로 생
각하거나, 반대로 사회복지를 지나치게 가치중심적으로 인식하는
경향이 있다. 그런데 사회복지는 가치중립적인 현상은 아니고, 더
구나 나의 관점에서 본 사회복지를 다른 사람에게 강요할 수 있는
것도 아니다. 사회복지의 이념에서 본 바와 같이 '자유'라는 한 낱
말에 대해서도 어떤 사람은 '타인으로부터 간섭 또는 강제당하지
않는 것'으로 인식하고, 다른 사람은 '자신의 삶을 스스로 통제하고
자신의 목표를 이룰 수 있는 상태'로 인식하기 때문에 양자는 서로
지향하는 자유가 다를 수 있다. 이처럼 사회복지는 가치지향적일
수밖에 없는데, 사회복지에서 많은 사람들이 공감하는 주된 가치로
는 평등, 자유, 연대, 정의, 이타주의 등이 있다.

1. 평등

사회복지의 가치에서 가장 중요한 것 중의 하나는 평등(equality)
이다. 평등은 사회적 자원의 재분배를 통하여 사회구성원의 삶의
질을 골고루 향상시키고자 하는 가치이다. 그러나 평등의 구체적인
개념에 관하여는 논란이 많다. 평등의 개념은 수량적 평등, 비례적
평등, 기회의 평등이 있다.

수량적 평등은 모든 사람을 똑같이 취급하여 욕구나 능력의 차이
에 관계없이 사회적 자원을 분배하는 개념으로서 가장 적극적인 평
등개념이다.

비례적 평등은 개인의 욕구, 능력, 기여 정도에 따라 사회적 자
원을 다르게 분배하는 개념이다.

기회의 평등은 결과는 무시한 채 과정상의 기회만 똑같이 해주는
개념이다.

평등의 개념 중 복지국가의 형성과 확대에 기초가 된 것은 적극
적인 의미의 평등으로, 복지국가의 평등전략은 보편주의 원칙에 입
각하여 모든 국민에게 사회적 권리에 따라 보편적으로 제공하는 사
회복지 급여와 서비스를 통하여 일정한 수준의 기본적인 삶을 보장
하고 사회적 불평등을 감소시키고자 노력하는 것이다.

2. 자유

사회복지의 가치 중에서 가장 논란이 많은 개념 중의 하나는 자

유(freedom)이다. 자유의 개념에는 소극적 자유와 적극적 자유가
있다.

소극적 자유는 사람들 간의 상호작용 관계에서 다른 사람의 간섭
없이 자신의 의지대로 행할 수 있는 상태를 의미한다. 그리고 적극
적 자유는 자기가 원하는 것을 할 수 있는 상태를 말한다.

이러한 자유의 개념은 이념적 입장의 차이에 따라 다르게 사용된
다. 반집합주의자들은 소극적 자유를 사용하고, 페이비언주의자와
마르크스주의자들은 적극적 자유를 사용한다. 전자는 사유재산권
행사의 자유 또는 급여나 서비스 선택의 자유를 강조하여 복지에
대한 국가의 개입을 자유의 침해로 간주한다. 반면, 후자는 사회적
권리로서 복지를 누릴 수 있는 자유를 인식하며, 이에 따라 국가의
복지에 대한 개입을 적극적 자유의 확대로 간주한다.

3. 연대

사회복지를 가장 대표하는 가치의 하나는 연대(solidarity)이다. 뒤
르켐(Durkheim)은 연대를 기계적 연대와 유기적 연대로 구분했다.

기계적 연대는 가족이나 부족사회에서 흔히 나타나는 연대로서,
구성원들을 결속시킬 수 있는 공통의 대인관계나 가치 그리고 신념
이 존재할 때 가능하게 된다. 사회적 분화가 급격하게 발생하는 현
대사회에서 질서를 유지하기 위해서 사회구성원들 개개인이 상이하
게 평가되는 서로 다른 역할을 수행할 필요성을 갖게 되는데, 이러
한 상이성에 근거한 연대가 유기적 연대이다. 기계적 연대가 동질

성을 바탕으로 한 물리적 통합이라면, 유기적 연대는 이질성을 전제로 한 화학적 통합이라고 볼 수 있다.

다시 말해 기계적 연대란 '사회의 모든 구성원이 공통된 관념에 따라 행동하며, 전체의 공통 의식이 개인의 의식을 압도하고 지배하는 사회적 결합 상태 또는 사회적 관계'를 말한다. 유기적 연대는 '사회 발전에 따라 사회구성원 사이에 기능적 분화와 분업이 촉진되어 상호 의존성이 강화되면서 생기는 사회 연대'의 상태를 말한다. '전통사회에서는 집단지향적인 기계적 연대가 필요했지만, 근대사회에서는 개인의 존엄성을 바탕으로 한 호혜적 연대, 유기적 연대가 등장하게 됐다'고 뒤르켐은 설명한다.

사회복지는 구성원 상호 간의 도움을 주고받는 행위를 통하여 사회적 자원을 재분배할 뿐 아니라, 이러한 원조행위가 구성원 상호 간의 감정적 통합을 가져오게 된다. 한편 이러한 감정적 연대와 통합은 사회적 자원의 재분배를 가능하게 한다. 전통적 사회에서는 가족이나 지역공동체의 상호 의존성에 기초하여 자원의 재분배가 이루어지고 사회통합이 달성될 수 있었다. 그러나 산업혁명 이후 사회경제적 진보에 따라 가족과 지역공동체는 그 기능을 상실하게 되었으며, 사회통합을 위한 새로운 사회적 장치가 필요하게 되었다. 현대사회에서의 사회복지제도는 공동체 구성원의 상호 의존성을 제도적 장치로써 복원함으로써 사회통합을 달성하게 하고 있다.

4. 정의

정의(justice)의 개념은 절차상의 정의, 실질적 정의, 그리고 능동적 과정으로서 정의 등으로 사용되고 있다. 절차상의 정의는 법률에서 정한 합법적인 절차를 강조하고, 실질적 정의는 결과로서 분배적 정의를 강조하며, 능동적 과정으로서 정의는 불의한 현상을 예방하고 치료하는 사회적 과정을 강조한다.

사회복지에서는 특히 분배적 정의를 강조하며, 사회적으로 취약한 계층이나 불우한 위치에 있는 사람에게 보다 나은 처우와 권한 및 자원의 배분이 이루어지도록 노력한다.

5. 이타주의

이타주의(altruism)는 이기주의에 기초한 자본주의 속에서 복지국가를 실현시킬 수 있는 가치이다. 티트머스는 부자에서 빈자로의 이전과 같은 일원적(一元的) 이전과, 쌍방이 서로 도움을 주고받는 이원적(二元的) 이전으로 이타주의를 설명하였다. 사회복지는 상대방으로부터 대가를 요구하지 않는 이타주의에 기초하고 있으며, 이러한 이타주의는 시장체계를 통하여 이루어지는 등가의 교환에 기초하여 개인 이익의 극대화와 효율을 추구하는 경제적 행위와 구별된다.

제5장

사회복지의 기원과 발달

제1절

선진국 복지제도의 발달

1. 산업화 이전의 시기

1) 봉건사회의 사회복지

봉건사회의 피지배층인 농민들 대부분은 잦은 흉작과 낮은 농업 생산성으로 인해 만성적인 빈곤 상태에 있었지만 살던 지역을 떠날 수 없었다. 그러나 봉건사회 당시 빈곤은 그 자체로 사회의 통합을 저해하거나 갈등을 야기하는 요인이 아니었다. 타고난 신분에 의해 가난한 것이 사회문제로 간주되지 않았기 때문이다.

하지만 당시 후일 사회복지의 뿌리가 되는 일이 나타나게 되었다. 우선 기독교문화의 영향으로 부자들이 빈자들에게 자선을 베푸는 것을 천국에 가는 방편으로 여기면서 자선행위가 많아지게 되었는데, 전성기의 중세 유럽에서는 이런 기부 및 자선행위가 경쟁적으로 행해졌다고 한다.

그리고 중세 봉건시대에 사회복지제도의 초기 형태로서 상부상
조의 기능을 하는 조직인 상조회나 장인조합(길드) 등이 형성되기
시작하였다. 이들 조직은 빈곤한 회원에게 장례비나 유족의 생계를
지원하는 일을 했으며, 빈곤한 회원 자녀의 결혼에 대한 지원도 하
였다.

특히 장인조합의 경우 갹출금의 형식으로 조합원의 회비를 걷고
유사시에 지급하는 방식으로 운영되었는데, 이는 추후 사회보험방
식의 정착에 상당한 영향을 주었다고 할 수 있다.

2) 봉건경제의 붕괴와 교회의 구빈제도

14세기 중엽 영국에서부터 봉건제도는 점차 붕괴하기 시작하였
고, 영주의 토지에 속해 있던 수많은 농노들이 유리되어 대규모로
도시로 모여드는 인구이동현상이 나타났다. 이들은 빈민화 되고,
수도원 등 종교시설에서 보호받던 농노들도 교회세를 걷지 못한 수
도원들이 해체되면서 유랑민 대열에 합류하게 되었다.

특히 인클로저(enclosure)는 16세기 국제적인 양털 가격의 상승
으로 양 목축업이 호황을 누리자 지주들이 자신의 농토와 공유지를
양목장으로 바꾼 것에서 시작하여 19세기 초까지 파상적으로 계속
된 농토와 공유지의 울타리 치기를 말한다. 공유지의 울타리 치기
로 가장 큰 타격을 입은 층은 날품팔이와 영세 소농이었다. 이들은
공유지에서 자신의 소와 양을 키워 부족한 생계비를 보충했으며,
건축용 목재와 땔감을 조달했지만, 인클로저는 이들 가난한 농민들
의 생활 근거지를 빼앗아 부랑자로 만들었던 것이다.

유랑 빈민들이 다른 지역을 넘나드는 것을 사회적 위협 요소로

간주한 중앙정부는 각 지역의 교회조직에게 빈민구제의 역할을 유도하였다. 이에 따라 당시 부랑자는 죄인 취급을 받았으며, 이에 대한 처벌은 구금과 매질로 일관되었고,[16] 빈민구제의 책임은 교구로 돌려졌다. 이처럼 15세기에서 16세기 전반까지 빈민에 대한 보호 명목의 조치들은 사회복지라기보다는 노동력이 없는 빈민을 사회적으로 배제시키는 조치에 가까웠다. 즉, 인구이동을 제한하고, 걸식과 유랑을 처벌하는 억압적인 성격이 강했으며, 교회나 수도원들은 통제당하는 부랑인을 보호하는 일종의 완충장치로 작용했음을 알 수 있다.

2. 국가 개입의 시대

1) 엘리자베스 구빈법

엘리자베스 여왕은 부랑자 문제가 억압과 교구의 구빈만으로 해결되지 않는다는 것을 인정하고, 보다 합리적인 대책으로 1601년 빈민법(poor law)을 집대성했는데, 주된 내용은 다음과 같다.

① 구빈세를 통해 구빈사업의 예산 확보
② 구빈사업을 담당하는 구빈감독관 임명
③ 빈민을 근로능력이 있는 자와 없는 자로 구분하고, 친족의 부

---

16) 1531년경의 노동자조례에 의해 노동력이 없는 빈민에게만 걸식의 허가증을 내주고, 그렇지 않은 빈민이 걸식하다 발견될 경우에는 낙인을 찍는 등 가혹한 형벌이 가해졌다. 가장 극단적인 억압방식이 마녀사냥인데 마녀로 낙인찍혀 처단된 사람들은 주로 가난한 미망인, 독거노인, 장애인 등이었다.

양의무를 부여하며, 부양할 사람이 없는 요보호아동은 도제수
업의 기회를 주거나 고아원에서 수용
④ 구빈행정을 전국적으로 체계화하면서 공적인 책임체계 수립

이처럼 구빈법의 핵심은 부랑인을 세 가지로 분류하여 그에 상응
하는 처우를 하려는 것이었다. 즉, 노동능력이 없는 빈민(노약자,
만성병자, 맹인, 정신병자 등)은 구빈원 또는 자선원에 수용하고,
노동능력이 있는 빈민은 교정원 실제로는 작업장에서 강제로 일을
시키고 일을 하지 않을 경우 처벌하며, 아동은 도제로 삼는다는 것
이다.

엘리자베스 구빈법은 비록 소극적일지라도 빈곤문제의 해결을
위해 국가가 직접 개입할 필요가 있다는 점을 인정한 결과물이었으
며, 구빈의 책임을 교회가 아닌 정부(지방정부)가 최초로 졌다는 점
에서 가장 큰 의의가 있다. 이를 위해 정부는 지방세액을 증가시켰
고, 당시 각 교구에는 시장이 임명한 구빈감독관이 있었는데 이들
로 하여금 구빈업무와 지방세 징수업무를 관장케 하였다. 구빈법이
갖는 의미를 요약하면 다음과 같다.

① 국가의 빈민구제 책임을 인정하고 있는 세계 최초의 구빈법으
로서 현대적 공공부조의 효시
② 빈민을 구제하기 위한 행정적인 체계와 조세를 통한 재원 마련
③ 요부양 아동에 대한 공적인 보호체계 정립
④ 노동력의 여부에 따라 구제의 방법을 달리하고 친족의 부양책
임 강조

그러나 현실적으로 빈민법은 잘 지켜지지 않았다. 빈민들은 일자리를 찾아서 여기저기로 떠돌아 다녔지만 통제하는 데 한계가 있었고, 과부가 어린 자녀를 양육하는 경우에는 노동능력과 연령에 따라서 각기 구빈원이나 작업장 또는 도제로 보내지기보다는 원외구조가 폭넓게 활용되었다.

결국 빈민법은 사회복지를 위한 법이라기보다는 봉건사회의 농촌 노동력 확보와 농촌사회로부터 이탈한 부랑자에 대한 억압책이었다.

2) 구빈법의 변화과정

엘리자베스 구빈법 시행 이후 상공업과 공업이 발달하면서 수많은 일자리가 창출되었고, 빈곤한 사람들은 게으르기 때문이라는 프로테스탄트 윤리가 확대되면서 중산층은 보다 엄격한 구빈정책을 요구하였다. 즉, 열심히 일하지 않는 것은 신의 시간을 낭비하는 죄를 짓는 것이고, 빈민을 게으른 존재임과 동시에 곧 죄인으로 생각하는 인식이 확산되면서, 구빈세를 내야 하는 중산층이 빈민에게 관대한 처우를 하는 것에 대해 반발하기 시작하였다. 이에 따라 이들의 거주 이전을 제한하는 거주지제한법인 정주법이 1682년에 제정되었다.

정주법(Act on Settlement and Removal)은 한 교구에서 다른 교구로의 빈민의 이전을 어렵게 하려는 취지에서 제정된 것인데, 교구별로 구빈대책의 재원을 부담하므로 빈자가 자신의 교구에 유입되는 것을 거부할 수 있는 권리를 각 교구에 부여하였다. 이는 결국 노동력이 많이 필요해 빈민의 이주에 관대한 도시지역과는 달리

인구과잉과 빈민의 증대로 고심하는 농촌지역에서 빈민들을 통제하고 억압하는 수단으로 작용하는 결과를 가져왔다.

또한 17세기 이후 빈민이 노동하는 것이 국부의 증대에 기여한다고 하는 인식이 확산되면서 전국적으로 작업장 설치의 계기가 된 입법조치가 있었는데, 작업장법이 그것이다. 작업장법(1722)의 주요 내용은 다음과 같다.

① 교구의 동의를 얻어 작업장을 위한 건물을 설치 또는 임차
② 교구빈민의 숙박, 유지, 그리고 고용 등에 관해 민간위탁 가능
③ 작업장의 임차 또는 건축을 위해 2개 이상의 교구가 연합 가능
④ 작업장 수용을 거부하는 빈민은 구제등록 명부에서 이름을 삭제하고 자격상실
⑤ 작업장은 국가의 구제신청을 억제하면서 노동의욕을 고취시키는 곳으로 정의
⑥ 영리를 추구하는 개인에게 작업장의 위탁운영 가능

작업장법에 따라 작업장에 수용된 빈민들의 생활은 수칙으로 엄격하게 통제되었고, 또 작업장을 위탁받은 개인이 많은 이윤을 남기기 위해 가혹하게 일을 시키거나, 서비스를 줄이는 방식으로 운영되면서 작업장 내의 생활 상태는 매우 열악해졌다. 그리고 점차 노동력의 유무와 상관없이 모든 연령, 성별, 계층의 빈민들이 한꺼번에 수용되는 혼합 작업장으로 변모되어 갔다.

한편 작업장 제도의 문제점이 노정되면서 빈민을 무조건 작업장에 수용하지 않고 노동 가능한 빈민은 자신의 집에서 거주하면서

도움을 받을 수 있도록 원외구조의 개념을 도입한 길버트법(Gilbert Act)이 1782년 제정되었다. 그리고 프랑스혁명의 영향으로 1795년에 원외구조 및 최저임금의 개념을 최초로 도입한 스핀햄랜드 제도(Speenhamland system)가 시행되었다. 기존의 구빈법체계에서는 빈민에게 임금과 상관없이 노동을 강요했고, 일자리를 구할 수 없는 사람들만이 구호의 대상이었으나, 이 제도는 임금이 법률로 정해진 일정액의 가계소득에 미달하는 한 고용되어 있어도 구제의 대상으로 삼고, 임금의 부족분은 교구의 구빈세에서 지급하도록 하였다.

그러나 스핀햄랜드 제도는 시행과정에서 많은 문제를 나타냈다. 즉, 사용자는 교구에서 임금보조를 해주기 때문에 이를 빌미로 임금의 수준을 계속 낮추었으며, 이에 따라 도시 공장지대의 심각한 인력부족에도 불구하고 노동인구는 농촌지역을 중심으로 집중되어 교구의 구빈비용은 급증하였고, 그 부담은 주 고용주인 대지주만이 아니라 소작농민이나 영세 토지소유자들에게도 가중되어 농촌지역의 갈등과 해체는 가속화되었다.

결국 스핀햄랜드 제도는 빈민을 위한 임금보조제도로서 그 의미가 크지만, 전체적인 구빈제도의 흐름 속에서는 오히려 노동자의 빈민화를 가속화시키고, 구빈비의 증가로 인해 보다 엄격하게 통제되는 구빈제도로의 전환을 초래하였으며, 이에 따라 새로운 구빈법이 제정되게 된 계기가 되었다.

3) 신구빈법

자본주의의 진전으로 도시의 노동자계급이 등장했고, 이에 따라 이들의 열악한 생활조건, 만성적이고 주기적인 실업, 극도의 저임금, 열악한 위생과 보건 등 이전과는 질적으로 다른 새로운 사회문제가 야기되었다. 이에 영국의 지배층은 빈민법을 개악한 개정 빈민법을 제정했다. 1834년 개정된 빈민법은 전국적 균일처우의 원칙, 열등처우의 원칙, 작업장 수용의 원칙에 의거하였으며, 그 핵심 내용은 다음과 같다.

① 열등처우의 원칙: 구제를 제공할 경우, 그 수준은 자립하고 있는 노동자 중 가장 빈곤한 자보다 높을 수 없고, 국가의 구호를 받는 것이 부끄러운 일임을 인지하도록 하기 위해 피구제빈민임을 식별할 수 있는 표지 부착
② 작업장 수용의 원칙: 원외구조를 폐지하고, 작업장 내에서는 제복착용, 식사 중 대화 금지, 면회 금지, 담배와 홍차의 금지, 선거권 박탈 등의 개인적 자유에 대한 박탈이 전제
③ 전국적 균일처우의 원칙: 빈민구제 행정의 중앙집권화와 통일을 통해 빈민에 대한 균일한 처우

개정 빈민법에 의해서 구빈세를 줄이려는 목적은 달성되었지만, 당시 불어닥친 공황과 대량 실업은 개정 빈민법의 적용을 어렵게 만들었다. 특히 농촌지역의 만성적 실업자를 주된 대상으로 하는 작업장 제도는 공업지대의 일시적 실업자에게는 적절하지 않았다. 따라서 원외구조의 폐지원칙은 잘 지켜지지 않았고, 19세기 중반에

는 빈민 6명 중 약 5명이 원외구조를 받게 되었다. 더구나 20세기 초 실업문제가 점점 더 심각해지자 개정 빈민법은 재검토가 불가피해졌고, 결국 1948년 국민부조법이 제정되면서 빈민법은 완전히 폐지되었다.

3. 본격적 산업자본주의 시대
(자선조직협회와 인보관운동)

영국에서 사회보험제도가 도입되기 전이자 빈민법 시대가 퇴조하던 시기인 19세기 후반 빅토리아 시대에 박애, 상호부조, 자조 등 민간활동이 활발하게 전개된다. 박애사업은 가진 자가 가지지 못한 자들을 돕는 활동이었고, 상호부조는 일하는 사람들이 서로를 돕는 일이었으며, 자조 또는 절약운동은 스스로 자신의 문제를 해결하는 방법이었다. 이러한 활동은 서로 대비되고 상충되는 측면도 있지만, 20세기 사회복지 발전에 있어서 상당한 밑거름이 되었다.

박애사업에서 빼놓을 수 없는 것이 1869년 런던에서 처음 설립된 자선조직협회(Charity Organization Society)이다. 이 협회의 창립목적은 중복 구빈을 없애기 위한 여러 자선활동의 조정, 환경조사와 적절한 원조제공에 있었다. 중복 구빈을 피하기 위하여 연락기관이 설치된 것은 오늘날 지역사회사업으로 발전하였고, 빈민에 대한 철저한 환경조사는 가족사회사업 또는 개별사회사업으로 발전되었다.

한편 이 무렵에 자선조직협회와 함께 사회사업의 역사에서 주요한 의미를 갖는 인보관운동(settlement house movement)이 전개되었다. 이 운동은 1854년 데니슨 목사가 주축이 되어 케임브리지대와 옥스퍼드대 학생들과 슬럼가의 노동자들을 결합시킴으로써 빈곤문제를 해결하려는 일종의 사회운동이었다. 이들은 빈민가의 생활체험을 통해 빈곤은 경제적인 문제라기보다는 정신적인 문제이고, 따라서 교육을 통해 빈민이 자신을 스스로 변화시켜야 가난에서 벗어날 수 있다고 보았다. 이 운동에 적극 참여하다 젊어서 죽은 토인비를 기려 동료들이 1884년 런던의 동부 빈민지역에 만든 토인비 홀은 세계 최초의 인보관(지역사회복지관)이다.

자선조직협회와 인보관운동이 주로 부르주아와 대학생에 의해서 시도된 것이라고 하면, 상호부조는 같은 지역에 거주하거나 동일한 직업에 종사하는 사람들이 서로 돕기 위해서 자연발생적으로 생긴 조직이다. 그들의 목적은 좋은 우정관계의 유지, 일자리에 대한 정보교환, 질병 치료와 장제비 지원 등 매우 다양하였고, 그 형태도 공제조합, 노동조합, 주택협회, 주민은행, 협동조합 등으로 발전되었다. 특히 노동자들 사이의 공제조합은 사회보험의 발전에 밑거름이 되었다.

산업화와 도시화로 인하여 도시빈민들이 대량으로 생성되었지만, 일반 시민들은 여전히 빈곤의 원인을 개인의 게으름이나 도덕적 결함으로 돌렸다. 이때 찰스 부스가 런던시 빈민의 생활실태를 조사한 것(1889년)과 시봄 라운트리가 요크시 빈민들의 생활실태를 조사한 결과(1901년)는 시민의 상식을 뒤집는 것이었다. 즉, 이들은 체계적인 사회조사를 통해서 빈곤의 주된 원인이 게으름이 아니라, 노령, 질병, 실업, 낮은 교육수준 등임을 밝혀냈다. 이러한 사회조사는 현대 사회과학적 조사방법론의 효시가 되기도 하였다.

4. 사회보험의 제도화

산업자본주의의 고도화에 따른 사회변화와 새로운 복지욕구의 출현은 빈민법에 의한 단순한 빈민 통제만으로는 그 해결이 불가능할 지경에 이르렀으며, 이에 따라 새로운 사회복지제도로 등장하게 된 것이 사회보험제도이다. 사회보험제도는 노동자의 건강하고 안정된 생활보장을 통해 과격한 노동조합운동에 거리를 두게 하고, 숙련노동자를 중심으로 한 질 높은 노동력을 안정적·지속적으로 확보하려는 의도에서 고안된 것이다.

빈민법이 봉건적인 사회복지정책이라면 사회보험은 자본주의적인 사회복지정책이다. 사회보험은 그 시행 초기에 임금노동자 특히 육체노동자가 주된 대상이었으며, 자본주의적 생산양식에서 발생된 문제인 사회적 위험(산업재해, 실업, 질병, 정년퇴직 등)에 대한 대응책이고, 노동자와 자본가가 그 재정을 공동 부담하였다.

사회보험은 19세기 말 당시 가장 선진적인 자본주의국가인 영국에서 출현된 것이 아니라 후발 공업국인 독일제국에서 세계 최초로 만들어졌다. 프로이센의 빌헬름 왕과 비스마르크 재상은 1866년 오스트리아 전쟁과 1870년 프랑스 전쟁에서의 승리를 통해 독일을 통일하는 데 이어, 독일민족의 내부통합을 위해서 이른바 '채찍과 당근'정책을 시도하였다. 채찍이란 노동운동을 탄압하기 위해서 만든 사회주의자진압법(1878)을 말하고, 당근이란 노동자 계급을 국가 내로 통합시키기 위한 일련의 사회보험법의 제정이다.

비스마르크는 먼저 산재보험에 큰 관심을 갖고 1880년에 그 초안을 작성하게 하였다. 그는 산재보험을 만들 때, 강제보험, 제국보험공단의 중앙집중식 통제, 민간보험회사의 배제, 국가 보조금의 지급 등 원칙을 정했다. 그러나 이 법안은 국가의 권력 강화와 관료화를 우려한 의회의 반대로 통과되지 못하고, 비스마르크는 중앙집중식 통제와 국가보조를 포기할 수밖에 없었다.

산재보험법의 제정이 의회에서 지연되자 이보다 늦게 입안된 의료보험법이 1883년에 먼저 통과되고, 산재보험법은 1884년, 그리고 노령폐질보험법이 1889년에 통과되었다. 비스마르크의 사회보험은 그 재정을 주로 자본가에게 부담시키면서도 노동자의 충성심을 국가로 유도하려는 것이었으므로, 자본가는 이에 반대하는 입장이었다. 노동조합도 노동자 계급의 정치적 진출과 과격화를 막기 위한 것이라는 음모를 파악하고 반대하였다.

그러나 자본가와 노동자의 반대에도 불구하고 이후 사회보험은 노사정이 함께 산업사회의 문제를 해결하기 위한 방안으로 널리 활용되었다. 영국에서는 1906년 총선에서 토리당을 누르고 집권한 자유당이 이전의 빈민법과 질적으로 다른 일련의 사회정책을 도입하고, 마침내 1911년에 영국 최초의 사회보험인 국민보험법을 제정하였다. 국민보험은 의료보험과 실업보험이 동시에 제도화된 것으로 로이드 조지와 윈스턴 처칠의 합작품이었다. 이들은 사회보험이 사회주의에 대한 방파제가 된다고 확신하였다.

독일에서 처음 도입되고 영국에서 실험을 거친 사회보험은 1930년대 미국에서 대공황에 따른 사회문제를 해결하기 위해서 적용되었다. 1935년에 제정된 사회보장법은 연방정부가 관장하는 노령보험, 주정부가 관장하고 연방정부가 재정을 보조하는 실업보험, 그리고 주정부가 관장하고 연방정부가 재정을 보조하는 공공부조와 사회복지서비스로 구성되었다. 자유주의와 개인주의의 전통이 워낙 강하여 공적인 사회복지가 뿌리내릴 수 있는 토양이 아주 척박한 미국에서 연금과 실업보험이 수용된 것은 대공황이란 위기 상황 속에서 루즈벨트와 같은 강력한 행정부가 있었기 때문이다. 이후 미국의 사회보장제도는 별로 달라진 것이 없다.

5. 복지국가의 구현

사회보험 시대를 이어 바로 등장한 것이 복지국가 시대이다. 복지국가가 성립된 이후에도 사회보험이 복지국가의 핵심 제도로 존재하고 있기 때문에 사회보험과 복지국가는 중첩된다고 볼 수도 있다.

그러나 양자는 분명한 차이가 있다. 사회보험의 대상이 육체노동자에서 화이트칼라와 자영업자 계층으로 확대되면서 노동정책이라는 본래의 취지를 상실하고 전 국민을 대상으로 하는 시민복지정책으로 성격이 바뀌었기 때문이다. 복지국가는 제2차 세계대전 후 영국에서 베버리지보고서(1942)를 바탕으로 처음 등장하였다.

베버리지보고서는 영국의 국민들이 독일의 침공으로 바람 앞의 촛불처럼 위기에 처한 시점에서 만들어졌고, 제2차 세계대전 직후 집권한 노동당은 이 보고서에 입각하여 복지국가를 만들어나갔다. 따라서 베버리지보고서는 영국에만 국한되지 않고 프랑스, 서독, 스웨덴 등 서유럽 복지국가의 기틀 형성에도 큰 영향을 미쳤다.

베버리지는 '사회보험과 관련 서비스에 관한 위원회'의 위원장으로서 보고서를 작성할 때 세 가지 원칙에서 출발했다. 즉, 분파적 이해를 무시하고, 국가 재건을 위하여 5대 악(결핍, 질병, 무지, 불결, 나태)을 극복하며, 국가는 단지 국민 최저만을 보장하고 그 이상은 개인과 가족의 노력에 달려 있다는 것이다.

베버리지는 사회보장의 6개 원칙과 6개 대상 층, 그리고 8개 욕구 원인을 제시하고 이에 맞는 대책을 세우고자 하였다. 6개 원칙은 급여수준은 일상생활을 하는 데 충분할 정도가 되어야 하고(충분한 급여), 급여와 갹출은 소득에 관계없이 동일해야 하며(정액급여, 정액갹출), 지방사무소를 둔 하나의 사회보험금고가 관리 운영하고, 개인은 한번 통합된 갹출료를 납부하면 되고(행정책임의 통합), 사회부조나 사보험은 물론 사회보험을 포함한 각종 방법으로 기본적이고 예측 가능한 모든 욕구를 해결하며(포괄성), 그리고 인구층을 피용자, 자영인, 전업주부, 기타 노동인구, 취업 전 청소년, 노동 불능 고령자 등 6개 집단으로 분류하고 이들 모든 인구층의 욕구를 보장한다(분류화)는 것을 말한다. 그리고 8개 욕구 원인별 대책을 세운 것이다.

〈표 5-1〉 욕구와 대책

욕구	대책
실업	실업급여
장애	장애급여 또는 장애연금
생계수단 상실	직업훈련급여
퇴직	연금
기혼여성의 욕구	결혼, 출산, 미망인 수당 등
장례비용	장제비
유아	아동수당
질병, 장애	질병 치료와 재활

한편 베버리지는 사회보험이 성공하기 위해서는 세 가지 기본 전제조건이 필요하다고 생각했다. 즉, 가족수당, 포괄적인 보건서비스, 완전고용이 그것이다. 가족수당은 가족의 크기와 소득을 고려하여 결정되어야 하고, 보건서비스는 치료적일 뿐만 아니라 예방적이어야 했다. 실업은 실업수당의 비용과 그에 따른 임금 손실을 감안하면 가장 낭비적인 문제이므로 완전 고용은 매우 긴요한 전제조건이었다.

베버리지보고서는 실업·의료·출산·미망인연금·보호수당·장제비 등을 규정한 국민보험법(1946), 정부가 국민보건을 책임지고 의료서비스를 무상으로 제공하는 것을 골자로 한 국민보건서비스법(1946), 국민부조법(1948), 아동법(1948) 등으로 제도화되었다. '요람에서 무덤까지'로 칭송 받은 노동당 정부의 복지국가정책은 1951년 총선에서 보수당에 정권을 내줄 때까지 완성되었고, 이후 보수당 정부에서도 큰 변화 없이 계속되었다.

그러나 오일쇼크 이후 경기침체 속에서 1979년 집권한 대처는 과거의 온정주의적 보수당 철학을 자유와 경쟁과 효율을 중시하는 냉혹한 자유주의로 바꾸는 데 성공하였다. 그에 따라 복지국가에 대한 대대적인 수정작업이 뒤따랐고, 신자유주의로 불리는 새로운 조류는 복지국가의 위기 또는 후퇴를 가져왔다.

우리나라 사회복지의 발달

한국의 근현대 사회복지사를 정리한다는 것은 시대 구분을 어떻게 하고, 각 시기의 특징을 어떻게 볼 것인가에서 논쟁이 될 수 있으나, 사회복지의 핵심적인 요소인 공공부조, 사회보험, 사회복지서비스의 내용이 어떻게 바뀌었느냐를 기준으로 구분하는 것이 바람직하다. 따라서 이러한 변화를 가장 분명하게 보여주는 사회복지법령의 제정, 개정, 그리고 시행을 기준으로 분류하면, 시설보호의 제도화와 공공부조의 시도 시기(1960년 이전), 공공부조의 체계화와 사회보험의 시도 시기(1960~1976년), 사회보험의 보편화와 재가복지의 정착 시기(1977년 이후)로 나눌 수 있을 것이다.

1. 시설보호의 제도화와 공공부조의 시도

한국의 근현대 사회복지의 역사는 시설보호로부터 시작된다. 전통사회에서 남의 도움을 필요로 했던 많은 일들 중에서도 부모 없는 고아와 자녀 없는 독거노인을 시설에서 보호하는 일이 사회사업이란 이름으로 시작되었다.

이러한 시설보호는 조선 말부터 시도되었고 일제하에서 소규모로 시행되었지만, 8·15해방과 6·25전쟁을 통해서 폭발적으로 늘어났다. 고아와 기아 등을 위한 감화원이나 육아시설 및 양로원 등의 시설은 8·15해방 후부터 1948년 3월 말까지 총 시설 수는 47개에서 127개로 증대되었고, 그 수용인원도 2,228명에서 7,832명으로 3배 이상으로 급증하였다.

6·25전쟁으로 피난민이 급격히 늘어나자 정부의 복지정책은 피난민을 위한 수용소 또는 급식소를 설치하는 일에 초점이 두어졌다. 1950~1951년간 일시에 생긴 이재민은 1,000만여 명에 달했다. 1·4후퇴로 남하하는 피난민이 부산에 집중되자 정부는 이들을 위하여 부산 각처에 피난민 수용소를 설치하여 수용하는 한편, 피난민의 일부는 거제도에 이송하여 집단 수용하였다. 보사부는 이들을 구호하기 위하여 거제도에 보사부 분실을 설치하여 지방 관계관을 지도·감독하였다. 당시 거제도는 원주민이 6만 명이었으나 이송된 피난민이 최고 20만 명까지 집단 수용되어 피난민의 땅이 되기도 하였다.

요구호자는 막대한 수에 달했지만 구호에 소요되는 자금과 물자는 크게 부족하였으므로 정부로서는 재해로 인한 응급구호에 치중할 수밖에 없었다. 특히 아동, 노인, 임산부 및 유아를 거느린 부녀 등을 우선적으로 구호하였다.

그러나 전세가 호전되고 휴전협정이 성립된 후에는 종래의 구호방

침을 변경하여, 난민정착사업, 주택사업, 조선구호령에 의한 공적부
조사업, 천재지변에 대한 일시적인 응급구호사업 등에 주력하였다.

이 시기에 그나마 시설보호와 공공부조사업이 이루어질 수 있었
던 것은 거의 전적으로 유엔구호계획에 의한 구호물품과 세계 여러
나라로부터 온 기증금품과 외국의 민간구호물자 등 때문이었다. 특
히, 피난민을 구호하기 위하여 활동했던 외국 민간원조단체가 도입
한 양곡, 식료품, 의류, 의약품, 연료, 건축자재 등은 피난민의 정착
에 크게 기여하였다. 6·25를 계기로 한국에 들어온 외국의 민간원
조단체들은 서로 정보를 교환하고 사업계획을 통일하며, 협력체제
를 통하여 사업을 원활히 추진할 목적으로 1952년 3월에 7개 기관
이 모여 KAVA(민간원조단체협의회)를 발족하였다. 이 협의회의
회원기관은 1954년에 33개 기관으로 증가하였고, 전후 구호사업에
서 핵심적인 기능을 수행하였다. 이들이 수행한 사회사업 실천은
이후 우리나라의 전문 사회복지사업에 큰 영향을 주었다.

전쟁고아를 긴급구호 하기 위해서 외국의 원조에 의존한 이 시기
의 사회복지 역사는 이후 한국의 사회복지를 시설보호와 공공부조
에 한정시키는 경향에 영향을 미쳤다. 이 시기에 피난민을 긴급구제
하기 위해서 복지행정을 담당하는 정부의 행정부서가 체계화되었고,
1947년부터 전문 사회사업이 대학교육으로 도입되었지만, 국가의
복지정책은 응급구호사업과 시설보호를 크게 벗어나지 못했다.

2. 공공부조의 체계화와 사회보험의 시도

한국 사회복지의 역사에서 1960년대와 1970년대는 공공부조가 체계화되고 초보적인 수준이지만 사회보험이 시도되었다는 점에서 그 특징을 찾을 수 있다. 특히 4·19혁명을 통해서 국민의 권리의식이 크게 향상되었고, 5·16 군사쿠데타로 정권을 잡은 새로운 정치세력이 '보릿고개'로 불리는 절대빈곤을 퇴치하고 전후 사회문제를 해결하면서 민심을 얻고자 하였다.

정부는 공공부조에 관한 법을 여러 가지 제정하였는데, 생활보호법(1961), 군사원호보상법(1961), 국가유공자와 월남귀순용사 특별보호법(1961), 재해구호법(1962), 자활지도사업에 관한 임시조치법(1968) 등이 그것이다.

그중 생활보호법은 그 적용대상과 급여내용 등에서 일제하의 조선구호령(1944)과 미군정하의 관계법령을 이어받은 것으로 공공부조의 기초가 된 법이다. 조선구호령은 제2차 세계대전이 끝날 무렵에 식민지 주민을 총동원하기 위해서 만들어져서 거의 시행되지 않았지만 생활보호법의 근간이 되었다는 점에서 의의를 찾을 수 있다. 생활보호법은 1987년 경제위기로 인한 한시적 조치가 시행되기 전까지 서양의 빈민법과 같이 '18세 이상 65세 미만'의 노동능력 연령층에 대한 생계보호를 철저히 외면하였다. 국민기초생활보장법(1999)이 제정되어 생계급여가 전 연령층으로 확대될 때까지 이 법은 40여 년 동안 우리나라 공공부조의 근간이 되었다. 주된 내용은 보호대상자에 대한 생계보호, 의료보호, 해산보호, 자활보호 및 장제보호 등이었다.

또한 1962년부터 경제개발5개년계획의 시행을 계기로 산업화와 도시화가 본격적으로 진행되면서 산업재해, 실업, 질병, 은퇴 후 빈곤 등 산업사회형 사회문제가 늘어나게 되었는데, 이에 대한 대책으로 정부는 공무원연금법(1960), 선원보험법(1962), 군인연금법(1963), 산업재해보상보험법(1963), 의료보험법(1963) 등 사회보험법을 제정하였다. 그러나 제정 직후 시행된 법 중에서 공무원연금법과 군인연금법은 국가가 사용자인 공무원이나 군인에게 퇴직금을 '연금의 형식'으로 지급한 것이고, 참된 의미에서 사회보험은 산업재해보상보험의 시행과 그 적용대상자의 확대과정이라고 볼 수 있다.

이 시기에 사회보장의 기본이 되는 사회보장에 관한 법률(1963)이 제정되었고, 시행이 연기되었지만 의료보험법(1963)과 국민복지연금법(1973)이 제정된 것은 사회보험 시대를 열기 위한 준비를 했다는 점에서 의의를 찾을 수 있다. 산업사회의 사회문제가 본격적으로 대두되기 전인 1960년대 초에 사회보장 관련 입법이 제정될 수 있었던 것은 1962년에 보건복지부 장관의 자문기관으로 설립된 사회보장제도심의위원회의 역할이 컸다. 이 위원회는 민관합동위원회로 8명의 연구위원을 위촉하여 우리 역사상 처음으로 선진국의 사회보장제도의 연구, 기존 제도에 대한 적합성의 검토, 그리고 새로운 제도 도입을 위한 건의 등을 체계적으로 진행하였다.

이 시기의 빼놓을 수 없는 일 중에는 아동복지법(1961)이 제정되어 이후 사회복지서비스 관련법의 모형이 되었고, 6·25전쟁으로 급격히 늘어난 윤락여성을 선도 보호하기 위해서 제정된 윤락행위 등방지법(1961)은 30여 년간 여성복지의 핵심적인 법이 되었다. 또한 사회복지사업법(1970)의 제정으로 사회복지사업의 범위를 정하고, 사회복지사업 종사자의 자격을 규정하며, 재단법인을 사회복지 법인으로 변경한 것 등은 이후 사회복지사업의 기초를 다진 것이다.

〈표 5-2〉 공공부조의 체계화와 사회보험의 시도(입법 현황)

분야	주요 입법	연도
사회보장 일반	사회보장에 관한 법률	1963
공공부조	생활보호법	1961
	재해구호법	1962
	자활지도사업에 관한 임시조치법	1968
	의료보호법	1977
사회보험	공무원연금법	1960
	군인연금법	1963
	의료보험법	1963(미시행)
	산업재해보상보험법	1963
	국민복지연금법	1973(미시행)
사회복지서비스	윤락행위등방지법	1961
	아동복리법	1961
	사회복지사업법	1970

3. 사회보험의 보편화와 재가복지의 정착

1970년대 후반 한국 사회복지는 그 중심이 공공부조에서 사회보험으로 바뀌게 된다. 1977년 7월 500명 이상 근로자가 있는 사업장에 의료보험이 당연 적용되면서부터 사회보험의 시대가 개막된다. 당초 의료보험법은 1963년에 제정되었지만 임의적용방식으로 인해 본격적으로 시행되지 못하다가 1976년 12월에 전면 개정된 후 반년 만에 시행되었다.

의료보험은 해를 거듭할수록 적용범위가 300명 이상, 100명 이상, 16명 이상, 5명 이상 사업장으로 점차 확대되었고, 점차 농어촌주민이나 도시 자영업자에게까지 확대되어 1989년 7월에 시행된 지 12년 만에 전 국민 의료보험의 시대를 열었다. 의료보험은 직장과 지역을 단위로 하여 구성된 의료보험조합이 관리운영을 하였는데, 전 국민이 부담능력에 따라서 보험료를 내고 차별 없이 의료급여를 받기 위해서 의료보험을 통합해야 한다고 주장하는 통합주의와 기존의 조합주의를 옹호하는 세력 간의 논쟁은 한국형 사회보험의 모형개발에 큰 영향을 미쳤다.

이러한 논쟁 속에서 1988년에 도입된 국민연금은 이미 공적연금에 가입하고 있는 공무원, 군인, 사립학교교직원을 제외한 18세 이상의 모든 국민을 피보험대상자로 상정하였다. 국민연금은 1973년에 제정되었다가 석유파동으로 시행을 미루었던 국민복지연금법을 전면 개정한 국민연금법(1986년)에 의해서 시행되었다. 1년 단위로 수입과 지출을 파악하여 피보험자로부터 보험료를 받아서 급여를 제공하는 산재보험이나 의료보험과 달리 국민연금은 일하는 동안 보험료를 받아서 은퇴 후 사망 시까지 노후의 생계를 보장해야 하는 장기성 사회보험이라는 점에서 그 의미가 더욱 크다. 국민연금은 처음에는 10인 이상 사업장 근로자에게 적용되었다가 점차 5인 이상, 농어촌주민, 그리고 2000년 4월 도시 자영업자에게 적용됨에 따라 전업주부를 제외한 전 국민 연금 시대가 열리게 되었다.

또한 1995년에 고용보험법(1993년 제정)이 시행됨에 따라서 산업사회에서 가장 대표적인 4대 사회보험이 모두 시행되었다. 고용보험은 1997년 외환 위기로 대량실업사태를 맞이하여 그 적용대상자를 30인 이상 사업장에서 점차 확대하기 시작하여 현재는 1인 이상 모든 사업장에 적용되고 있다. 2000년 7월부터는 산업재해보상보험의 적용대상이 1인 이상 사업장으로 확대되었고, 2001년 7월부터는 건강보험도 1인 이상 사업장 종사자까지 직장에서 보험료를 내게 됨으로써 4대 사회보험은 보편적 제도로 거듭나고 있다.

또한 이 시기는 사회보험의 보편화와 함께 재가복지가 정착되기 시작했다는 점에서 그 특징을 찾을 수 있다. 재가복지는 주로 회원기관과 대학이 설립한 사회복지관을 중심으로 시범적으로 이루어졌던 사회복지관사업이 1980년대 초부터 정부의 지원을 받기 시작하면서 사회적 주목을 받았다. 특히 1980년대 말 주택가격 폭등으로 도시빈민을 위한 영구임대아파트를 건립하면서 사회복지관을 필수시설로 건립함으로써 재가복지를 실천할 수 있는 기반을 갖추었다. 이후 정부는 사회복지관을 재가복지봉사센터로 지정하고, 노인복지회관과 장애인복지관 등을 통해서 재가복지를 활성화시키는 정책을 지속적으로 추진하고 있다.

한편, 공공부조는 그동안 노동능력이 있는 연령층이라고 판단하여 생계보호를 급여하지 않았던 18세 이상 65세 미만 연령층에게도 최저생계비에 미치지 못할 경우에는 생계급여를 제공한다는 내용을 주요 골자로 한 국민기초생활보장법(1999)이 2000년 10월부터 시행됨에 따라서 모든 국민은 생존권을 보장받을 수 있게 되었다.

이 시기에 사회복지서비스법은 노인복지법(1981)과 심신장애자복지법(1981)이 새로 제정되었고, 이전 시기에 제정된 법률들이 전면 개정되어 보다 보편적 서비스를 지향하게 되었다. 특히 1991년에 제정된 영유아보육법은 기혼여성의 취업으로 사회문제화 된 6세 미만 영유아의 보육문제를 해결하기 위해서 정부가 적극적으로 개입함으로써 자산조사에 의한 선별적 서비스가 아닌 욕구에 따른 보편적 서비스를 지향하는 모형을 제시했다.

이처럼 이 시기에 사회보험이 전 국민에게 적용되고 사회복지서비스가 보편적 서비스를 지향하게 된 것은 노동조합, 여성운동단체 그리고 시민사회단체의 지속적인 입법청원운동이 크게 기여하였기 때문이다. 특히 1987년 학생, 노동자, 시민이 연대하여 권위주의 정부를 굴복시킨 6월 항쟁은 전 국민 의료보험, 국민연금, 그리고 최저임금제의 시행 등에 영향력을 미쳤다. 이에 따라 '선 경제개발 후 사회복지'의 논리가 더 이상 국민에게 설득력을 가질 수 없게 되고 복지권은 국민의 주된 관심사가 되었다.

또한 이 시기에 사회복지행정에도 획기적인 진전이 있었는데, 1987년에 생활보호행정을 전담할 사회복지전문요원이 시범 임용되었다가 이후 점차 확대되었다. 2000년대 들어 현재 전국 읍·면·동사무소와 시·군·구청에서 일하는 사회복지직 공무원은 7,000여 명이 넘으며, 이들은 복지행정의 수준을 한 차원 더 높여가고 있다.

<표 5-3> 사회보험의 보편화와 재가복지의 정책(입법 현황)

분야	주요 입법	연도
사회보장일반	사회보장기본법(전면개정)	1995
공공부조	생활보호법(전면개정)	1982
	국민기초생활보장법(전면개정)	1999
사회보험	의료보험법(전면개정)	1976
	공무원및사립학교교직원의료보험법	1977
	의료보험법 시행	1977
	국민연금법(전면개정)	1986
	전 국민의료보험 실시	1989
	고용보험법	1993
	고용보험법 시행	1995
	국민의료보험법(통합의료보험)	1997
	국민건강보험법(개정)	1999
사회복지서비스	아동복지법(전면개정)	1981
	노인복지법	1981
	심신장애자복지법	1981
	청소년육성법	1987
	장애인복지법(전면개정)	1989
	모자복지법	1989
	장애인고용촉진법	1991
	영유아보육법	1991
	청소년기본법(전면개정)	1991
	성폭력범죄의처벌및피해자보호등에관한법률정신보	1994
	건법	1995
	청소년보호법	1997
	사회복지사업법(개정)	1997
	사회복지공동모금회법	1997
	가정폭력방지및피해자보호등에관한법률	1997
	모·부자복지법	2002
	청소년복지지원법	2003
	성매매방지및피해자보호등에관한법률	2004

제6장

사회복지정책의 구성요소

사회복지는 주체(공공부문과 민간부문)와 객체(대상), 그리고 급여(복지서비스)와 전달체계 및 재원(공적·사적·물질적·정신적)으로 구성되어 있고, 구성요소는 상호 밀접한 관계를 맺고 있으며 시대와 장소(나라)에 따라 변화·발전되어 가고 있다.

사회복지정책의 주체

1. 전통적 주체로서의 공공부문과 민간부문

역사적으로 사회복지는 빈민구제에서 출발하였는데, 1601년 엘리자베스 구빈법이 제정되기 전까지 유럽에서 빈민구제는 주로 가톨릭교회와 같은 종교기관에 의해 이루어졌다. 엘리자베스 구빈법의 제정은 더 이상 종교기관에 의존한 구호나 자선활동으로는 사회적 안정을 유지하기 힘들다는 것을 의미하며, 이 같은 상황인식으로 국가 차원의 빈민구제가 제도화되었다.

그런데 빈민에 대한 국가 책임이 제도화된 이후에도 공공부문에서 빈민구제의 책임을 전적으로 지지는 않았다. 즉, 초기에는 빈민구제보다는 사회적 통제의 성격을 가진 감금, 강제노역 등이 행해졌으며, 재정적 능력이나 이념적 입장에서도 구제활동을 최소화하려는 경향이 있었다고 할 수 있다.

그리고 민간 영역의 구제활동은 유사 이래 다양한 이유에서 늘 존재해왔던 활동으로, 현대사회에서는 자원봉사, 법정기부금에 대한 세재혜택 등으로 인해 제도화·조직화되었다.

이처럼 일반적으로 사회복지의 주체는 공공부문에서는 국가와 지방자치단체가, 민간부문에서는 사회복지법인, 종교단체 등이 맡고 있다.

〈표 6-1〉 사회복지의 주체

구분	공공부문	민간부문
이념	사회적 형평성	자선, 박애
의사결정주체	의회	이사회
서비스 성격	광범위, 안정성	전문성, 융통성
재원	조세, 사회보험	이용료, 기부금

위의 표에서 보는 것처럼 추구하는 이념적 측면에서, 공공부문은 사회복지를 통해 사회적 형평성 확보를 추구하는 반면, 민간부문은 자선이나 사랑의 실천을 추구한다. 의사결정의 주체가 누구인지를 살펴보면, 공공부문의 정책과 예산에 대한 결정권은 국민의 대표기관인 의회가 갖고 있는 반면, 민간부문 법인들의 경우 그 권한은 이사회가 갖는 것이 보통이다.

또한 공공부문은 사회구성원의 다양한 욕구에 따라 광범위한 서비스의 안정적 제공을 목표로 하는 반면, 민간부문은 특정 영역에 대한 전문적 서비스의 융통성 있는 제공을 추구하는 경향이 있다. 그리고 사회복지활동을 위한 재원 면에서 보면, 공공부문은 조세와 사회보험료를 가지고 운영되는 반면, 민간부문은 기부금을 바탕으로 운영되고 있는 것이 보통이다.

그러나 실제에 있어서 공공 주체와 민간 주체의 특성을 현실적으로 명확하게 구분하는 데는 많은 한계가 있다. 사회복지법인의 경우 자체 기부금을 토대로 사업을 영위하기보다 공공 영역의 사업을 위탁받는 형태로 수행하는 경우가 많으므로 재원의 제공자인 정부의 사업지침 내에서 활동하는 경우가 대부분이기 때문이다.

결과적으로 민간 주체의 서비스가 가지는 융통성이나 전문성이 잘 나타나지 않고 오히려 관료적인 특성이 표출되는 경우가 많다고 할 수 있다. 또한 사회복지의 주체를 공공과 민간으로 이분화하는 분류는 그 설명력에 한계가 있으므로 아래와 같은 세분화된 분류방식이 대두될 필요가 있다고 할 것이다. 왜냐하면 근대적 의미의 사회복지가 발달하면서 사회복지에 대한 최종적 책임은 국가에 있지만, 사회복지의 구체적 실시라는 관점에서 보면 그 주체를 정책주체, 운영주체 및 실천주체로 나누어볼 수 있기 때문이다.

2. 정책주체, 운영주체, 실천주체

1) 정책주체

이는 사회복지정책을 계획하고 실행하며 평가하는 주체로 일반적으로 국가 및 지방자치단체가 맡고 있다. 특히 우리나라는 2005년부터 사회복지 재정을 중앙정부로부터 지방정부에 이양함으로써 재정적 책임과 행정적 책임을 단일화하는 재정분권이 제도화됨에 따라 지방자치단체가 중요한 정책주체의 역할을 수행하고 있다.

2) 운영주체

이는 사회복지사업을 운영하는 주체이며, 사회복지사업을 수행하는 시설, 단체, 기관들로서 공영기관과 민영기관으로 구분할 수 있고, 일반적으로 민영 사회복지법인이 주로 담당한다. 하지만 사회복지법인 외에 국가 및 지방자치단체, 종교단체, 개인도 운영주체가 될 수 있으며, 최근에는 영리기업도 노인복지나 사회서비스 분야에서 활동하는 사례가 늘고 있다.

3) 실천주체

이는 사회복지서비스를 사회복지 대상자들에게 직접 전달하는 주체로서 사회복지사나 임상심리사, 작업치료사, 언어치료사, 특수교사 등 사회복지시설의 종사자들이 이에 해당하며, 최근 들어서는 사회복지의 실천주체로서 자원봉사자의 역할 확대가 중시되고 있다.

3. 사회복지 주체의 다양화

1) 사회복지에 있어서 공공부문의 역할

오늘날 사회복지제도가 별로 발달하지 않은 후진국을 제외하고 사회복지가 발달한 복지선진국의 경우 그 나라 복지활동의 대부분은 공공부문이 주체가 되어 실시한다. 영국이나 스웨덴 등 주요 복지선진국의 사회복지재원을 보면, 거의 90% 이상이 공공부문에서 제공된 것이며, 민간부문에서 나온 것은 채 10%도 안 된다. 이는 사회복지가 발달한 사회에서 사회복지와 관련된 국가의 역할이 그

만큼 크다는 점을 보여주는 것이며, 이처럼 복지선진국에서 국가가 비로소 사회복지의 주요한 주체로 등장한 것은 대체로 19세기 후반 이후라고 할 수 있다.

이와 같이 공공부문이 사회복지에 있어서 가장 중요한 역할을 해야 하는 이유는 다음과 같다.

① 전통적 사회보호기제의 붕괴

산업화 이전의 전통사회에서는 오늘날 사회복지의 주된 대상이 되는 사회문제들인 노인부양이라든지 아이들의 돌봄, 또는 고아나 가난한 이웃을 돕는 일을 담당하는 일차적인 역할은 가족이나 친족, 이웃이었다. 하지만 산업화가 진전되면서 이러한 역할을 담당했던 대가족제도나 이웃공동체가 붕괴되었을 뿐만 아니라 산업화의 부작용으로서 실업문제나 산업재해 등 새로운 복지수요가 폭발적으로 증가하게 되었다.

결국 이러한 사회변화에 따라 전통사회에서의 사회보호기제가 붕괴하게 되었고, 이에 따라 공공부문이라는 새로운 사회복지 주체의 필요성이 커지게 되었으며, 산업화가 고도로 진전된 현대 복지국가에 있어서 전통적 사회보호기제의 붕괴와 새로운 복지문제의 등장에 대응할 수 있는 거의 유일한 주체는 국가라 할 수 있다.

② 바람직한 사회가치의 유지를 통한 사회통합의 필요성

한 사회가 잘 유지되고 발전하기 위해서는 경제발전을 통한 국민생활의 향상도 필요하지만, 경제발전에 따라 불가피하게 빈부격차가 확대되고 사회 양극화가 심화되면, 빈곤계층의 상대적 박탈감이 커지고 사회에 대한 불만이 확대되어 사회는 불안하게 된다. 이처럼 사회가 분열되고 구성원 간의 반목과 대립이 확대되면, 그 사회는 안정적으로 유지되고 발전하기 어렵게 된다.

이러한 상황에서 우리가 살고 있는 사회를 안정적으로 유지하고 발전시키기 위해서는 사회통합이나 사회적 연대 및 공동체의식의 확대 또는 불평등의 완화와 같은 바람직한 사회가치의 확산이 요구된다. 국가의 복지활동은 기본적으로 사회적 약자나 어려운 사람들에게 도움을 제공함으로써 그들의 생활을 안정적으로 유지하게 하는 기능을 하며, 이를 통해 사회 양극화의 확대를 억제하고 불평등을 완화하는 역할을 함으로써 사회통합이나 사회적 연대를 이루고, 공동체의식을 확산시키는 역할을 한다.

결국 이처럼 사회적으로 바람직한 가치를 유지하고 확산시키는 것도 사회복지에서 국가가 핵심적인 역할을 해야 할 중요한 이유라 하겠다.

③ 효율적인 자원배분 등의 경제적 효율성의 측면

현대사회에서 사회복지가 필요하다 하더라도 민간부문에서 사회적으로 필요한 양만큼 충분히 사회복지활동이 이루어진다면 굳이 국가와 같은 공공부문이 나서 사회복지를 시행할 필요는 없다고 할 것이다. 하지만 우리가 사는 사회에서 국가가 주체가 되어 사회복지를 제공하지 않는다면, 민간부문은 사회복지를 충분히 제공하지 못하게 된다. 즉, 우리 사회에 사회복지라는 꼭 필요한 자원이 필요한 곳에 적절히 배분되지 않는 자원배분의 비효율성 문제가 발생하는 것이다. 민간부문을 통해 사회복지가 충분히 제공되지 않고, 따라서 국가가 나서서 사회복지를 제공해야 하는 이유를 경제적 측면에서 살펴보면 다음과 같다.

첫째, 사회복지에 관한 재화 및 서비스는 기본적으로 공공재(public goods)적 성격을 가지기 때문이다. 공공재란 사회 전체적으로 커다란 이익을 가져다주지만 시장에 맡겨두는 경우에 사회적으로 필요한 만큼 공급되기 힘들기 때문에 공공부문에서 공급해야 하는 재화를 말한다.

예컨대 각종 질병에 관한 예방서비스는 사회적으로 질병의 확산을 방지함으로써 개인 건강이나 사회적 생산성 측면에서 매우 필요하지만, 개인에게 맡겨둘 경우 질병의 확산을 방지할 만큼의 서비스를 개인들이 구매하지 않고 무임승차(free riding)하려 하기 때문에, 국가가 나서 예방활동을 할 수밖에 없는 것이다.

둘째, 사회복지에 관한 재화 및 서비스는 외부효과를 가지기 때문이다. 외부효과란 어떤 사람의 행동이 다른 사람의 복지에 시장기제 밖에서 영향을 주는 것을 의미하는데, 예컨대 어떤 부자가 지역사회의 실업자들에게 재정적 지원이나 일자리를 마련해준다면 지역사회의 범죄율이 감소되어 지역사회의 상업이 발전하거나 밤거리가 안전하게 됨으로써 주변 사람들도 이득을 보게 되는 것을 말한다.

이처럼 사회복지 재화의 공급은 빈곤 감소와 사회적 유대 강화를 통해 사회적 통합과 안정을 가져오는 효과를 가지고 있으나 외부효과로 인해 시장에서 효율적으로 공급이 이루어지지 않으므로 공공부문에서 제공해야 한다고 할 수 있다.

셋째, 불완전한 정보로 인하여 시장에서 효율적 배분이 이루어지기 어려운 재화는 공공 영역에서 공급할 필요가 있다. 예컨대 의료서비스나 사회복지사의 전문적 개입처럼 세부적이고 전문적 기술을 토대로 한 서비스를 시장에 맡겨두면, 불필요한 서비스의 과잉공급이 일어나 사회적 부담이 급증하는 경우나 전혀 공급되지 않는 경우가 발생하기 때문에 공공 영역에서 제공될 필요가 있다.

넷째, 역선택(adverse selection)이 발생하는 재화도 공공 영역에서 제공되어야 할 필요가 있다. 예컨대 건강보험을 사회보험으로 강제화하지 않는 경우, 건강한 사람은 가입을 기피하고, 건강상태가 좋지 못한 사람이나 노인계층 등 의료이용 가능성이 높은 사람이 주로 가입하게 됨으로써, 건강보험회사는 그 비용을 감당하지 못하고 미가입자는 갑작스러운 위험에 대비하지 못하는 결과를 초래하게 된다.

이 경우 전체 사회구성원의 가입을 강제화하여 공공 영역에서 서비스를 주도함으로써 건강보험이 사회적으로 예측 가능한 일정한 위험에 대한 보장기능을 수행하도록 할 필요가 있다고 할 것이다.

다섯째, 도덕적 해이가 발생하기 쉬운 서비스는 공공 영역에서 제공할 필요가 있다. 예컨대 실업보험의 경우 제도가 잘 정비되어 있을수록 사람들이 쉽게 직장을 그만두고 실업보험 급여로 생활하고자 하는 경향이 나타나기 쉬운데, 이 경우 사적 시장에서는 이 문제를 다루기 어렵게 된다.

여섯째, 사회복지의 재화나 서비스가 필요한 위험의 발생이 사회적 위험처럼 보편적이고 사회적인 경우에도 사회복지가 공공 영역에서 제공해야 할 필요가 있다. 예컨대 IMF 외환위기와 같은 상황은 일시에 많은 사람들의 대규모 실업문제를 만들어내게 되었는데, 실업급여를 제공해야 하는 상황이 동시에 대규모로 나타날 수 있는 실업보험 등은 실제로 민간 영역에서 담당하기에는 많은 위험을 내포하고 있다.

일곱째, 규모의 경제가 작용하는 경우 공공 영역에서 서비스를 제공하는 것이 효율적이다. 즉, 대량의 주택공급, 교육, 의료, 노인 케어 등과 같은 서비스는 국가가 대량으로 공급하는 경우 낮은 비용으로 제공할 수 있으나, 개별 기업에 맡기는 경우 많은 거래비용을 소모하게 된다는 것이다.

2) 주체의 다양화

위에서 살펴본 것처럼 공공 영역에서 사회복지를 제공하는 경우 자원배분의 효율성이 강화되는 결과를 가져오는 경우가 많지만, 현실적으로는 다양한 형태의 민간 영역이 함께 서비스를 제공하는 경우가 점차 증가하고 있다. 이 같은 변화는 사회복지서비스 총량이 이전과 비교하기 어려울 만큼 확대되고 있으며, 전통적인 사회복지 공급주체로서는 서비스 제공에 한계를 가지기 때문이다.

따라서 현재 사회복지 재화 및 서비스를 공급하는 주체는 이전보다 다양화되고 있는데, 이를 비공식부문, 공공부문, 민간 비영리부문, 민간 영리부문으로 나누어볼 수 있다.

① 비공식부문: 주로 가족 및 친척, 그리고 이웃들에 의한 보호
비공식부문(informal sector)은 혈연이나 지연 또는 인간관계에 기초하여 일정한 형식을 갖추지 않고 비조직적으로 사회복지서비스를 공급·전달하는 주체를 말한다.

가족이나 친척 및 친구, 이웃 등과 같은 비공식부문은 전통사회에

서 국가보다 중요한 주된 사회복지서비스 공급주체였으며, 현대사회에서도 많은 사회복지를 공급하는 주체임은 자명한 사실이다. 특히 사회복지 주체로서 가족의 복지활동은 크게 두 가지 형태로 이루어지는데, 하나는 가족 간 소득이전(interfamily income transfer)이고, 다른 하나는 돌봄이다. 따라서 가족과 같은 비공식부문에 의한 복지활동은 물질적 도움을 제공한다는 측면에서 경제적 복지기능을 수행할 뿐만 아니라, 심리적·정서적 편안함을 동시에 제공한다는 점에서 긍정적 평가를 받는다.

실제 사회복지정책에서 재정적 부담을 완화하기 위해 의도적으로 사회복지서비스 공급의 책임을 가족에게 두는 경우도 많다. 예컨대 기초생활보장 수급자의 수급자격에는 보호의무자가 없거나, 있어도 부양능력이 없는 경우에만 수급자가 될 수 있는데, 이는 부양능력이 있는 보호의무자가 국가보다 우선순위의 사회복지 공급자가 되어야 한다는 의미를 내포하고 있다.

② 공공부문(public sector): 국가 및 지방자치단체

앞서 검토한 것처럼 현대 산업사회에서 사회복지서비스 제공의 가장 중요한 주체는 국가와 지방자치단체로 이루어진 공공부문이다. 즉, 국가는 국민의 최저생활보장과 생활 향상에 대한 책임을 지며, 지방자치단체는 국가정책에 협력하면서 국가의 시책이 미치지 않는 지역사회의 독특한 복지요구에 대응해야 한다.

이처럼 산업사회에 있어서 국가와 지방자치단체는 사회복지서비스를 발달시키고 그것을 가능하게 하는 역할을 수행하며, 이러한 공공부문을 통해 이른바 요람에서 무덤까지 광범위한 사회복지서비

스가 제공된다고 할 수 있다.

③ 민간 비영리부문

비영리조직(NPO: non-profit organization)은 사회복지법인과 같은 영역을 말하며, 국가가 아닌 민간이 운영한다는 측면에서 공공부문과는 구별되며, 영리를 추구하지 않는다는 측면에서 민간기업과 다르다. 또한 비공식부문에 의한 서비스가 혈연이나 지연에 기초하여 공급되는 데 반해 비영리조직은 사람들의 자발성(voluntarism)에 기초하여 공급된다는 점에서 차이가 있다.

전통적으로 상당한 정도의 사회복지서비스가 이처럼 사회복지법인 등의 민간 비영리부문에 의해 전달되고 있는데, 이는 국가의 입장에서 전문 인력의 고용회피를 통하여 전체 서비스비용의 절감효과를 가지기 때문이다.

④ 민간 영리부문

1990년대 복지국가위기론이 등장한 이후, 복지재정을 절감하고 확대일로에 있는 국민의 복지욕구를 억제하면서, 동시에 부가적으로 필요한 사회복지서비스를 이용하기 위해서는 국민이 시장원리에 의해 제공받는 방식이 적절하다는 인식하에서 민간 영리부문(business sector or commercial sector)이 발달하게 되었다. 예컨대 노인보건복지시설의 운영주체로서 영리기업이 허용되고 있으며, 이에 따라 영리기업들이 민간 비영리조직과 서비스 질의 경쟁을 하는 관계가 형성되고 있다.

영리조직이 비영리조직이나 공공부문과 구분되는 점은 첫째, 영리조직은 이용자들로 하여금 서비스를 구매하게 한다는 점이고, 둘째, 시장원리에 따라 상호 경쟁한다는 점이다.

영리조직의 장점은 사회 전체의 사회복지 총량을 매우 빠른 속도로 확산시키면서 국가의 입장에서 인프라 구축비용을 절감할 수 있는 방안이라는 점이며, 문제점은 사회복지서비스 욕구가 가장 강하면서도 시장화가 어려운 빈곤계층에 대한 서비스는 사회적으로 감소할 우려가 있다는 점이다. 또 기존에 경제적 이해관계와는 상관없이 미풍양속으로 지속되어 왔던 돌봄과 같은 서비스가 상품화됨으로써 인간적 유대에 의한 복지사회와는 점점 멀어지는 결과를 초래한다는 점이다.

제2절

사회복지정책의 객체

사회복지의 객체란 사회복지가 일차적으로 관심을 가지고 있는 대상, 즉 문제에 봉착한 사람들이나 문제 자체 혹은 문제를 야기시키는 조건 등을 말하며, 보통 사회복지서비스가 필요한 수급자를 의미하는 것으로 이해할 수 있다.

사회복지의 대상을 어디까지로 선정하느냐 하는 데 있어서 가장 큰 쟁점은 바로 사회복지서비스의 수급자격에 관한 것이다. 즉, 선별적 관점에서 빈곤계층만을 복지서비스의 대상으로 선정할 것인가 아니면 보편적 관점에서 경제적 수준과 관계없이 특정한 사회적 욕구를 가지고 있는 일반 국민을 모두 사회복지의 대상으로 할 것인가의 문제이다.

초기의 사회복지는 소수의 빈민을 대상으로 최소한의 생존만을 보장하는 복지서비스를 제공하였다. 즉, 외부적 지원이 없이는 생존이 불가능한 사람들을 대상으로 생존에 필요한 최소한의 의식주만 제공되었다. 이러한 관점을 계승한 선별주의는 자산조사 등을 통해 사회복지 대상자들을 사회적·경제적·신체적 기준에 따라 구분한 다음, 결손가정, 장애인, 무능력자, 노인, 빈민 등 원조의 필요가 있는 사람만을 대상으로 복지서비스를 제공하자는 입장이다. 선별주의의 장점은 복지서비스를 도움이 필요한 소수에게 집중시킬 수 있고, 자원의 낭비가 없으며, 비용이 적게 든다는 점이다. 단점은 자산조사 과정에서 복지서비스 수급자가 일반인과 구분되는 낙인(stigma)을 피할 수 없다는 점이다.

반면에 보편주의는 경제적 수준에 관계없이 특정한 사회적 욕구를 가지고 있는 일반인을 모두 사회복지의 대상으로 하는 입장인데, 이에 따르면 모든 국민은 시민권(citizenship)에 입각해 하나의 권리로 복지서비스를 제공받게 되며, 복지서비스 수급자격과 기준은 균등화되게 된다. 보편주의의 장점은 국민의 최저 소득을 보장함으로써 빈곤을 예방할 수 있고, 복지서비스 수급자에게 심리적·사회적 낙인을 가하지 않으며, 행정 절차가 용이하고, 시혜의 균일성을 유지할 수 있으며, 모든 국민의 구매력을 일정 수준에서 유지함으로써 경제적 안정과 성장에 기여할 수 있다는 점이다. 반면에 단점은 한정된 자원을 꼭 필요한 부분에 효과적으로 사용하는 데 한계가 있다는 점이다.

사회복지의 발달과정에서 사회복지의 대상과 관련된 두 가지 변화는 아동, 노인, 장애인, 병자 등과 같은 소수의 소외계층을 대상으로 한 사회복지가 보편적인 일반 국민에게 확대되어 갔다는 것과 빈곤 등 경제적 문제를 중심으로 사회복지 대상을 규정하였던 것에서 교육, 훈련, 상담 및 지지 등과 같은 다양한 보호 욕구를 대상으로 그 범위가 확대되었다는 것이다. 즉, 현대의 사회복지는 이미 발생한 사회문제의 해결뿐만 아니라 사회문제의 발생을 예방하기 위한 기능으로 그 역할이 확대되면서 모든 국민을 대상으로 그 범주를 확대해나갔으며, 경제적 문제 외에도 사회적 보호가 필요한 부적응이나 중독 등과 같은 사회문제도 그 대상으로 삼게 되었다.

이처럼 초기의 사회복지는 소수의 빈민을 대상으로 최소한의 생존만을 보장하는 의식주를 제공하는 데 그쳤지만, 경제성장의 결과 국가가 부강해지면서 오늘날의 사회복지는 모든 사람에게 복지를 향유할 권리가 있다는 관점에서 보편적으로 복지를 제공하는 경향으로 바뀌고 있다고 할 수 있는데, 결국 누가 사회복지 프로그램의 수급을 받을 수 있는가는 그 사회의 경제적 조건에 의해 결정되는 것이라고 할 것이다.

이러한 변화에 대해 로마니쉰(Romanyshyn)은 산업화 이전과 산업화 이후를 비교해보면, 사회복지 대상과 범위에 대한 인식에 있어서 다음과 같은 변화가 나타나고 있다고 설명하고 있다.

① 보충적·선별적 차원에서 제도적·보편적 차원으로의 변화
② 자선에서 시민의 권리로의 변화
③ 특수성에서 보편성으로의 변화
④ 최저조건에서 최적조건의 급여나 서비스로의 변화
⑤ 개인에서 사회개혁으로의 변화
⑥ 민간에서 공공지원으로의 변화
⑦ 빈민복지에서 복지사회로의 변화

이 가운데 특히 '자선에서 시민의 권리로의 변화'는 사회복지제

도에서 제공한 재화 및 서비스를 받는 사람을 '수혜자'로 보는 관점에서 중립적 용어인 '수급자'로 변화시켰으며, 나아가 최근에 수요자 중심의 사회복지가 강조되면서 '이용자(user)' 또는 '고객(clients)'이라는 용어가 점점 확산되어 가는 추세로, 서비스에 대한 구매자로서의 선택권을 강조하는 입장 변화라고 할 수 있다.

사회복지정책의 급여

사회복지급여란 복지대상자에게 무엇을 전달할 것인가 하는 문제에 관한 것이다. 사회복지급여는 사회복지정책 결정과정에서 급여의 내용과 형태, 그리고 수준이 결정되는데, 정책목표에 따라 달라진다.

급여(benefit)란 사회복지정책을 통해 제공되는 물질적·비물질적 자원을 말한다. 전통적으로 현금급여와 현물급여의 논쟁이 있어 왔으나, 최근에는 급여 형태가 다양화되어 기회, 서비스, 현물, 현금, 증서, 권력 등과 같은 다양한 형태의 급여가 제공되고 있다.

1. 현금

현금급여(cash benefit)는 수급자에게 현금으로 지급하는 급여이다.

현금급여의 장점은 사용하기에 편리할 뿐만 아니라, 이를 어디에 사용하는가의 문제는 전적으로 수급자에게 맡겨져 있다는 측면에서 수급자의 효용을 극대화하고 개인 선택의 자유와 소비자주권을 강화시켜 인간의 존엄성이 존중된다는 점이다. 또한 현물급여에 비해 관리나 행정처리가 간단하고 수월하여 복지 프로그램 운영비용이 적게 든다는 점을 들 수 있다.

반면에 단점은 현금이 기대하는 용도와 다른 용도로 사용될 위험이 있어 사회복지정책의 효율성이 떨어지게 되며, 이 경우 개인효용의 극대화가 사회 전체의 효용을 낮출 수 있다는 점이다. 예컨대 알코올중독 문제를 가진 빈곤계층에 지급된 생계비가 오히려 알코올을 구입하는 비용으로 사용됨으로써 수급자의 건강을 악화시켜 사회적 효용이 떨어지는 경우가 될 것이다.

2. 현물(goods)

현물급여란 식품, 의복, 주택 등의 구체적 상품으로 지급되는 급여이다. 현물급여는 사회복지대상자가 직면하고 있는 기본적 욕구를 직접적으로 충족시킬 수 있는 급여이지만 특정의 목표에 맞추려는 정책적 의도에 따라 제공되는 경향을 갖는다. 이러한 관점에서 현물급여는 복지대상자를 특정한 방향으로 몰고 가는 사회통제적 의미를 동시에 가진다고 할 수 있다.

현물급여의 장점은 용도 외 사용 억제를 통한 정책의 목표효율성이 높다는 점이고, 이러한 측면에서 이해관련 집단의 정치적 선호를 받고 있다는 것이다. 또한 물품평등주의로 인한 대량생산과 대량소비로 인해 규모의 경제효과를 꾀할 수 있다는 점이다.

단점은 급여 소비단계에서 낙인(스티그마) 효과가 발생할 가능성이 크며,[17] 프로그램 운영비용이 많이 들 뿐만 아니라 수급자에게 소비자 선택의 자유가 제한된다는 점을 들 수 있다.

3. 서비스(service)

서비스란 복지수급자를 위해 교육, 상담, 훈련 등과 같이 어떤 기능을 제공하는 것을 말한다. 서비스급여는 수급자에게 즉각적인 시장가치를 부여하지는 않지만, 후술하는 기회와 마찬가지로 사회복지 대상자의 자립과 자활을 가능하게 하는 중요한 급여로 평가된다.

4. 증서(voucher)

증서는 정부가 지불을 보증하는 일종의 전표로서, 증서를 받은 복지수급자가 특정한 재화나 서비스를 구입할 수 있도록 구매력을 높여주는 소득지원의 한 형태이다. 예컨대 식품증서는 다양한 식료품과 교환할 수 있고, 교육증서로는 자신이 선택한 교육서비스를 구매할 수 있다.

증서급여의 장점은 일정한 용도 내에서 수급자로 하여금 원하는

---

17) 저소득 무주택자를 위한 영구임대주택 입주자를 향한 주위의 따가운 시선 등이 이에 해당한다.

재화나 서비스를 자유롭게 선택할 수 있게 함으로써 이용자의 선택권을 보장하는 반면에, 용도 외 사용을 제한하는 등 어느 정도의 사회적 통제를 가하기 때문에 정책의 목표효율성을 높일 뿐만 아니라 현물급여보다 수급자의 효용을 증가시킬 수 있고, 운영비용도 적게 든다는 점이다.

단점은 현금과 현물의 중간적 성격으로 인해 확고한 정치적 지지가 없어, 대부분의 복지국가에서 주요한 급여 형태로 사용되지 않는다는 점이다.

5. 기회(opportunities)

기회란 사회에서 불리하거나 취약한 계층(소수인종, 여성, 노인, 장애인 등)에게 진학, 취업, 진급 등에서 유리한 기회를 부여하는 것을 말한다.

장점은 긍정적 차별을 통한 불평등의 완화이며, 단점은 단순한 기회의 제공은 불평등을 완화하는 데 그다지 기여하지 못하며, 사회의 기득권을 합리화하기 위한 수단으로 이용될 가능성이 있다는 점이다.

6. 권력(power)

권력급여는 수급자로 하여금 정책결정 과정에 참여할 수 있는 권력을 주어 자신들에게 유리한 방향으로 정책의 내용이나 급여자격, 급여액 등이 결정되도록 하는 것인데, 예컨대 사회적 약자집단의 대표자들을 사회복지 관련 기관의 이사로 선임하여 정책결정에 참여시키는 것이 그것이다.

그런데 실제로 수급자 대표보다는 기존의 정책결정자들에 의해 선호되는 인물이 참여자로 선택되는 경향이 있다거나, 참여율이 낮고 참여하는 경우에도 프로그램 내용에 대한 이해도가 낮아 실질적인 영향력 행사의 어려움을 겪는다는 등의 문제점이 있다.

사회복지정책의 전달체계

사회복지 전달체계란 사회복지 관련 급여 및 서비스의 공급자와 소비자를 연결해주는 조직체계를 의미한다. 급여를 효율적으로 전달하기 위해 어떤 조직체계를 통해 어떤 방법으로 전달하느냐 하는 것은 매우 중요하다고 할 수 있다.

전달체계의 유형으로는 중앙정부 단독체계, 지방정부 단독체계, 중앙정부와 지방정부의 혼합체계, 정부와 민간조직 혼합체계 등이 있는데, 각기 장단점이 있다. 예컨대 중앙정부 단독체계는 복지서비스의 지속성과 안정성을 확보할 수 있는 반면 독점적 공급에 따른 서비스의 질 저하 및 지역주민의 변화하는 욕구에 융통성 있게 대응하지 못하는 한계가 있다. 또 지방정부 독점체계는 지역주민의 실제 욕구를 반영하고, 지방정부 간 경쟁에 따른 양질의 복지서비스를 제공할 수 있다는 장점이 있지만, 지역 간 서비스 격차가 확대되어 사회적 불평등이 심화될 수 있다는 점이 문제이다.

우리나라의 경우 2005년부터 사회복지 재정을 중앙정부로부터 지방정부에 이양함으로써 재정적 책임과 행정적 책임을 단일화하는 재정분권이 제도화되게 됨에 따라, 사회복지서비스의 전달체계는 정책은 중앙정부에서, 예산은 지방자치단체에서 분담하는 혼합체계의 형태로 구조화되었으며, 실제적인 서비스 전달은 지방자치단체의 예산을 지원받는 민간부문의 비영리 사회복지법인에서 운영하는 사회복지기관에 대부분 위탁되고 있다.

실제로 서울시 성북구에서 제공되는 노인복지서비스는 중앙정부가 정책지침을 정하게 되면, 서울시와 성북구가 예산을 수립한다. 서울시에서 수립된 사업예산이 성북구청에 전달되면, 성북구의 구예산과 합쳐져 노인복지서비스 전체 예산이 확정되게 된다. 그리고 성북구의 담당부서에서는 지역의 노인복지관으로 예산을 지급하고, 노인복지관에서 근무하는 사회복지사는 그 예산에 의해 인건비와 운영비를 받아 노인복지서비스를 제공하게 되는 절차를 거친다.

그런데 오늘날 전달체계에 관한 논쟁은 주로 민영화와 영리화의 문제로 집중된다.

1. 민영화

민영화란 전통적으로 공공 영역에서 제공하여 오던 사회복지서비스를 민간기관으로 제공 주체를 이양하는 것과 일정한 계약 아래 민간기관 및 비영리단체에 운영을 위탁하는 것을 말한다.

사회복지서비스의 민영화는 복지개혁이라는 이름하에 1970년대 이후 영국과 미국에서 광범위하게 이루어졌다. 영국의 경우 민영화는 대처 정부에 의해 정책적으로 추진되었으며, 목적은 정부기구의 통폐합, 기구축소 그리고 공무원의 감원을 통해 공공부문의 효율성 증진을 도모하는 것이었다.

민영화정책의 목표는 공공부문의 관료적 획일성과 폐쇄성에 의한 복지서비스의 비효율을 제거하기 위해 민간부문의 자유시장 경쟁논리를 도입하여 복지서비스의 질 향상과 이를 통한 복지재정의 효율성을 확보하기 위한 것이다. 따라서 민영화의 전제는 민간기관이 사회복지에 대한 높은 전문성을 가지고 있어야 하고, 시장에서 서비스 질 경쟁을 위한 다수의 서비스공급자가 있어야 한다는 점이다.

민영화의 장점은 민간기관이 공공기관에 비해 보다 효율적으로 복지서비스를 전달할 수 있다는 점이다, 이는 민간기관이 종사자들에게 임금을 적게 주기 때문에 그런 것이 아니라 자원봉사자를 활용하여 인건비 지출을 줄일 수 있기 때문이다. 또 민간기관은 공공기관에 비해 서비스 대상자들에게 보다 더 가까이 다가가고, 보다 덜 권위적이며, 책임 있는 자세를 견지한다는 점과 지역사회의 민간복지기관이 개인과 국가 사이에서 완충작용을 하는 일종의 중재기관으로 활약할 수 있다는 점도 민영화의 장점으로 자주 언급된다.

반면에 복지서비스가 민영화될 경우, 서비스공급자는 민간복지기관이 되고, 소비자는 복지서비스 수급자가 되며, 정부는 재정을 부담하는 제3자가 된다. 이 말은 소비자가 그 비용을 부담하지 않으므로 복지서비스의 거래에 수급자가 관여할 부분이 극히 제한된다는 것이다. 게다가 복지서비스 소비자는 대부분 사회적 취약계층으로서 서비스에 대한 정보를 충분히 보유하고 있지 않다. 이처럼 제3자가 비용을 부담하는 경우 제공되는 복지서비스의 내용과 질이 제대로 담보되지 못하는 이른바 '계약의 실패(contract failure)' 현상이 나타날 수 있다는 문제점이 있다.

더구나 우리나라의 경우 복지서비스의 민영화와 관련하여 다음과 같은 문제를 갖고 있다.

먼저 기존의 사회복지인프라가 정부의 지원에 의존하여 구축되어 왔기 때문에 한 사업에 소요되는 예산을 특정의 사회복지기관에 독점적으로 제공하는 방식으로 이루어지는 민영화계약에 의해서는 실제 복지서비스의 전달이 얼마나 전문적이고 효과적인지를 평가할 방법이 거의 없다는 점이다.

또한 민영화의 전제인 사회복지조직들 간의 경쟁체제가 형성될 수 없을 정도로 기본적인 사회복지 인프라조차 구축되지 않은 상황에서 이루어진 민영화는 단지 정부기구의 확장을 방지하는 역할 정도에 그칠 뿐이다.

결국 우리나라의 사회복지 민영화는 사회복지서비스의 효율화와는 거리가 멀고 복지에 대한 공공책임의 방기 수단으로 작동될 가능성이 농후하다고 할 것이다.

2. 영리화(상업화)

1960년대까지만 하더라도 전통적으로 사회복지서비스는 주로 공공기관과 민간비영리기관에 의해 배타적으로 제공되고 있었다. 그러나 최근 들어 사회복지서비스 전달에 영리기관들의 참여가 확대되는 추세에 있다.

우리나라의 경우에도 최근 노인복지시설의 영리기관 운영을 법적으로 허용하였고, 사회서비스혁신사업에서도 서비스제공자로서 영리기관 참여를 인정하는 변화가 일어나고 있으며, 향후 노인장기요양제도와 장애인요양제도가 본격적으로 운영되기 시작하면 영리조직의 사회복지서비스 참여는 더욱 확산될 전망이다.

영리화의 장단점은 다음과 같다.

영리화의 장점으로는 사회복지서비스가 일정 정도 기업적 이윤을 보장해주는 한 매우 빠른 속도로 사회복지인프라의 구축이 가능하다는 점이며, 또 수익 창출을 위해 영리기관이 기존 서비스보다 더욱 효과적·효율적 서비스를 개발할 가능성이 높다는 점이다.

영리화의 단점으로는 영리화가 과도하게 진행된다면, 사회복지서비스 중 영리가 보장되지 않는 영역이나 지불능력이 없는 사회적 취약계층을 대상으로 한 서비스가 약화됨으로써 서비스 욕구가 높은 집단에 오히려 서비스가 소멸되는 결과를 초래할 가능성이 크다는 점이다.

사회복지정책의 재원

사회복지서비스는 그 공급에 있어서 많은 비용을 필요로 한다. 바로 그 때문에 사회복지정책의 도입과 확대, 그리고 축소에 있어서 항상 관건이 되는 것이 재정문제이다. 사회복지서비스의 재원은 크게 공공재원과 민간재원으로 나뉘며, 공공재원 중에서는 조세가 가장 큰 비중을 차지한다.

1. 공공재원

1) 조세

사회복지의 재원이 되는 조세수입으로는 소득세, 소비세, 부유세 등이 있다.

소득세는 납세자의 부담능력을 고려하여 누진세율로 부과됨으로써 소득재분배 효과가 큰 조세이며, 우리나라의 경우 개인소득에 부과되는 개인소득세와 법인에게 부과되는 법인소득세가 있다.

소비세는 납세자의 부담능력을 고려하지 않고 상품을 소비할 때마다 부과되므로 소득재분배 효과가 상대적으로 적은 조세이며, 우리나라의 경우 부가가치세나 특별소비세가 이러한 소비세에 해당된다.

부유세는 소유재산에 부과되는 재산세가 대표적이며, 이 외에도 상속세나 증여세 등이 있다. 우리나라의 경우 부유세는 일반 예산 가운데 가장 적은 비중을 차지한다.

사회복지의 재원 가운데 조세의 장단점은 다음과 같다.

조세의 장점을 보면 다른 재원에 비해서 누진적이어서 소득재분배 효과가 크며, 따라서 소득재분배적 효과가 있는 사회복지 급여의 재원으로 사용하는 데 제약이 적다는 점이다.

반면에 조세는 사회보장재원으로서 이를 사용하는 데 있어서 다른 정부정책 프로그램과 경쟁해야 하며, 사용 용도가 정해지지 않아 사회보험료에 비해 조세저항이 크다는 단점을 갖고 있다.

2) 사회보험료

사회복지제도의 핵심인 사회보험의 재정은 주로 사회보험료로 충당되며, 경우에 따라 목적세와 본인부담금으로 보충된다. 사회보험료는 소득비례 보험료와 정액 보험료 두 가지가 있는데, 소득비례 보험료는 소득의 일정 비율로 보험료를 갹출하는 것이고, 정액 보험료는 소득이나 재산에 관계없이 모든 사람이 동일한 액수의 보험료를 부담하는 것이다. 목적세는 프랑스의 사회보험에서 보듯이 담배나 술에 사회보험세를 과세하여 그 수입을 사회보험재정에 보태는 것을 말한다. 그리고 본인부담금은 주로 건강보험에 적용되는데, 진료비의 일정 부분을 환자, 즉 수익자에게 부담 지우는 것이다.

사회보험료의 장단점은 다음과 같다.

(1) 장점

① 퇴직이나 해고, 산업재해, 질병 등의 위험발생 시 과거의 소득에 비례하여 급여를 보장함으로써 정치적 지지기반이 넓다.
② 보험료를 납부하므로 급여에 대한 권리의식이 강하다.
③ 자조의 이념에 입각하고 있다.
④ 지출 용도가 정해져 있으므로 부과에 대한 거부감이 상대적으로 적다.

(2) 단점

① 자산소득은 보험료부과 대상 소득에서 제외되어 누진세에 비해 역진적이다.
② 국민연금의 경우 보험료는 모든 소득이 아닌 상한선 이하의 소득에 대해서만 부과된다.
③ 소득세와 달리 가족 수나 욕구에 따른 감면이 없다.
④ 근로자고용비율이 높은 노동집중적인 산업은 그 비율이 낮은 자본집중적인 산업에 비해 고용주가 부담해야 할 보험료가 많아 불리하다.

2. 민간재원

1) 이용자 부담

이용료 또는 이용자부담(user fee)은 이용자가 사회복지기관의 서비스를 사용한 대가로 지불하는 금액을 말하는데, 사용한 서비스의 전액 혹은 일부 비용을 이용자가 부담하는 것이 그것이다. 예컨대 사회복지관 이용 시 지불하는 서비스에 대한 실비, 건강보험의 자기부담금, 사회서비스혁신사업의 바우처 사용 시 자기부담금 등이 이에 해당한다. 이용료의 장단점은 다음과 같다.

(1) 장점
① 서비스 남용과 도덕적 해이(moral hazard) 방지
② 과도한 정부부담의 한계 극복
③ 서비스의 질 제고
④ 낙인효과가 없어 수치심을 줄이고 자기존중감을 높일 수 있음

(2) 단점
① 저소득층에게 부담으로 작용하여 서비스 이용을 억제
② 이용료만으로는 재정충당이 안 됨

2) 기부금

기부금은 개인이나 단체가 사회복지기관의 자선사업이나 공공사업을 돕기 위하여 조건 없이 주는 증여를 말하며, 기부금은 오랫동안 사회복지기관의 주요 재원이었다. 따라서 사회복지조직들은 기

부금을 만들기 위해 다양한 전략을 추구한다. 우리나라의 경우 사회복지기관이 후원자로부터 아무런 대가 없이 무상으로 받은 금품이나 기타의 자산을 후원금이라고 부른다.

특히 우리나라는 민간의 기부문화를 활성화하고 기부금을 합리적으로 활용하기 위하여 사회복지공동모금제도를 운영하고 있는데, 이에 따라 사회복지공동모금회법을 근거로 사회복지공동모금회가 설립되어 운영되고 있다. 사회복지공동모금회에 기부된 금품에 대해서는 조세 감면 혜택을 제공함으로써 기부문화의 활성화를 추구하고 있고, 기부금의 합리적이고 투명한 배분과정을 제도화하는 데 초점을 맞추고 있다.

(1) 장점

장점은 기부금이 시장실패나 정부실패를 보완하며, 다원화된 사회에서 특정지역이나 집단의 특수한 욕구를 해결할 수 있으며, 새롭고 창의적인 사회복지서비스의 개발에 용이하다는 점이다.

(2) 단점

기부금의 단점으로는 모금액이 일정하지 않아 발생하는 재원의 불안정성이 있고, 또 이로 인해 지속적이고 체계적인 사업계획수립이 곤란하다는 점을 들 수 있다.

제7장

빈곤과 국민기초생활보장제도

제1절

빈곤의 개념과 측정

1. 빈곤에 대한 사회학적 관점

빈곤은 인간 사회에서 가장 오래된 사회문제이고, 사회복지학에서 가장 전통적인 소재이다. 그런데 빈곤의 실태, 원인 그리고 빈곤을 해결하는 방안에 대해서는 이론적 관점에 따라서 다르다. 즉, 대표적인 사회이론인 기능주의, 갈등주의, 상호작용주의에 따라서 빈곤을 보는 관점이 다르다.

기능주의는 빈곤을 개인의 게으름이나 노동력의 상실로 인한 당연한 결과로 인식하였다. 어려서 노동력이 약하거나 늙어서 노동력을 상실하는 사람은 보호자가 없을 경우 가난하게 살 수밖에 없다. 비록 노동력이 있더라도 게으른 사람은 자신에게 필요한 소득과 재산을 얻지 못하기 때문에 가난하게 된다. 따라서 빈곤은 나태와 영양결핍과 같은 문제를 일으킬 뿐만 아니라, 빈곤으로 인한 도둑질, 청소년의 탈선, 낮은 교육, 불량한 주거, 질병 등 다른 사회문제의 원인이 되기도 한다. 기능주의는 이처럼 빈곤의 원인을 주로 개인적 요인에서 찾고 그 해결책도 도덕적 훈계, 노동의욕의 고취, 기술교육, 취업알선 등에서 찾는다.

갈등주의적 관점은 빈곤이 사회의 경제제도와 복잡하게 관련되어 생긴다고 본다. 빈곤은 사회의 어떤 계층과 집단들이 빈곤으로부터 이익을 얻기 때문에 발생한다는 것이다. 즉, 어떤 사람이 가난한 것은 정당한 노동력의 대가를 받지 못한 저임금 때문이거나, 계절적 실업과 같이 노동시장의 요인에서 비롯된다는 것이다. 다시 말해 갈등주의는 빈민이 가난한 원인을 개인적인 요인에서 찾기보다는 저임금과 장시간 노동으로 인한 노동력의 피폐, 노동자의 잉여노동력을 착취하는 자본주의 등에서 찾는다. 갈등주의는 이처럼 한 사회가 가지고 있는 자원을 공평하게 분배하지 않으면 빈곤문제를 해결할 수 없다고 보기 때문에, 계층 간 소득의 공평한 분배 및 재분배를 통한 빈곤의 해결을 강조한다.

한편 상호작용주의는 빈곤이 사회문제가 되는 것은 한 사회의 영향력 있는 집단이 빈곤을 문제라고 규정하기 때문이라고 본다. 예컨대 현재 한국에서 '가난한 사람들'이라고 불리는 사람의 생활수준은 30여 년 전 일반 국민의 수준보다 낮지 않고, 저개발국가의 평균적인 수준에 비교하면 '풍요로운 수준'일 수 있다. 그럼에도 불구하고 빈민으로 규정되는 것은 현재 우리 사회 내에서 풍요롭게 사는 사람들과의 비교를 통해서 빈곤을 규정하기 때문이다. 따라서 상호작용주의 이론가들은 경제적 빈곤선과 같은 절대적인 기준에는 별 관심이 없고, 한 사회에서 어떤 사람들을 빈민으로 규정하는지, 그리고 이들에 대한 사회적 낙인감에 관심을 갖는다.

2. 절대적 빈곤과 상대적 빈곤

1) 절대적 빈곤

빈곤의 실체를 파악하기 위해서는 빈곤에 대한 개념 정의가 필요하다. 빈곤에 대한 사전적 정의는 '가난한 상태, 즉 돈이 부족하거나 생계가 어려운 상태'이지만, 빈곤은 흔히 절대적 빈곤과 상대적 빈곤으로 나뉘어서 사용되어 왔다.

절대적 빈곤이란 한 개인이나 가구의 소득 또는 지출이 최저생활을 하는 데 필요한 생계비에 미달될 때에 이들을 빈민 혹은 빈민가구로 보는 것이다. 물론 최저생활을 어떻게 정의하느냐에 따라 절대적 빈곤의 기준도 달라질 수밖에 없기 때문에 많은 학자들은 절대적 빈곤이라 하더라도 여기에는 상대적 의미가 내포되어 있다고 보고 있다. 절대적 빈곤은 바로 생존과 관련되어 있어서 절대 빈곤층을 파악하기 위해서는 최저생계비를 산출하게 되고, 이를 기준으로 빈곤선을 설정하는 것이 보통이다(최일섭 외, 1996).

절대적 빈곤이란 개념을 적용한 대표적인 학자는 1899년부터 1936년까지 세 차례에 걸쳐서 영국 York시의 빈민을 조사한 라운트리(Rowntree)이다. 그는 신체적 건강과 노동능력을 유지하는 데 필요한 기본적인 필수품으로 음식, 주택, 의복, 잡비(주로 연료비) 등을 들고 이것이 해결되지 않은 수준을 1차적 빈곤이라고 하고, 신체적 욕구에 사회·문화적 욕구를 고려한 빈곤을 2차적 빈곤이라고 하였다. 그는 1899년 조사에서 1차적 빈곤에 해당되는 시민이 9.9%이고, 2차적 빈곤에 해당되는 사람이 17.9%로 전체 빈곤인구가 27.8%라고 하였다. 1936년 조사에서는 1차적 빈곤이 3.9%이고

2차적 빈곤이 17.8%로 최저 수준 이하 생활자가 21.7%라고 하였다(김영모, 1999).

절대적 빈곤은 사실상 개념상으로만 존재할 수 있다는 비판에도 불구하고, 라운트리는 빈곤에 '신체적 생존에 필요한 최저소득수준'이라는 과학적 개념을 도입하였을 뿐만 아니라, 빈곤의 원인을 노령, 부적절한 임금, 많은 가족 수, 질병, 모자가족 등으로 파악하여 빈곤의 원인이 '개인의 게으름'에 있다는 잘못된 통념을 타파하는 데 크게 기여하였다.

한편 미국에서 공식적인 빈곤 측정은 1964년 사회보장국에 의해 시작되었다. 1960년대의 빈곤 측정은 생계를 위해 필요한 소득을 결정하는 데 근거가 되는 미국 농림성의 경제식품계획을 이용하여 시작되었다. 그 당시 평균적으로 한 가정은 자신의 총지출의 삼분의 일을 식료품비로 지불하였다. 그러므로 일정 규모의 세대주에게 빈곤선은 최소 식료품 예산비용의 3배 선에서 책정된다. 이를 기준으로 하면 미국의 빈곤인구는 1970년에 전체 인구의 12.6%, 1980년에 13.0%, 1992년에 14.5%였다(김만두 외, 1999).

한국에서는 1973년 보건사회부 사회보장심의위원회가 최초로 최저생계비를 산출하였다. 이후 최저생계비의 산출액은 학자들과 연구기관마다 조금씩 달랐지만, 빈곤의 측정뿐만 아니라 최저임금의 산출, 노동자의 임금교섭 등에서 중요한 자료로 활용되고 있다.

2) 상대적 빈곤

절대적 빈곤개념에 따른 빈곤선 책정의 자의성을 보완하기 위해 상대적 빈곤의 개념이 대두되었다. 상대적 빈곤은 하위의 일정 비율을 빈곤층으로 정의하기도 하고, 전체 가구의 평균소득의 일정 비율(예를 들어 50% 또는 40%)에 미달하는 소득을 얻는 층을 빈곤층으로 정의하기도 한다. 상대적 빈곤층은 소득분배가 비교적 공평한 사회에서는 그 비율이 상대적으로 낮고, 불평등이 심한 사회는 그 비율이 증가된다.

한편 타운센드(Townsend)는 소득보다는 일반적으로 인정되는 기본적인 생활양식을 규정하고, 그러한 생활에 미치지 못한 경우를 상대적 빈곤으로 파악하였다. 그는 빈곤보다는 '박탈'이라는 용어를 사용하고 있는데, 일반적인 생활양식을 구성하는 60개의 지표를 설정하여 박탈지표를 수집했다. 그리고 정상적인 생활에서 벗어난 사람을 상대적으로 박탈되었다고 간주했다. 이와 같이 생활양식을 구성하는 지표를 통해서 빈곤을 측정한 시도는 인간의 욕구가 생존에만 있지 않고 삶 전체에 있다는 사상을 반영하고 있다(이용교, 2004).

빈곤의 문제를 단순히 소득에 국한시키지 않고 생활양식으로 확대시킨 것은 큰 진전이라고 볼 수 있다. 특히 의식주와 같은 기초적인 생활보다는 여가생활, 친구와의 교제, 단란한 가족생활 등이 강조되는 현대사회에서 다양한 지표를 통해서 가난한 사람의 삶을 보통 사람의 그것과 비교한 것은 욕구에 맞는 서비스를 개발하는 데도 크게 기여할 것이다. 그런데 타운센드가 사용한 지표는 그 수가 너무 많았다. 그 자신도 지표의 복잡성을 감안하여 60개의 지표를 다음과 같은 12가지로 간추려서 사용하였다.

- 지난 1년 동안에 집을 떠나서 1주일간의 휴가를 보낸 적이 없다.
- (어른에게만) 지난 4주 동안에 친척이나 친구를 집으로 식사초 대를 한 적이 없다.
- (어른에게만) 지난 4주 동안에 친척이나 친구의 집으로 식사초 대를 받은 적이 없다.
- (15세 이하 어린이에게만) 지난 4주 동안에 같이 놀거나 음료를 나눈 친구가 없다.
- (15세 이하 어린이에게만) 지난 생일에 생일파티를 하지 못했다.
- 지난 2주 동안에 오후나 저녁을 오락시간으로 보낸 적이 없다.
- 지난 1주 동안에 네 번 정도의 신선한 고기(외식을 포함)를 먹은 적이 없다.
- 지난 2주 동안에 하루나 이틀을 요리한 식사를 하지 않고 지나 갔다.
- 일주일 중에서 거의 매일 요리한 아침 식사를 하지 못했다.
- 냉장고가 없다.
- 가족이 일요정찬을 갖지 못했다(한 달에 네 번에서 세 번).
- 네 가지 실내 부대시설(수세식 화장실, 개수대와 수도, 목욕탕과 샤워실, 가스나 전기쿠커)을 단독으로 사용하지 못한다.

3. 빈곤의 측정

빈곤을 정확히 측정하려는 노력은 끊임없이 계속되고 있다. 특히 국가와 지방자치단체는 공식적으로 빈곤인구를 파악하고 이들에게 꼭 필요한 복지서비스를 최소한의 예산으로 제공하기 위해서 '빈곤선'을 정확히 측정하고자 노력하였다.

빈곤선을 화폐로 산출하는 대표적인 방식은 일상생활에 꼭 필요한 생활필수품을 정하고 그것을 시장에서 구입할 때의 가격으로 파악하는 시장바구니모델이 있고, 최저생활에 필요한 식료품비를 파악한 후에 엥겔계수를 고려하여 그것에 3배 정도를 곱해서 최저생계비를 추정하는 방식이 많이 사용된다. 시장바구니모델은 실질 최저생계비를 가장 정확히 산출할 수 있다는 장점이 있지만, 식료품비 이외에도 주거비, 교육비, 의료비, 교양오락비 등 다양한 항목을 측정해야 한다는 단점이 있다. 엥겔계수를 고려한 모델은 식료품비만 산출하면 되기 때문에 간편하다는 장점이 있지만, 생활양식의 다양성을 고려하기 어렵다는 단점이 있다.

최저생계비나 식료품비를 이용하여 빈곤선을 산출하는 위의 방식이 절대적 빈곤 개념에 바탕을 둔 것이라면, 상대적 빈곤 개념에 입각하여 빈곤선을 정하는 방법으로 가계지출방식, 즉 국민 전체의 가계지출 평균치에 근거하여 빈곤선을 정하는 방식이 있다. 영국이 1988년부터 이런 가계지출방식을 채택하고 있는데, 영국은 평균가계소득의 40% 이하를 빈곤선으로 정하고 있다.

한국은 최저생계비의 계측을 위해서 지금까지 시장바구니모델을 주로 사용하여 왔다. 여기에서 최저생계비는 '국민이 건강하고 문화적인 생활을 유지하기 위한 최소한의 비용'을 의미하고, 공공부조의 대상자 선정기준과 급여수준 결정의 근거가 되며, 각종 사회복지정책의 기초자료로 활용된다. 국민기초생활보장법(구 생활보호법)에 따라서 최저생계비는 매 5년마다 계측되게 되어 있다.

정부가 공표한 최저생계비는 국민기초생활보장법상의 수급권자 선정과 급여기준을 결정할 때 가장 중요한 근거자료로 활용되기 때문에, 최저생계비의 계측과 공식적으로 계측하지 않는 해의 추정액의 산출은 사회적 쟁점이 되어 왔다. 정부는 전년도의 최저생계비에 단순히 물가상승률을 고려하여 추정하고, 학계와 시민운동단체는 소비지출을 반영하는 방식을 채택하는 것이 기초생활보장제도의 입법취지에 맞는다고 주장하였다. 물가상승률을 고려하기보다는 소비지출을 반영하는 방식의 최저생계비가 조금 더 현실적이지만, 그 액수가 다소 높기 때문에 정부는 이를 채택하길 꺼렸었다.

이러한 논란에 따라 우리나라의 경우 2015년부터는 절대적 빈곤 개념에 바탕을 둔 최저생계비의 계측 대신, 상대적 빈곤 개념에 바탕을 두고 중위소득의 일정한 비율을 기준으로 각종 복지수당의 지급대상자를 선정하는 방식을 취하고 있다. 예를 들어 생계급여는 중위소득의 28%, 의료급여는 중위소득의 40%, 주거급여는 중위소득의 43%, 교육급여는 중위소득의 50%에 해당하는 소득자를 수급자로 정하여 지급하고 있다.

제2절

빈곤정책의 변화

　한국의 빈곤정책은 1961년에 제정된 생활보호법으로 제도화되었지만, 그 뿌리는 1944년에 제정된 조선구호령에서 찾을 수 있다. 조선구호령은 일제 식민지통치를 정당화하기 위해서 주된 양육자의 징병과 징용 등으로 방치된 65세 이상의 노쇠자와 13세 이하의 요보호아동의 생계를 보호하기 위해서 제정되었다. 일본의 패전으로 이 법령은 제대로 시행되지 않았지만, 생활보호법이 제정되기 전에 중요한 근거가 되었고, 그 핵심적인 내용은 생활보호법 등에 오랫동안 남아 있었다.

　생활보호법은 그 적용대상을 65세 이상의 노쇠자와 18세 미만의 요보호아동으로 확대시키고, 시간이 지남에 따라 그 보호내용을 생계보호, 의료보호, 교육보호, 자활보호 등으로 점차 확충시켰다. 이 법은 시행령과 시행규칙을 조금씩 손질하면서 국민기초생활보장법이 제정되기 전까지 한국 공공부조의 대표적인 법이었다.

　1999년 9월 7일에 공포되고 2000년 10월에 시행된 국민기초생활보장법은 '가난은 나라도 못 구한다'는 전통적인 빈곤관을 대체하는 새로운 법이다. 이 법은 국민의 기초생활 보장을 국가의 책임으로 규정한 것으로, 보호자가 없거나 보호자가 있어도 보호할 능력이 없는 국민만을 보호하는 생활보호법과 근본적으로 다르다. 생활보호법이 시혜적인 법이라면, 기초생활보장법은 국민의 생존권을 보장해야 할 국가의 의무와 국민의 복지권을 규정한 법이다. 이러한 변화는 법적 용어가 '피보호자 및 보호대상자'에서 '수급자 및 수급권자'로 변화된 사실에서도 찾을 수 있다.

기초생활보장법은 사회복지운동의 산물이라는 점에서 의미가 더욱 새롭다. 과거 사회복지법 중에는 정통성이 낮은 정권이 민심수습용으로 제정하거나 사회적 요구를 부분적으로 수용한 것이 많았는데, 이 법은 참여연대 등 시민단체의 입법청원과 사회복지전문요원 등 관련 사회복지사들이 입법운동을 지속적으로 수행하여 제정되었다. 국가도 1997년 외환위기로 대량실업사태가 발생하자, 기존의 생활보호법만으로 민생문제를 해결할 수 없다는 것을 절감하여 새 법을 제정하였지만, 사회복지사 등 시민운동가의 입법청원이 없었다면 기초생활보장법은 제정되지 않았을 것이다.

기초생활보장법은 일과 복지를 조화시킨다는 '생산적 복지'의 모델을 개발하는 데 근간이 되는 법이다. 당시 김대중 대통령의 '국민의 정부'는 복지는 비생산적이라는 과거의 잘못된 복지관을 극복하고, 자본주의하에서 노동의욕을 꺾지 않으면서도 복지를 실현할 수 있는 복지모델로 생산적 복지를 제안하였다. 연령으로 볼 때 노동능력이 있더라도 실업, 질병, 학습 등으로 노동시장에 참여하기 어려운 사람들에게 공공근로의 기회를 주거나 직업훈련 및 알선 등

을 통해서 자립하도록 하고, 그 기간 동안 조건부로 생계급여를 제
공한다는 것이다. 대량실업사태로 인해서 노동 능력이 있고 일할
의욕이 있는 사람이라도 최저생계비를 벌 수 없는 사람들이 많은
상황에서 기초생활보장법은 일과 복지를 보장해줄 수 있는 법이다.

제3절

생활보호제도와 국민기초생활보장제도

국민기초생활보장제는 과거의 생활보호제도와는 다음과 같은 몇 가지 점에서 본질적 차이가 있다.

첫째, 최저 생계의 보장이 국민의 기본권으로 인정되었다는 것이다. 이전의 생활보호제도는 이른바 프로그램 규정설에 입각해 생활보호수급을 권리로 인정하지 않았고, 따라서 생활보호대상자에게는 생활보호급여 청구권이 없었으며, 생활보호급여는 국가예산의 범위 안에서 지급해도 좋고 안 해도 좋은 프로그램으로서 수급자의 반사적 이익일 뿐 급여의 제공 여부는 정부의 자유재량이었다. 프로그램 규정설에 대응하는 것이 권리설인데, 이는 공공부조급여를 헌법에 의해 규정된 하나의 권리로 인정하는 관념이다.

우리나라의 현행 기초생활보장제도는 사실상 공공부조 수급의 법적 권리를 인정하고 있다. 즉, 생활보호법에서 보호대상자로 규정하던 것을 변경해, 급여를 받는 사람의 권리를 인정하여 수급자와 수급권자라는 용어를 사용하고 있다. 또 보호라는 용어18)를 급여라는 용어19)로 변경했고, 보호신청을 급여신청으로 바꾸고 급여의 신청절차를 보다 명확히 했으며,20) 사회복지담당공무원은 급여를 필요로 하는 사람이 누락되지 않도록 관할지역 내에 거주하는 수급권자에 대한 급여를 직권으로 신청할 수 있도록 규정21)하고 있다.

둘째, 기초생활보장제는 수급자(대상자) 선정을 합리화함으로써 근로능력이 있는 빈민에게도 최저생계비가 보장되도록 만들었다. 생활보호법은 근로능력과 연령을 중시했으나, 기초생활보장제는 근로능력과 연령에 상관없이 최저생계비에 미달하는 모든 가구를 수급권자로 인정했다. 기초생활보장제의 수급대상자가 되기 위해서는 소득이 일정 기준금액 이하이고, 부양능력이 있는 부양의무자가 없는 사람이어야 한다.

셋째, 급여를 합리화했다. 생활보호제도는 대상자 선정과정에서는 소득의 크기를 고려했으나, 일단 생활보호대상자로 선정되면 소득의 크기와 무관하게 동일한 급여를 제공했다. 이는 대상자의 개별적 욕구를 무시하고 획일적으로 급여를 제공한다는 점에서 매우 불합리한 것이었다. 기초생활보장제는 보충급여방식, 즉 최저생계비와 가구소득의 차액으로 급여를 결정하는 방식을 채택함으로써 대상자의 개별적 욕구를 반영하고, 이로써 모든 수급자의 최저생계비가 보장되도록 하고 있다.

---

18) 생활보호법에서는 생계보호, 의료보호, 자활보호 등의 용어를 사용했다.

19) 생계급여, 주거급여, 의료급여 등의 용어로 변경되었다.

20) 수급권자와 그 친족, 기타 관계인은 관할 시장·군수·구청장에게 수급권자에 대한 급여를 신청할 수 있다.

21) 이 경우 수급권자의 동의를 구하여야 하며, 이를 수급권자의 신청으로 볼 수 있다.

넷째, 근로능력자에 대해서는 스스로 일자리를 찾거나, 직업훈련, 공공근로, 자활공동체, 자원봉사 등에 참가하는 것을 조건부로 생계비를 지급하고, 근로의욕과 근로능력, 가구 여건 등을 감안하여 자활지원 프로그램 및 사회복지서비스를 제공함으로써 근로능력자의 자립이 강화되도록 하였다.

다섯째, 공공부조행정이 보다 체계화되었다. 각종 전산자료와 가정방문 등을 통해 자산조사의 정확도를 높였고, 이를 위해 사회복지 전남공무원을 확충했다. 이에 따라 자산을 숨긴 채 생활보호대상자로 선정되었던 사람이 색출되거나 탈락하였으며, 노출되지 않았던 부양의무자를 찾아내어 대상자에서 탈락시키거나 비용의 일부를 부담하도록 했다.

생활보호제도와 기초생활보장제의 주요한 차이점, 즉 법적 용어, 대상자 구분, 대상자 선정기준, 급여수준, 자활지원계획 등에 있어서의 변화나 차이는 다음의 표와 같다.

〈표 7-1〉 생활보호제도와 기초생활보장제도의 주요 차이점

구 분	생활보호제도	기초생활보장제도
법적 용어	국가에 의한 보호석 성격: 보호대상자, 보호기관	권리적 성격: 수급권자, 보장기관, 급여
대상자 구분	인구학적 기준에 의한 대상자구분 * 거택보호자: 18세 미만 아동, 65세 이상 노인 등 * 자활보호자: 인구학적으로 경제활동 가능한 근로능력자	대상자 구분 폐지 근로능력이 있는 자는 대통령령으로 구분 * 연령기준 외에 신체적·정신적 능력과 부양, 간병, 양육 등 가구 여건 감안 가능
대상자 선정기준	보건복지부 장관이 정하는 소득과 재산 이하인 자	소득인정액이 최저생계비 이하인 자 * 소득인정액: 개별 가구의 소득평가액과 재산의 소득환산액을 합산한 금액
급여수준	* 생계보호: 거택보호자에게만 지급 * 의료보호: 거택보호자 전액지원 자활보호자 80% 지원 * 교육보호: 중·고생 자녀 학비 전액지원 * 해산보호 * 장제보호, 자활보호 등	* 생계급여: 모든 대상자에게 지급. 근로능력자는 자활관련사업 연계 조건부로 지급 * 주거급여 신설: 임대료, 유지수선비 등 * 긴급급여 신설: 긴급 필요시 우선 지급 * 의료, 교육, 해산, 장제급여 등은 기존과 동일
자활지원 계획	없음	근로능력자 가구별 자활지원계획 수립을 통한 체계적 자활 지원

제8장

한국의 공공부조정책

제1절

공공부조의 의의

1. 공공부조의 개념

우리나라 사회보장기본법 제3조에 의하면 공공부조는 '국가와 지방자치단체의 책임하에 생활유지능력이 없거나 생활이 어려운 국민의 최저생활을 보장하고 자립을 지원하는 제도'를 말한다.

빈곤이 사회문제로 대두된 이후 이와 같은 빈곤문제의 해결을 위해 대부분의 국가는 국민의 최저한의 삶을 보장하는 공공부조를 실시하고 있다. 공공부조는 사회보험, 사회복지서비스와 함께 사회보장제도의 3대 범주 가운데 하나로서, 공공부조는 국가와 지방자치단체가 전적으로 책임을 부담한다는 점에서 목적과 대상자의 특수성이 다른 두 개의 사회보장제도와 구별된다.

공공부조는 국민의 생존권 보장이라는 이념에 근거를 두며, 생활유지 능력이 없거나 생활이 어려운 자에게 필요한 급여를 행하여 이들의 최저생활을 보장하고 자활 여건을 조성하는 것을 목적으로 한다. 즉, 사회보험이 1차적 사회안전망의 역할을 한다면, 공공부조는 2차적 사회안전망으로서 국민의 최저한의 인간다운 삶을 보장해주는 가장 기본적인 사회보장제도이다. 공공부조는 빈곤층을 대상으로 하는 제도로서, 현재 최저 수준에 미달하는 생활을 하는 사람들에게 물질적·비물질적 급여를 제공하여 이들이 최저 수준의 삶을 유지할 수 있도록 하는 것을 목적으로 한다. 따라서 국민들의 최저생활을 보장하기 위한 마지막 안전망의 역할을 하는 것이 공공부조이다.

공공부조는 가족이나 친지가 아니라 국가나 공공기관이 최저생활 보장의 책임을 지는 주체가 되는 것을 의미한다. 따라서 빈곤에 처한 사람들에게 국가가 책임지고 급여를 제공한다. 이때 제공되는 급여는 가입대상자들의 기여금을 통해 급여가 제공되는 사회보험과는 달리 국가의 일반 조세를 재원으로 하여 급여가 제공된다. 또한 공공부조 대상자가 되기 위해서는 최저생활수준에 미달한다는 증명을 해야 하며, 따라서 자산조사와 같은 일정한 심사를 통과해야 한다.

2. 공공부조의 특성

공공부조는 일반적으로 다음과 같은 특성을 지닌다.

① 공공부조는 헌법에 보장된 인간다운 생활을 할 권리를 구체화하는 공적인 원조 프로그램이다.
② 공공부조는 법적으로는 모든 국민이 보호의 대상이지만, 실제

로는 자산조사와 생활실태조사를 거쳐 일정한 빈곤선 이하의 생활이 어려운 사람을 대상으로 한다.

③ 공공부조는 빈곤의 결과로 발생하는 고통을 완화시키는 특성을 갖고 있다.

④ 공공부조는 보충적인 제도이다. 수혜대상자가 자신의 자산과 근로능력을 최대한 활용하고, 부양의무자의 부양을 우선적으로 받도록 하며, 다른 법의 보호를 받은 후에도 생활 곤란을 겪는 경우에 비로소 행해지는 보충적인 제도이다.

⑤ 공공부조는 사회적 형평을 도모하는 특성을 갖고 있다. 같은 처지에 있는 공공부조 대상자들을 모두 똑같이 대우해주는 수평적 형평을 기하고 있고, 서로 다른 처지에 있는 공공부조 대상자들을 서로 다르게 대우해주는 수직적 형평을 기하고 있다.

⑥ 공공부조는 국가나 지방자치단체가 표적 집단에 도움을 주는 원조 프로그램이다.

3. 공공부조의 원리

1) 생존권보장의 원리

헌법은 모든 국민은 인간다운 생활을 할 권리를 가지며, 건강하고 쾌적한 환경에서 생활할 권리와 환경보전을 위하여 노력하여야 할 의무가 있음을 명시하고 있다.

2) 국가책임의 원리

사회보장기본법은 생활유지의 능력이 없거나 생활이 어려운 국민의 최저생활을 보장하고 자립을 지원하기 위하여 국가 및 지방자치단체의 책임을 규정하고 있다.

3) 최저생활보장의 원리

국민기초생활보장법은 수급자에게 지급하는 수급품은 건강하고 문화적인 최저생활을 유지할 수 있어야 한다고 규정하고 있다. 이 때 최저한의 생활이란 생존수준을 말하는 것이 아니라 건강하고 문화적인 생활을 유지하기에 충분한 정도를 말한다.

4) 무차별평등의 원리

헌법 제11조는 모든 국민은 법 앞에 평등하며, 인종·종교·성별 또는 사회적 신분에 의하여 정치적·경제적·사회적·문화적 생활의 모든 영역에 있어 차별대우 없이 평등한 보호를 받을 권리가 있음을 명시하고 있다.

5) 보충성의 원리

헌법은 수급자에 대한 급여는 수급자가 자신의 생활유지 및 향상을 위하여 소득·재산·근로능력 등을 활용하여 최대한 노력하여야 하는 자립조장의 원리와 이를 전제로 보충하고 발전시키는 보충성의 기본 원칙을 규정하고 있다.

6) 자립조장의 원리

급여를 받는 국민이 갖고 있는 가능성을 최대한 끌어내어 육성함으로써 수급자가 혼자 힘으로 사회생활에 적응해나갈 수 있도록 하는 원리이다.

4. 공공부조의 원칙

1) 신청보장의 원칙

수급권의 신청은 수급자와 그 친족 및 기타 관계인이 관할 시장·군수·구청장에게 수급의 권리를 신청할 수 있으며, 관련 사회복지공무원은 급여가 필요한 사람이 누락되지 않도록 수급권자에 대한 급여를 직권으로 신청할 수 있다. 이 경우 수급권자의 동의를 얻어야 하며, 동의한 경우에는 수급권자가 신청한 것으로 간주한다. 이것은 권리적 차원의 선 신청보호와 보충적 차원의 후 직권보호를 의미한다.

2) 필요즉응의 원칙

수급의 권리는 필요시 즉시 이루어져야 하며, 시장·군수·구청장은 신청이 있을 경우 지체 없이 조사를 실시해야 한다. 이는 급여실시의 여부와 급여의 내용을 결정하여 신청인에게 알려야 한다는 원칙이다.

3) 세대단위의 원칙

국민기초생활보장법의 규정에 따라 수급자에 대한 수급품은 세대를 단위로 실시하여야 한다. 그러나 가구원에게 개별적인 급여가 필요한 경우에는 개인을 단위로 실시할 수 있다.

4) 금전보장의 원칙

수급자에게 생계급여를 지급할 경우 금전을 지급하는 것을 원칙으로 한다. 그러나 금전지급을 할 수 없거나 적당하지 않을 경우에는 물품을 직접 지급할 수 있다. 이것은 수급자의 낙인감과 오명을 최소화할 수 있고, 수급자에게 선택의 기회를 제공할 수 있는 권리적 장점이 있다. 반면, 사회복지사업법은 보호대상자에 대한 보호의 방법을 현물보장의 원칙으로 규정하고 있다.

5) 주거보장의 원칙

수급자에게 생계급여를 실시할 경우 주거에서 실시하여야 한다. 그러나 주거가 없거나 있어도 그곳에서 급여의 목적을 달성할 수 없을 때와 특별히 수급자가 희망하는 경우에는 사회복지시설이나 타인의 가정에 위탁할 수 있다.

6) 타법 우선보장의 원칙

부양의무자의 부양과 기타 법령에 의한 보호는 국민기초생활보장법에 의한 급여에 우선하여 실시하여야 한다.

5. 공공부조와 사회보험의 차이점

공공부조와 사회보험은 모두 사회보장제도의 하나로 실시되나, 목적, 이념, 대상, 수급자격 요건, 급여수준, 수급권의 성격 등에서 큰 차이가 있는데 이를 비교하면 다음과 같다.

① 목적의 차이

공공부조는 빈곤 등의 사회적 위험이 발생한 이후 국가나 지방자치단체가 최후에 해결하는 사후적 대응책이다. 반면, 사회보험은 미래에 직면할 수 있는 사회적 위험을 정형화하여 보험기술을 통해 사전적으로 대비하는 제도이다.

② 이념의 차이

공공부조제도는 도움이 필요한 사람을 선정하여 원조를 제공하는 선별주의에 입각하고 있으나, 사회보험은 모든 국민을 대상으로 하고 적당한 자격요건을 갖추어서 보험사고를 당할 때 급여를 제공하는 점에서 보편주의를 택하고 있다.

③ 원리의 차이

공공부조는 사람들을 차별 없이 평등하게 취급하여 빈곤에 처한 모든 사람에게 동일한 조건에서 똑같은 급여를 제공한다는 점에서 무차별 평등주의이다. 이에 반하여 사회보험은 특히 급여의 제공에 있어서 가능한 한 기여금에 비례하거나 가입연한에 비례하여 제공하는 경향이 있다. 물론 이는 제도의 운용과 관련하여 국가마다 어느 정도 차이는 있지만 사회보험은 평등보다는 비례급여를 선택하는 경향이 있다.

④ 대상의 차이

공공부조는 소수의 빈곤층이 주 대상인 데 반해 사회보험은 국민 전체를 대상으로 규정하는 경우가 대부분이다.

⑤ 수급자격 요건의 차이

공공부조는 자산조사를 통해서 수급자격이 부여되는 반면, 사회보험은 기여금의 제공과 가입기간 등을 요건으로 정하고 있다.

⑥ 재원의 차이

공공부조는 일반 조세를 통하여 재원을 마련한다는 점에서 소득의 일방적 이전이라는 특성을 가지는 반면, 사회보험은 가입자의 보험료를 통하여 재원을 마련한다.

⑦ 급여수준의 차이

공공부조는 인간다운 생활을 보장하려고 하지만 근로의욕을 저하시키지 않는 수준에서, 그리고 사회적 자원의 정의로운 배분을 위하여 가능한 한 사회적 최소한의 수준을 설정하고 있다. 이는 앞서 말한 최저한의 생활을 영위할 수 있는 수준으로서 보통 최저생계비를 기준으로 하여 책정된다. 반면, 사회보험은 급여수준이 기계적으로 산정되어 있는데, 이에 따라 가능한 한 기여금 정도와 과거의 생활수준, 그리고 사회적 통념 등을 고려하여 급여의 적정선을 선택한다. 이 적정선의 선택에는 최저생계비와 이를 기반으로 만들어지는 최저임금수준 등이 함께 고려된다.

⑧ 수급권의 성격상 차이

수급권의 성격과 관련하여 공공부조는 권리성이 약한 데 반하여, 사회보험은 권리성이 상대적으로 강한 성격을 갖는다.

〈표 8-1〉 공공부조와 사회보험의 차이

구분	공공부조	사회보험
목적	사후적 대응	사전적 대응
이념	선별주의	보편주의
원리	무차별주의(동일급여 제공)	비례원리(비례급여 제공)
대상	소수의 빈곤층	국민 전체
자격요건	자산조사	기여금 제공, 가입기간 등
재원	일반조세	가입자의 보험료
급여수준	최저생계비를 매개로 책정한 최소한의 수준	최저생계비, 최저임금수준 등을 고려한 적정선
수급권 성격	권리성 약함	권리성 강함

공공부조제도

1. 국민기초생활보장제도

국민기초생활보장법은 헌법에 근거하여 국가와 지방자치단체가 생활이 어려운 자에게 빈곤의 정도에 따라 필요한 급여를 행하여 법으로 정한 최저생계비 수준 이상의 생활을 보장하고 자활을 조성하는 것을 목적으로 하고 있다.

기초생활수급권자는 부양의무자가 없거나, 부양의무자가 있어도 부양능력이 없거나 부양을 받을 수 없는 자로서 소득인정액이 최저생계비 이하인 자가 되며, 이러한 조건의 수급권자에 해당하지 아니하여도 생활이 어려운 자로서 일정 기간 동안 법이 정하는 급여의 전부 또는 일부가 필요하다고 보건복지부 장관이 정하는 자는 수급권자가 된다.

최저생계비란 국민이 건강하고 문화적인 생활을 유지하기 위하여 소요되는 최소한의 비용으로서 보건복지부 장관이 공표하는 금액을 말하며, 보건복지부 장관은 국민의 소득·지출수준과 수급권자의 가구유형 등 생활실태, 물가상승률 등을 고려하여 최저생계비를 결정하는데, 2015년부터는 기준 중위소득의 일정 비율 이하인 자를 수급권자로 결정하고 있다. 또 부양의무자란 수급권자를 부양할 책임이 있는 자로서 수급권자의 1촌의 직계혈족 및 그 배우자를 말한다. 그리고 소득인정액은 개별가구의 소득평가액과 재산의 소득환산액을 합산한 금액을 말한다.

국민기초생활보장법에 의한 급여로는 ① 생계급여, ② 주거급여, ③ 의료급여, ④ 교육급여, ⑤ 해산급여, ⑥ 장제급여, ⑦ 자활급여 등이 있는데, 급여는 수급자의 필요에 따라 위의 급여의 전부 또는 일부를 실시하는 것으로 하는데, 자세한 급여의 종류 및 내용은 다음과 같다.

〈표 8-2〉 국민기초생활보장제도의 급여 종류와 내용

급여 종류		급여 내용
생계급여	일반생계급여	의복, 음식물, 연료비, 기타 생활에 필요한 물품에 대해 현금으로 지급
	조건부생계급여	근로능력이 있는 자에게 자활사업 참가를 조건으로 지급
	긴급생계급여	긴급한 필요가 있을 경우의 생계급여
주거급여		임차료, 유지수선비, 주거안정지원비, 전세자금대여
교육급여		입학금 및 수업료, 교재비
해산급여		분만 전후 필요한 조치, 보호
장제급여		장제조치에 필요한 금품
자활급여		자활계획에 따른 자활 관련 서비스
의료급여		의료기관 이용 및 보청기, 의·수족 등 지급. 의료급여법에 의해 실시

한편 근로능력이 있는 수급자는 자활지원계획에 따라 자활에 필요한 사업에 참가해야만 생계급여를 받을 수 있다. 국민기초생활보장법은 이처럼 생산적 복지에 기초하고 있으며, 생산적 복지의 근간은 근로연계복지를 추구하는 것이다. 이러한 생산적 복지정책은 복지비용의 축소와 운영의 효율성 제고라는 세계적인 복지개혁의 추세에 맞춰, '도덕적 해이'라는 복지제도의 확충에 따른 부작용을 줄이면서도 국민의 기초생활을 보장하자는 의도를 가지고 있다.

그리고 국민 최저한을 보장하기 위한 국민기초생활보장제도는 보건복지부에서 전담하고 있다. 보건복지부에서 세워진 정책과 예산은 지방자치단체를 통해 실행되고, 지방자치단체 내에서 실제로 업무를 담당하는 인력은 사회복지전담 공무원이다.

또한 국민기초생활보장을 위한 재정부담은 원칙적으로 국가와 지방자치단체가 부담한다. 국가와 지방자치단체 간의 비용부담비율은 ① 특별시가 관할하는 자치구의 경우에는 그 총액의 50% 이하를 국가가 부담하고, 국가부담제외분의 50% 이상을 특별시가, 50% 이하를 자치구가 부담한다. ② 광역시 및 도가 관할하는 시·군·구의 경우에는 그 총액의 80% 이상을 국가가 부담하고, 국가부담제외분의 50% 이상을 당해 광역시 및 도가, 50% 이하를 당해 시·군·구가 부담한다.

2. 의료급여제도

의료급여는 국가에 의해 행해지는 공적 의료부조제도로 공공부조법의 원리에 의해 그 비용을 원칙적으로 국가가 전적으로 부담한다. 그리고 건강보험과는 달리 주요 재원을 일반 조세수입으로 충당한다. 이 제도는 자신의 수입이 최저생계비 이하인 절대빈곤층이 주 대상이 되는 선별적 프로그램이며, 헌법상 보장된 인간다운 생활을 할 권리와 건강권을 구체화한 공적 원조 프로그램이다.

특히 우리나라에서 의료급여제도는 소득이 없거나 일정한 소득이 있어도 생계유지가 곤란한 저소득층을 대상으로 그들이 자력으로 의료문제를 해결할 수 없는 경우, 또는 국가사회에 공헌을 하였거나 희생한 유공자와 그 가족에 대하여 응분의 예우 차원에서, 그리고 중요 무형문화재의 보호 및 북한이탈주민의 보호를 위해 국가 재정으로 의료혜택을 제공함으로써 국민보건 향상과 사회복지 증진에 기여하는 공공부조제도의 일환으로 실시되었다.

이는 건강보험과 더불어 국민의 건강한 생활을 보장하기 위한 의료보장제도로서 저소득층의 의료복지를 위한 중요한 수단이 되고 있다.

3. 긴급복지지원제도

긴급복지지원제도는 경제 양극화 및 이혼증가 등 사회변화 속에서 소득상실, 질병과 같이 갑작스러운 위기상황이 발생한 경우 누구든지 손쉽게 도움을 청하고 필요한 지원을 받을 수 있는 제도를 말한다.

지역사회의 각종 복지지원을 활용하여 위기상황에 처한 자를 조기에 찾을 수 있는 체제를 갖추고, 이들에게 필요한 지원을 신속하게 실시하며, 기존의 공공부조제도나 사회서비스와 연계되도록 하기 위한 목적으로 2005년 12월 긴급복지지원법이 제정되었다.

긴급복지지원으로는 식료품비・의복비 등 생계유지에 필요한 비용 또는 현물을 지원하는 생계지원, 각종 검사 및 치료 등 의료서비스 지원, 임시거소 제공 또는 이에 해당하는 비용을 지원하는 주거지원, 사회복지시설 이용지원, 초・중・고등학생의 수업료 및 입학금 지원 등이 있다.

4. 장애인연금제도

경제활동이 어려운 근로무능력 중증장애인은 생활수준이 평균 이하이고, 국민연금 등 공적 소득보장제도의 사각지대에 놓인 경우가 많다. 우리나라는 18세 이상의 중증장애인으로서 소득인정액이 일정 수준 이하인 자에게 매월 일정액의 무기여 연금을 지급하는 장애인연금제도를 2010년 4월에 장애인연금법을 제정하여 도입하였다.

장애인연금제도는 중증장애인에 대한 사회보장 사각지대를 해소하고 사회 통합을 강화하는 긍정적인 효과를 가져오게 되었다. 장애인연금법이 제정됨에 따라 국민기초생활보장법상의 생계급여 수급자로서 장애인으로 등록된 자가 받던 장애수당 중 중증장애인이 받는 중증장애수당은 2010년 7월 이후 장애인연금으로 전환되고, 경증장애수당과 장애아동수당은 존치하게 되었다.

장애수당은 장애인복지법에 따라 지급하고 있으며, 장애인연금은 장애인연금법을 근거로 18세 이상 중증장애인 중 일정소득 이하인 자를 대상으로 지급하고 있다.

5. 기초연금제도

우리나라의 경우 현재 노인들은 젊은 시절 국가와 가정을 위해 헌신해왔지만 정작 본인들의 노후대비는 제대로 하지 못한 경우가 매우 많은 것으로 나타나고 있다. 실제로 소득이나 재산이 전혀 없이 생활하는 노인들이 많고, 이들을 부양하는 자녀 또한 경제적인 부담이 커지게 됨에 따라 국가 차원의 대책과 지원이 필요하게 되었다. 이에 따라 생활이 어려운 65세 이상 노인들에게 매월 일정액의 기초연금을 지급하여 노인의 생활안정 지원과 복지증진을 위해 당시 시행되던 기초노령연금법을 폐지하고, 2014년 5월에 새로운 기초연금법을 제정하게 되었다.

이 연금은 보험가입자가 기여한 보험료로 지급하는 보편주의 성격의 사회보험인 국민연금과는 큰 차이가 있다. 즉, 기초연금은 연금이라는 명칭은 사용하지만, 65세 이상 대상노인의 기여 없이 세금으로 지급하는 선별주의 성격의 공공부조에 해당한다.

제9장

한국의 사회보험정책

사회보험의 의의

1. 사회보험의 개념

사회보험이란 국민에게 발생하는 사회적 위험을 보험의 방식으로 대처함으로써 국민의 건강과 소득을 보장하는 제도를 말한다. 이는 출산, 양육, 실업, 노령, 장애, 빈곤, 사망 등의 사회적 위험에 대처하여 위험분산과 소득재분배를 통해서 국민을 보호하고, 빈곤을 해소하며, 국민생활의 질을 향상시키기 위한 제도로서 가입의 강제성을 특징으로 하는 제도이다.

현재 우리나라에서 시행되고 있는 사회보험법은 다음의 표에서 보는 바와 같이 5개의 법률이며, 산업재해보상보험법, 국민건강보험법, 국민연금법, 고용보험법, 노인장기요양보험법이 그것이다. 이러한 사회보험법은 사회보험제도의 운영과 실시에 관한 법률이며, 이는 헌법에서 규정하고 있는 생존권 보장을 위한 법 중의 하나라고 할 수 있다.

구분	산재보험	건강보험	국민연금	고용보험	요양보험
시행연도	1964년	1977년	1988년	1995년	2008년
기본성격	산재보상	질병치료	소득보장	실업고용	장기요양
급여방식	현물·균등급여 현금·소득비례	현물급여 균등급여	현금급여 소득비례	현금급여 소득비례	현물급여 현금급여
보험료관장	고용노동부 장관	보건복지부 장관	보건복지부 장관	고용노동부 장관	보건복지부 장관

한국 사회보험의 주요 내용은 다음 절에서 소개될 것이므로, 여기에서는 전반적인 특징을 몇 가지로 정리하고자 한다.

첫째, 사회보험은 해당 제도에 대한 사회적 욕구의 절실함에 따라서 도입되었다. 사회보험은 사회적 사고를 보험이란 방식으로 대응한 사회적 대책인데, 노령, 질병, 산업재해 그리고 실업 중에서 사회적 주목을 가장 먼저 끈 것이 산업재해였다. 이는 부상과 질병이 노령보다 사회적 대책이 절실했고, '업무상' 부상과 질병이 '일상생활' 속의 그것보다도 공적 개입이 필요하다는 상식과 일치하고 있다.

둘째, 사회보험은 적용하기 쉬운 인구집단부터 시작하여 점차 전체 국민으로 확대되었다. 모든 사회보험은 처음 일정 규모 이상의 사업장 근로자를 대상으로 시행하였다. 예컨대, 건강보험은 500인 이상 사업장 근로자부터 실시해서 점차 규모가 작은 사업장 근로자에게, 다음은 농어촌주민에게, 끝으로 도시자영자에게 확대시켰다. 임금근로자는 관리운영 하기가 쉽고 농어촌주민은 도시자영자와 비교할 때 토지의 규모 등을 통해서 비교적 쉽게 보험료를 산출할 수 있기 때문이다.

셋째, 한국 사회보험의 기여는 사용자와 노동자가 공동으로 분담하고 국가가 재정에 거의 기여하지 않는 방식이다. 업무상 재해에 대한 무과실 책임의 원칙에 따라서 사용자가 전액을 부담하는 산재보험을 제외하면, 나머지 3대 사회보험은 사용자와 노동자가 반반씩 보험료를 분담한다. 다만 농어촌주민을 대상으로 하는 국민연금과 건강보험에 대해서는 일부를 국가가 분담하고 있는데, 선진국에 비교할 때 사회보험에 대한 국가의 기여가 비교적 약한 편이다.

넷째, 한국 사회보험의 급여는 그 종류에 있어서 다양성을 갖추고 있지만, 그 수준은 최저 수준에도 미치지 못한 경우가 많다. 국민들이 가장 많이 활용하는 건강보험은 본인부담금이 높고 비급여 항목이 많기 때문에 요양급여를 충분히 받기가 어렵다. 국민연금도 20년 가입 시 노령연금으로 퇴직 전 평균소득의 약 30%를 받지만, 이것만으로는 적절한 노후생활비를 확보하기 어렵다. 사회보험의 급여가 조금씩 확충되어 가고 있지만, 보험료를 증액하지 않고는 보험급여를 높일 수 없다는 것이 딜레마이다.

2. 사회보험의 특성

사람이 살아가다 보면 필연적으로 질병에 걸리거나 늙게 되며, 또는 산업재해를 당하거나 일자리를 잃어서 소득을 상실할 수도 있다. 사회보험은 시민들이 살아가는 데 필연적으로 겪게 되는 질병, 산업재해, 실업, 노령 등을 대비하기 위한 사회복지제도이다.

비 오는 날을 대비해서 우산을 준비하듯이, 일찍이 산업화된 국가에서는 이미 100여 년 전인 1883년부터 사회보험을 도입하였다. 우리나라도 1964년에 시행된 산업재해보상보험을 비롯하여 건강보험(의료보험), 국민연금, 고용보험 등 4대 사회보험을 정착시켜 나가고 있고, 최근에는 노인장기요양보험도 도입하였다. 여기에 공무원연금과 군인연금, 사립학교교원연금까지 포함하면 사회보험은 8가지이다.

현재 모든 근로자는 4대 사회보험의 적용을 받을 수 있고, 도시에서 자영업을 하는 사람이나 농어촌 주민도 건강보험과 국민연금 등을 적용받고 있다. 즉, 사회보험에 가입된 시민은 월급이나 소득과 재산에 따라서 보험료를 내고, 그 대가로 각종 보험급여를 받고 있다.

이러한 사회보험은 국가와 사회가 책임을 지고 국민생활을 위협하는 여러 가지 생활의 위험이나 경제적 불안정으로부터 국민 개개인을 제도적으로 보호하려는 제도이다. 전통사회에서 대표적인 사회복지가 빈민을 구제하는 구빈사업이었다면, 산업화 이후 현대사회에서 가장 핵심적인 사회복지는 사회적 위험으로부터 시민을 구하려는 사회보험이다. 19세기 말 독일에서 시작되어 이후 전 세계에 광범위하게 확산된 사회보험은 공공부조(구빈사업)와 여러 가지 점에서 비교가 된다.

첫째, 공공부조가 65세 이상 노쇠자나 18세 미만의 요보호 아동과 같이 가난한 사람의 생계를 보호하는 '구빈제도'라면, 사회보험은 오히려 18세 이상 65세 미만의 노동능력이 있는 사람의 사회적 위험을 보험방식으로 극복할 수 있게 하는 '방빈제도'이다.

둘째, 공공부조가 단지 가난하기 때문에 급여를 받는다면, 사회보험은 철저히 보험료를 낸 것을 조건으로 하여 받는다. 공공부조는 소득과 재산 혹은 부양의무자의 유무 등을 확인하여 생계급여 등을 제공하고, 사회보험은 피보험자나 그 가족에게 사전에 정해진 급여조건을 충족시킬 때만 보험급여를 제공한다. 공공부조는 살아가는 데 필요한 최소한의 급여를 제공하고, 사회보험은 최적의 수준을 지향한다는 점에서도 차이가 난다.

셋째, 공공부조는 자산조사에 근거해서 국가와 지방자치단체가 세금으로 제공하기 때문에 정부의 예산형편에 따라서 급여수준이 달라지기도 하고, 생존권 보호 차원에서 선별적으로 지급된다. 그러나 사회보험은 보험료를 납부한 것을 조건으로 제공되어 법적인 권리가 형성된다. 일부 가난한 시민을 대상으로 하는 공공부조와 달리 사회보험은 사업장 노동자뿐만 아니라 농어촌주민과 도시의 자영업자를 포함한 전체 국민을 적용대상자로 보고 있다.

도입된 지 100여 년 안에 세계 대부분의 국가가 사회보험을 국가의 중요한 복지정책으로 채택한 것에는 몇 가지 요인이 있다.

산업화의 진전과 노동계급의 성장은 사회보험의 확산에 크게 기여했다. 산업화의 진전은 대규모의 이농, 도시로의 인구집중을 가져왔고, 이로 인한 빈곤, 실업, 주택문제, 환경문제 등 제반 사회문제들을 야기시켜 사회개혁에 대한 필요를 증가시켰다. 특히 자신의 노동력을 팔아서 살 수밖에 없는 임금노동자의 수가 늘어나면서, 이들이 소득을 상실하게 되는 노령, 실업, 질병 등과 같은 사회적 사고를 집단적으로 해결하지 않으면 안 되었다.

노동계급의 성장 역시 사회보험의 확대와 그 수준의 향상에 크게 영향을 미쳤다. 산업화의 진전에 의해 크게 늘어난 노동자가 선거권을 획득함에 따라서, 자신의 이익을 정치적으로 대변할 수 있게 되었다. 특히 제2차 세계대전 직후 영국에서 노동당의 집권은 노동자의 이익을 대변하는 각종 사회복지 법률을 입법화시켜서 복지국가의 시대를 여는 계기가 됐고, 영국의 경험은 다른 나라에 빠르게 파급되었다.

국민들의 생활에 위기가 발생하였을 때 국가가 위기관리자로 등장하였다. 전통적으로 국가는 가장 가난한 사람들을 최후로 보호하는 데 그쳤지만, 1929년 대공황으로 인해 대량으로 늘어난 실업자를 구제하는 일, 제2차 세계대전 후 전쟁을 복구하고 새로운 나라를 만드는 과정에서 국민의 복지권을 보장하는 것을 국가의 중요한 임무로 인식하게 되었다.

사회보험은 최저생활보장의 원리, 소득재분배의 원리, 보편주의 원리, 보험료 부담 원리 등을 바탕으로 운영되는데, 사회보험의 특성을 구체적으로 설명하면 다음과 같다.

① 사회적 위험인 출산, 양육, 실업, 노령, 장애, 질병, 빈곤, 사망 등으로부터 사람들을 보호하기 위한 의무적인 제도이다.
② 사회적 위험에 대비하기 위한 최저소득보장제도이다.
③ 개인적 형평성보다는 사회적 충분성을 중시한다. 사회적 충분성이란 모든 가입자들에게 최저 생계 수준 이상을 유지하도록 급여를 제공하는 것을 말하며, 개인적 형평성이란 자신이 낸 보험료에 비례하여 급여를 받는 것을 말한다. 사회보험이 사회적 충분성을 보장하기 위해서는 저소득층, 대가족, 고령

층 등이 더 유리하도록 배려한다.

④ 급여수준과 소득수준은 직접적인 연관이 없다. 개인적인 생활
수준이나 자신이 낸 보험료의 액수보다는 현재의 욕구에 따
라 급여가 결정된다. 그러나 국민연금 등과 같은 소득비례연
금에서처럼 급여와 소득이 비례하는 경우도 있다.

⑤ 급여는 시혜가 아니라 권리이며, 따라서 자산조사가 필요 없
다. 사회보험 수급권은 수급자와 보험자 간의 계약에 의해 규
정된 권리이다. 수급자가 수급에 필요한 제반 요건을 다 충족
시켰기 때문에 수급하는 것이며, 사회보장 관련법에 의해 보
장된 권리이다. 따라서 사회보험 수급권은 수급자의 존엄성을
보장해주는 동시에 사회보험에 대한 국민들의 지지도 이끌어
낸다.

⑥ 사전에 규정된 욕구에 따라 급여가 제공된다. 예를 들어 국민
연금은 모든 노인에게 자동적으로 지급되는 것이 아니라 관
련규정에 의거하여 급여를 제공하는 것이다.

⑦ 사회보험 재정은 그 수혜자인 피용자와 자영업자, 그리고 피
용자를 고용하는 고용주가 책임을 진다. 이를 수익자 재정책
임원칙이라고 한다.

⑧ 급여는 법령으로 규정되어 있다.

⑨ 사회보험은 정부가 주도하며, 정부개입이 필요한 사회문제의
해결을 위해 운용된다.

⑩ 재정의 완전 적립이 불필요하다. 민간보험은 완전 적립을 반
드시 요구하지만, 사회보험은 그렇지 않다. 반면에 민간보험
과 같은 적립 프로그램에서는 축적된 자산의 가치가 가입자

의 제반 권리(수급권리)를 충족시킬 정도로 충분해야 한다.

민간보험이 완전적립을 강조하는 가장 큰 이유는 언제든지 종료될 수 있기 때문이다. 하지만 사회보험은 그럴 필요가 없다. 따라서 사회보험 기금은 경우에 따라서 수지 불균형이 일어날 수 있다. 사회보험도 보험이라는 점에서 민간보험, 즉 사보험과 다음과 같은 유사한 점이 있다.

① 사회보험과 사보험은 사회적 위험을 광범위하게 공동으로 분담한다.
② 사회보험과 사보험은 적용범위, 급여, 재정과 관련된 모든 조건을 구체적으로 명시한다.
③ 사회보험과 사보험에서 급여를 받을 자격과 급여량을 정하기 위해서는 명확한 계산이 필요하다.
④ 사회보험과 사보험은 운용에 필요한 충분한 기여금과 보험료가 필요하다.
⑤ 사회보험과 사보험은 사회구성원에게 경제적 안정을 제공함으로써 사회 전체에 유익하게 된다.

반면, 사회보험과 사보험 간의 차이점은 다음과 같다.

① 사회보험은 강제적 가입이 원칙이나, 사보험은 자발적 가입, 즉 임의가입이 원칙이다.
② 사회보험은 최저 소득만을 보호하나, 사보험은 개인적 필요와 개인 지불능력에 따라 더 많은 양의 보호를 받을 수 있다.

③ 사회보험은 사회적 적절성을 강조하여 복지 요소에 초점을 두나, 사보험은 개인적 적절성을 강조하여 보험 요소에 초점을 둔다.

④ 사회보험급여를 제공하는 근거는 법에 명시되어 있는 법정급부이나, 사보험급여를 제공하는 근거는 사적 자유계약에 따른 계약급부이다.

⑤ 사회보험은 주로 정부독점이나, 사보험은 보험시장에서 경쟁이 이루어진다.

⑥ 사회보험은 정부가 지급을 법으로 보장하기 때문에 자금의 예측이 비교적 쉬우나, 사보험은 자금 흐름의 예측이 어렵다.

⑦ 사회보험은 법에 의한 강제가입이기 때문에 개별적 보험계약이 필요 없으나, 사보험은 보험회사와 가입자 간에 개별적 보험계약이 있어야 한다.

⑧ 사회보험 기금은 대개 정부업무에 투자되나, 사보험은 주로 민간부문에 투자된다.

3. 사회보험의 기본원리

1) 최저생활보장의 원리

사회보험법에서 소득보장의 수준은 최저생활수준을 원칙으로 하며, 그 이상의 수준은 개인의 노력에 맡기는 것이 자본주의사회의 기본 이념이다. 사회보험법에서 보장하는 소득보장수준은 그 하한이 최저생활보장[22])에 있고, 그 상한은 퇴직 전의 생활과 비슷한 생활수준의 보장을 이상으로 하고 있는 데 반하여, 공공부조법에서 규정한 소득보장수준은 그 상한이 공공부조대상자가 스스로 노력하여 획득한 소득으로 생활하는 수준의 최저한도까지만 급여를 지급해야 한다는 데 의미가 있다.

2) 소득재분배의 원리

사회보험에 의한 소득보장은 그 내용에 반드시 재분배효과가 일어나야 하며, 소득재분배 원리는 기여와 급여의 과정에서 고소득층과 저소득층 간 및 선세대와 후세대 간에 수직적·수평적 소득재분배 효과가 나타나도록 함으로써 소득재분배가 전혀 없는 사보험과 구별되는 것이 가장 핵심적인 특징이 된다.

3) 보편주의 원리

사회보험법의 적용범위는 전 국민을 대상으로 하며, 특정한 신분·지위·성별·종교 등에 관계없이 모든 국민에게 평등하게 적용된다. 국가가 복지증진 노력을 기울여야 한다는 헌법상의 기본원리와도 맥을 같이하며, 사회보험법의 목적달성을 위해 모든 사회적 위험의 분산과 예방에 보편주의 원리가 적용되어야 한다.

4) 보험료 부담 원리

사회보험의 운용에 필요한 재원은 사용자·피용자·국가가 분담하여 조달하는 것을 원칙으로 하며, 국가가 전액 부담하는 공공부

---

22) 공공부조법에서 규정한 최저생활보장과 그 의미를 달리한다.

조법의 원리와는 구별된다. 피용자와 사용자의 보험료 부담은 자본주의 사회원리에 입각하여 보험료를 분담하게 되며, 국가는 모든 사회적 사고에 대한 국가책임의 원리에 의해 보험료를 각각 부담하게 되는 것이다.

4. 사회보험의 구성체계

1) 사회보험의 주체

사회보험은 국가가 전 국민의 최저생활을 보장하는 제도이므로 그 주체는 국가이다. 그러나 사회보험제도의 목적을 효율적으로 달성하기 위해서 공단을 설립하여 운영하도록 하고 있다.

2) 사회보험의 대상

사회보험의 적용범위는 전 국민이다. 그러나 사회보험제도가 도입된 초기 단계부터 전 국민을 적용대상으로 한 것은 아니다. 사회보험제도의 형태와 제도의 종류에 따라서는 국민 중 일부나 특수한 계층을 대상으로 하지만, 원칙적으로 사회보험제도의 적용범위는 전 국민이 되어야 한다.

3) 급여의 종류와 수준

사회보험법에서 급여는 피보험자가 일정한 수급자격을 갖추었을 때 보험자로부터 지급받는 금전·물품 및 기타 혜택을 말한다. 사회복지급여에서 가장 중심이 되는 급여는 현금급여와 현물급여이다.

4) 재원조달

사회보장제도는 제도를 운용하기 위하여 많은 비용을 필요로 한다. 이때 비용을 조달하기 위해서 여러 가지 방식이 채택된다.

제2절

사회보험제도

1. 국민연금

1) 개요

국민연금은 국민의 노령·폐질 또는 사망에 대하여 연금급여를 실시함으로써 국민의 생활안정과 복지증진에 기여함을 목적으로 한 사회보험이다. 연금을 급여하는 사회보험에는 공무원연금, 군인연금 그리고 사립학교교원연금이 별도로 있는데, 이들은 일부 직업집단을 위한 것이고, 대부분의 국민은 국민연금에 가입하고 있다.

국민을 위한 연금제도는 1973년에 '국민복지연금법'이 제정되어 시행될 예정이었으나, 갑작스러운 오일쇼크 때문에 연기되었다가, 1988년부터 '국민연금법'이 시행되고 있다.

국내에 거주하는 18세 이상 60세 미만의 국민은 의무적으로 국민연금의 가입대상이 된다. 다만 다른 법에 의한 연금제도의 적용대상인 공무원, 군인, 사립학교 교직원은 제외된다. 1988년 시행 초기에는 10인 이상 사업장 근로자에게만 적용되었다가, 이후 5인 이상 사업장 근로자에게 확대되었다. 1995년에는 농어촌주민에게 확대 적용되고, 1999년 4월에는 도시자영업자에게 확대 적용되어서

18세 이상 전 국민이 연금에 가입할 수 있게 되었다.

국민연금의 급여비용은 보험료로 조달함을 원칙으로 한다. 보험료의 수준은 제도도입 초기에는 부담을 줄이기 위해서 처음 5년간은 3%, 그다음 5년간은 6%, 그 이후에는 9%로 하도록 하였다. 따라서 현재 사업장 가입자는 표준보수월액의 9%(노동자 4.5%, 사용자 4.5%)를 보험료로 내고, 농어민과 자영자는 1999년 4월부터 3%씩 시작하여 매년 1%씩 인상하되 2005년 7월 이후에는 9%가 되도록 하였다.

국민연금은 적용대상자가 크게 사업장 가입자, 농어민, 자영자로 구분되지만 모든 적용대상자를 국민연금관리공단이 관리·운영했다. 이 점은 가입대상자를 수백 개의 조합으로 나누어서 관리한 적이 있었던 건강보험과 다르고, 국가가 직접 관장하거나 했던 고용보험, 산재보험의 관리·운영과도 차이가 있다.

2) 급여

국민연금에서 지급하는 급여는 노령연금, 장애연금, 유족연금, 반환일시금 등이 있다. 즉, 국민연금은 피보험자의 노령, 장애, 사망, 퇴직 등과 같은 사회적 사고에 대한 대응책으로 급여를 제공한다.

국민연금 중 핵심적인 급여는 노령연금이다. 노령연금은 원칙적으로 20년 이상 가입하고, 60세에 달하며, 생존하고, 퇴직할 때 '완전노령연금'을 수급할 수 있다. 다만 2013년 이후에는 수급연령을 5년 단위로 1세씩 연장하여 2033년에는 만 65세가 되도록 개정되었다. 완전노령연금은 기본연금액에 부양가족연금액을 합하여 산정한다.

기본연금액은 모든 연금액 산정의 기초가 되는 것으로 피보험자가 평생 동안 낸 보험료의 기준이 된 '개인의 표준소득월액'과 연금이 개시되기 전 3년간 '전 가입자의 평균소득월액'을 기초로 산정한다. 이는 피보험자가 보험료로 낸 것에 비례해서 급여를 주려는 것과 모든 피보험자에게 평등하게 급여를 주려는 두 가지 목표를 조합시킨 것이다. 기본연금액은 당초 20년 가입 시 평균소득의 35%를 급여하는 것으로 설계했다가, 수지를 감안하여 1999년부터 30%를 급여하는 것으로 재조정하였다. 따라서 1998년 이전에 가입한 피보험자의 기득권을 인정하여서 기본연금액은 다음과 같이 산정된다.

$$[2.4(A+0.75B) \times P1/P + 1.8(A+B) \times P2/P] \times (1+0.05n/12)$$

A=연금수급 전 3년간의 평균소득월액의 평균액
B=가입자 개인의 가입기간 동안의 표준소득월액의 평균액
P1='98.12.31 이전 가입월수
P2='99. 1. 1 이후 가입월수
P=가입자의 전체 가입월수
0.05: 가입기간 20년을 초과하는 경우, 그 초과연수마다 연금액을 가산하는 비율(5%)
n: 20년 초과 가입연수 (1년을 초과하는 매 1월마다 1/12년으로 계산하여 반영함)

부양가족연금액은 국민연금 가입자가 연금수급권을 취득할 당시

수급권자(유족연금은 가입자이었던 자)에 의하여 생계를 유지하고 있는 자에게 주는 가족수당 성격의 부가급여이다. 2015년 현재 부양가족연금 대상과 금액은 배우자(사실혼 포함)에게 연 247,870원, 18세 미만 또는 장애 2급 이상의 자녀 및 61세 이상 또는 장애 2급 이상의 부모(배우자의 부모 포함)에게 1인당 연 165,210원을 지급한다.

현재 연금 수급연령은 만 60세이지만, 2013년부터 5년마다 1세씩 상향 조정되어 2033년 이후에는 65세가 된다. 이는 인구의 평균수명이 연장됨에 따라서 연금수급기간도 점차 연장했기 때문이다.

한편 완전 노령연금을 수급할 수 있는 조건을 갖추지 못하는 경우에는 다음과 같은 감액 노령연금, 조기 노령연금, 재직자 노령연금, 특례 노령연금 등을 받을 수 있다.

① 감액 노령연금: 가입기간이 10년 이상 20년 미만이고 만60세(광부와 선원은 55세)가 되어 소득이 없는 경우 본인의 청구로 수급받을 수 있다. 즉, 10년 가입 시는 <기본연금액 47.5%+가급연금액>이고, 가입기간 1년 증가 시마다 기본연금액을 5%씩 증액한다.

② 조기 노령연금: 10년 이상 가입하였고, 55세 이상 60세 미만인 사람이 소득이 있는 업무에 종사하지 않을 경우 본인의 희망에 의하여 조기에 수급할 수 있다. 급여수준은 <기본연금액×가입기간지급률×연령별지급률+가급연금액>이다. 즉, 10년 가입하고 55세에 조기연금을 수급한다면 <기본연금액의 47.5%×55세 지급률 75%+가급연금액>이다.

③ 재직자 노령연금: 가입기간 10년 이상이고 60세 이상 65세 미만인 자로 소득이 있는 업무에 종사하는 경우 60세부터 64세까지(광부와 선원은 55세부터 59세까지) 지급하는 연금으로 가급연금액은 지급하지 않는다. 급여수준은 가입기간이 20년인 경우, 60세는 기본연금액의 50%이고 매년 10% 포인트씩 증액한다.

④ 특례 노령연금: 국민연금의 최초시행(1988년 1월 1일), 농어촌지역 확대(1995년 7월 1일), 그리고 도시지역 확대(1999년 4월 1일) 당시 연령이 많아 최소가입기간을 채우지 못하는 사람들을 위해 특별히 2000년 3월 31일까지 가입이 허용된 특례가입자 제도이다. 특례 노령연금은 5년 이상 가입하고 만 60세 이상이면 사망 시까지 연금을 지급받을 수 있다. 급여수준은 가입기간 5년인 경우에 <기본연금액의 25%+가급연금액>이고, 가입기간 1년 증가 시마다 기본연금액이 5%씩 증가된다.

한편 연금가입자나 그 수급자가 이혼을 할 때 배우자의 생계를 보호하기 위해서 '분할연금'을 시행하고 있다. 즉, 분할연금은 가입기간 중의 혼인기간이 5년 이상인 사람이 노령연금수급권자인 배우자와 이혼한 후 60세가 된 때, 60세가 된 이후 노령연금수급권자인 배우자와 이혼한 때, 60세가 된 이후 배우자이었던 자가 노령연금수급권을 취득한 때, 배우자이었던 사람이 노령연금수급권을 취득한 후 본인이 60세가 된 때의 경우에 혼인기간에 해당하는 연금액을 똑같이 분할하여 지급한다. 급여수준은 배우자이었던 자의 노령연금액(가급연금액 제외) 중 혼인기간에 해당하는 연금액을 균분한 금액이다.

국민연금에는 노령연금 이외에도 다음과 같은 장애연금, 유족연금, 반환일시금, 사망일시금, 그리고 미지급급여가 있다. 피보험자가 노령뿐만 아니라 장애와 사망 등으로 인해서 소득을 상실할 경우에는 연금으로 그 소득을 보충해주려는 것이고, 연금을 받을 수 없는 조건인 사람에게는 일시금을 주는 것이다.

① 장애연금: 가입 중에 발생한 질병 또는 부상으로 완치 후에도 신체 또는 정신상의 장애가 있을 경우 생계안정을 위하여 지급되는 급여로 장애 정도(장애등급 1~4급)에 따라 장애가 존속하는 기간 동안 지급된다. 즉, 급여수준은 장애 1등급은 기본연금액의 100%, 2등급은 그것의 80%, 3등급은 그것의 60%와 가급연금액이고, 4등급은 기본연금액의 225%를 일시금으로 지급한다.

② 유족연금: 가입자 또는 10년 이상 가입자이었던 자나 노령연금 수급권자 또는 장애등급 2급 이상의 장애연금 수급권자가 사망한 경우에 그 유족의 생활을 보장하기 위하여 지급하는 연금이다. 유족의 순위는 배우자(남편은 60세 이상, 사실혼관계의 배우자 포함), 자녀(18세 미만, 양자, 태아 포함), 부모(60세 이상, 배우자의 부모 및 양부모 포함), 손자녀(18세 미만), 조부모(60세 이상, 배우자의 조부모 포함)이다. 급여수준은 가입기간이 10년 미만인 경우에는 기본 연금액의 40%+가급연금액, 가입기간 10년 이상 20년 미만은 기본연금액의 50%+가급연금액, 가입기간 20년 이상은 기본연금액의 60%+가급연금액이다.

③ 반환일시금: 국민연금가입자 또는 가입자이었던 자가 연금(노령, 장애, 유족)의 수급요건을 충족하지 못하고 탈퇴하여 가입 중에 납부하였던 보험료에 일정한 이자를 가산하여 지급받는 것으로 본인 또는 그 유족이 지급받을 수 있다. 수급요건은 가입기간 10년 미만인 자로 60세에 달한 때 등이다.

④ 사망일시금: 가입자 또는 가입자이었던 자가 사망하였으나 유족연금 또는 반환일시금을 지급받을 수 없는 경우에 그 금액만큼 지급되는 장제부조금 성격의 급여이다.

⑤ 미지급급여: 급여수급권자가 사망한 경우 그 수급권자에게 지급하여야 할 급여로 아직 지급되지 않는 것이 있는 경우의 급여이다. 수급권자는 급여수급권자에 의하여 생계를 유지하고 있던 배우자, 자녀, 부모, 손자녀, 조부모 중에서 최우선 순위자이다.

3) 과제

국민연금은 도입된 지 12년 만에 '전 국민'에게 연금을 도입했다는 찬사에도 불구하고 많은 과제를 안고 있다. 그중 대표적인 것 몇 가지만 소개하면 다음과 같다.

첫째, 국민연금은 초기에 보험료를 적게 걷었지만 급여를 줄 때에는 상대적으로 많이 주도록 설계되어 있다. 보험료를 적게 내고 급여를 많이 받기 때문에, 연금수급자는 좋지만 장기적으로 볼 때 재정위기를 불러일으킬 수 있다. 이를 해소하기 위해서 연금의 수준을 낮추고, 노령연금의 개시연령을 2013년부터 매 5년마다 1세씩 늦추도록 하여 2033년 이후에는 65세가 되도록 변경하였다. 이러한 제도 개선에도 불구하고, 연금기금의 투명한 운영과 효율적인 관리는 여전히 국민적 관심사로 남아 있다. 국민연금의 기금은 국민의 노후를 보장해주는 돈이므로 그 관리 운영에 각별한 관심이 요망된다.

둘째, 국민연금은 건강보험과 달리 누구의 이름으로 가입하느냐가 중요하다. 즉, 건강보험은 남편이 피보험자라면 그 아내와 자녀는 피부양사로서 동등한 보험급여를 받지만, 국민연금은 피보험자의 몫으로 노령연금 등이 지급된다. 따라서 직업이 없는 주부는 국민연금에 가입하기 어렵고, 남편과 함께 농사를 짓거나 자영업을 하는 경우 대부분 세대주의 이름으로 가입되기에 주부는 피보험자에서 제외되어 있다. 이를 해결하기 위해서 모든 가입대상자들이 정액을 내는 기초연금을 도입하자는 주장이 있지만, 아직은 채택되지 않고 있다.

셋째, 국민연금은 다른 공적 연금과 통산체제가 되어 있지 않다. 공무원, 군인, 사립학교교원연금은 상호 간에 통산체제가 있지만, 국민연금과 다른 공적 연금 간의 통산체제는 없다. 이 문제로 공무원을 퇴직하고 기업체에 취직한 사람은 새로 국민연금에 가입해야 하고, 반대로 기업체를 퇴직하고 공무원에 임용된 사람도 공무원연금에 새로 가입해야 한다. 직업의 이동이 잦은 현대사회에서 연금제도 간의 통산체제가 없기 때문에 자칫하면 20년 이상 연금에 가입하고도 노령연금을 탈 수 없는 상황에 빠지게 된다. 통산체제를 도입해서 직장의 이동으로 인한 연금제도상의 불이익을 해소해야 한다.

다만 2009년부터 완전한 통산체제는 아니더라도 공적연금 연계제도라는 제도를 운영하여 어느 정도 문제점을 해결하고 있다. 공적연금 연계제도는 국민연금과 직역연금(공무원연금, 사립학교교직원연금, 군인연금, 별정우체국직원연금)을 수령하기 위한 최소 가입기간(국민연금 10년, 직역연금 20년)을 다 채우지 못하고 이동하는 경우, 종전에는 연금제도 간에 연계제도가 없어 각각 일시금으로만 받던 것을 상호 연계를 통해 연계급여(연계노령연금, 연계퇴직연금 등 4종)를 받을 수 있도록 하여 국민의 노후생활을 보장하는 제도다.

이 제도는 국민연금과 각 직역연금의 가입기간만 합산하고 급여는 각 연금 가입기간에 기초해 각기 산정 지급하는 연결통산 방식을 채택하고 있으며, 연계는 강제가 아닌 본인의 선택으로 하고 있으므로 연계를 희망하는 경우 일시금(퇴직급여)을 수령하지 않은 상태에서 연계신청을 해야 한다.

연계급여는 국민연금의 가입기간과 직역연금의 재직기간을 합해 20년 이상이 되어야 하고, 60세가 되면 수령할 수 있다.

2. 건강보험

1) 개요

건강보험은 국민의 질병·부상에 대한 예방·진단·치료·재활과 출산·사망 및 건강증진에 대하여 보험급여를 실시함으로써 국민보건을 향상시키고 사회보장을 증진함을 목적으로 하는 사회보험이다.

한국의 건강보험은 1963년에 임의적용 '의료보험'으로 시작하여 부분적으로 시행되었다가, 1977년부터 강제적용체제로 전환되어 본격적으로 시행되었다. 처음에는 사업장의 근로자에게 적용되었고, 1979년에는 공무원 및 사립학교 교직원에게, 1988년에는 군 지역의 농어민에게, 1989년에는 도시 자영자에게 당연 적용하여 12년 만에 전 국민 의료보험의 시대를 열었다.

그동안 건강보험은 그 적용대상자를 직장가입자와 지역가입자로 크게 나누었다. 직장가입자는 다시 대기업은 그룹단위로, 중소기업은 지구단위로 직장 의료보험조합을 구성하고, 농어민과 자영자인 지역가입자는 시·군·구 단위로 지역의료보험조합을 구성하여 조합별 독립채산제로 운영되었다. 이와 별도로 공무원과 사립학교교직원 의료보험이 있었는데, 1998년 10월부터 종전의 지역의료보험과 통합되어 '국민의료보험관리공단'이 되었고, 다시 2000년 7월에 직장의료보험조합까지 완전히 통합되어 '국민건강보험공단'으로 바뀌었다. 따라서 의료급여(과거의 의료보호) 대상자를 제외한 전 국민은 하나의 건강보험제도 속에서 관리 운영되고 있다.

건강보험의 보험료는 직장가입자와 지역가입자로 나뉘어서 산정된다. 2017년 기준으로 직장가입자는 표준보수월액의 6.12%를 노동자와 사용자가 반씩 분담하여 낸다(다만, 사립학교 교원의 경우 피보험자인 교원이 보험료의 1/2, 학교법인이 3/10, 그리고 국가가 2/10를 분담한다). 지역가입자는 세대별로 보험료를 부과하는데, 크게 소득비례보험료와 재산비례보험료를 합산하는 방식으로 산출한다. 소득이나 재산에 대한 과세자료가 있는 경우에는 과세소득보험료와 재산보험료를 포함하여 내고, 그렇지 않은 경우에는 평가소득보험료와 자동차보험료만으로 보험료를 산출한다. 직장가입자는 피보험자와 생계를 같이하는 가족이 피부양자로서 급여를 받고, 지역가입자는 모든 사람이 피보험자가 된다.

국민건강보험의 기본원칙은 다음과 같다.

① 보험급여의 포괄성 보장

병의 치료뿐만 아니라 예방·재활 및 건강증진에 대하여 적극적이고 포괄적인 급여를 제공함으로써 국민건강수준의 향상을 도모한다.

② 보험료부담의 형평성 보장

모든 국민에게 단일 부과기준을 적용함으로써 계층·지역 간 보험료 부담의 형평성을 제고한다.

③ 제도운영의 효율성과 투명성 확보

조직기구의 경량화, 보험업무의 혁신, 전산정보 공유시스템화 등을 통해 작고도 효율적인 관리운영체계의 구축과 주요 정책결정에서 가입자, 의료공급자, 보험자, 정부의 참여에 의한 4자 간 견제와 균형을 유지한다.

④ 의료자원의 효율적 활용과 의료서비스의 질적 향상 추구

의료사각지대 해소 및 선진 응급의료체계 구축과 취약지역 의료기관 지원정책을 지속적으로 추진하고, 우수 의료기관에 대해 지원하는 등 의료인프라 향상에 힘쓴다.

⑤ 보험재정의 건전성 확보

재정운영시스템을 현행 '저부담 저급여' 구조에서 '적정부담 적정급여' 구조로 전환되도록 한다.

2) 급여

건강보험은 적용을 받는 피보험자와 피부양자가 질병, 부상, 분만, 사망과 같은 위험에 처했을 때 보호하고, 건강을 유지 및 증진시키기 위하여 각종 형태로 실시하는 의료서비스이다. 보험급여의 핵심인 요양급여와 분만급여는 현물인 의료서비스로 지급되고, 요양비, 분만비, 장제비, 본인부담금보상금 등은 현금으로 지급된다. 모든 보험급여는 원칙적으로 피보험자와 피부양자에게 똑같이 적용된다.

요양급여는 피보험자와 피부양자의 질병 또는 부상에 대하여 의료기관(요양기관)에서 외래 또는 입원을 통하여 이루어지는 진찰, 약제 또는 치료재료의 지급, 처치나 수술 기타의 치료, 의료시설에의 수용, 간호, 이송 등의 급여를 말한다.

건강보험의 핵심적인 급여는 요양급여이기 때문에 좀 더 자세하게 살펴볼 필요가 있다. 요양급여는 요양취급기관의 종류와 등급, 입원과 외래에 따라 달라진다. 입원 시에는 총 진료비의 80%를 요양급여로 제공하고, 외래 시에는 의원급은 요양급여가 되는 총 진료비의 70%, 병원은 총 진료비의 60%, 종합병원은 총 진료비의 50%, 종합전문요양기관은 진찰료를 제외한 총 진료비의 50%만을 요양급여로 제공한다. 요양급여를 제외한 의료비는 모두 본인이 부담해야 하는데, 이는 피보험자가 종합병원과 병원을 불필요하게 이용하는 것을 억제하여 보험재정을 안정화시키려는 의도이다.

분만급여는 피보험자와 피부양자가 요양기관에서 출산하게 되면 요양급여와 동일한 방법으로 받게 된다. 분만은 정상분만뿐만 아니라 난산과 유산, 제왕절개수술 등과 같은 이상분만, 사산의 경우도 급여대상이 된다. 자녀수에 관계없고, 2박 3일로 제한된 분만급여기간을 1997년 9월부터는 철폐하여 산모의 상태에 따라서 입원기간을 연장할 수 있다.

건강보험의 급여는 요양급여와 분만급여가 대부분이지만, 다음과 같은 경우에는 현금으로 받는다.

① 요양비: 피보험자와 피부양자가 긴급 기타 부득이한 사유로 인하여 업무정지 처분기간 중인 요양기관 등에서 요양을 받은 때에는 요양급여에 상당하는 금액을 요양비로 지급한다.

② 분만비: 집이나 기타 요양기관 이외의 장소에서 분만한 경우 분만급여에 상당하는 금액을 분만비로 지급한다.

③ 장제비: 피보험자와 피부양자가 사망 시에 사망일로부터 2년 이내에 신청할 경우 지정된 금액을 지급한다.

④ 본인부담금보상금: 수진자 1인이 한 달 내에 건강보험적용 본인 일부부담금이 기준금액을 초과하였을 때 그 초과한 금액의 50%를 되돌려 주는 제도이다.

건강보험은 모든 의료사고에 대해서 요양급여를 하는 것은 아니다. 요양급여를 함에 있어 질병, 부상의 치료목적이 아니거나, 업무 또는 일상생활에 지장이 없는 질환, 기타 보험급여의 원리에 부합되지 아니하는 사항은 보험급여대상에서 제외된다. 그 대표적인 예는 코를 세우는 성형수술, 건강진단, 치열 교정과 예방목적으로 실시하는 치석제거(스케일링), 입원기간 중의 식대와 상급 병실료의 차액 등이다.

또한 자신의 범죄 행위와 고의로 사고를 일으켜 생긴 부상이나 질병은 보험급여를 받을 수 없고, 업무에 따른 질병이나 부상으로 다른 법령에 의한 보험급여나 보상을 받은 경우(예: 산업재해보상보험 등)에는 보험급여를 받을 수 없다. 국외에 여행 중이거나 국외에 근무하고 있는 경우, 현역으로 군에 복무 중인 경우(단, 상근예비역은 제외), 교도소 기타 이에 준하는 시설에 수용 중인 경우에는 보험급여가 정지된다.

이 밖에도 건강보험수가로 전액을 본인이 부담해야 하는 경우도 적지 않다. 대표적인 경우가 '특진'을 신청한 경우에 지정진료비를 전액 본인이 부담해야 한다. 보험료를 3개월 이상 체납하여 급여제한을 받은 기간에 소요된 진료비는 본인이 부담하고, 현역으로 군 복무 중(휴가 중인 경우는 제외)에 피보험자가 요양기관을 이용한 때의 진료비도 본인이 부담한다.

3) 과제

건강보험은 국민연금과 달리 보험자와 피보험자 간의 양자관계가 아니라, 보험자, 피보험자, 그리고 요양취급기관으로 이루어진

삼자관계이기 때문에 다소 복잡하다. 즉, 피보험자는 보험자에게 보험료를 내고, 요양취급기관에서 요양급여를 받으면, 보험자는 요양취급기관에 요양비를 지급한다. 또한, 요양취급기관은 병의원(치과병의원 포함), 약국, 한방병의원 등으로 다양하기에, 요양급여의 내용과 수준 그리고 전문직의 역할 등에서 갈등의 소지를 안고 있다. 최근 의약분업을 정착시키는 과정에서 의료계의 요구를 수용하느라 의료수가를 대폭 인상하고, 의약분업의 세부내용에서 의료계와 약계의 대립은 건강보험의 장래를 불안하게 하고 있다. 이처럼 이해관계가 다른 집단을 잘 조정하는 것이 건강보험을 발전시키는 한 과제이다.

우리나라의 건강보험은 질병과 분만으로 인하여 취업하지 못하는 기간 동안 생계비를 지급하는 '상병수당' 또는 분만수당이 없고, 전체 진료비 중에서 요양급여가 차지하는 비중이 절반가량에 그친다는 점에서 '진료비 할인제도'라는 비판을 받고 있다. 즉, 종합병원을 외래로 이용할 경우 전체 진료비의 50%가량을 본인이 부담하고, 입원 시에는 진료비의 20%를 부담할 뿐만 아니라, 진찰료와 식대, 상급 병실료, MRI 등 일부 검사료, 지정진료비, 간병료 등은 모두 본인이 부담하여 전체 진료비의 절반가량을 본인이 부담한다.

외래와 입원환자에 대한 요양급여를 높이는 것은 보험료의 인상이 없이는 불가능하기에 적정한 보험료와 요양급여 간의 균형을 맞추는 일은 해묵은 과제이다.

보험재정의 적자를 해소하기 위해서는 보험료의 징수를 투명하게 하는 것이 무엇보다도 중요하다. 그런데 자영자의 소득 파악률이 낮기 때문에 직장가입자와 지역가입자 간, 지역가입자 중에서 자영자 간의 갈등이 표출되고 있다. 지역가입자에 대한 보험료 부과기준에서 소득과 재산에 대한 과세자료의 확보율을 높이고, 과세자료가 실제의 소득과 재산을 정확히 반영하는 것이 무엇보다도 중요하다. 건강보험료뿐만 아니라, 각종 사회보험료를 적정하게 부과하고 원활히 징수하기 위해서도 조세행정이 발전되어야 한다. 최근 건강보험의 통합과 도시 자영인에게 국민연금을 확대하는 과정에서 나타난 보험료에 대한 의혹을 수습하기 위해서는 과세자료를 보다 투명하게 관리하고 조세행정을 남낭하는 국세청과 지방자치단체가 과세정보의 공유 등에서 상호 협력해야 할 것이다.

3. 산업재해보상보험

1) 개요

산업재해보상보험은 근로자의 업무상의 재해를 신속하고 공정하게 보상하고, 재해근로자의 재활 및 사회복귀를 촉진하기 위하여 이에 필요한 보험시설을 설치·운영하며, 재해예방 기타 근로자의 복지증진을 위한 사업을 행하는 사회보험이다. 건강보험이 일상생활 속에서 일어나는 부상과 질병에 대하여 요양급여를 제공하는 것이라면, 산재보험은 근로자가 업무수행 중 또는 업무수행과 관련하여 부상, 질병 또는 사망한 경우에 근로자 본인의 치료와 본인과 부양가족의 생계를 보장하기 위한 제도이다.

사회가 점차 산업화됨에 따라 근로자가 사업장에서 산업재해를 당할 위험은 점차 커지고 있다. 이러한 산업재해에 대해서 대체로 고용주 책임의 원칙에 따라 재해를 당한 근로자를 고용하고 있는 고용주가 보상할 책임을 져야 하나, 영세한 기업의 경우에는 보상 능력이 문제가 되며, 또한 보상능력이 있더라도 고용주가 고의적으로 보상을 기피하는 경우 등에는 근로자 보호는 사실상 무의미하게 된다. 따라서 산재보험은 보험제도를 통하여 재해를 당한 근로자를 보호하는 동시에 고용주 입장에서도 산업재해로 인한 일시적인 과중한 보상비용 부담의 위험을 분산하여 기업운영에 안정을 기하기 위한 제도이다.

한국은 1964년 7월에 500인 이상의 광업과 제조업 사업장 근로자에게 처음 적용하였고, 점차 적용사업장을 확대하여 2000년 7월부터 1인 이상을 고용하는 모든 사업장으로 확대시켰다. 2000년 7월 전까지는 5인 이상 사업장에 당연 적용하였기 때문에, 5인 미만 사업장은 아직 산재보험에 대한 이해가 낮아서 가입을 기피하는 경우가 많다. 그러나 사업장이 산재보험에 가입하지 않았더라도, 산재를 당한 근로자가 근로복지공단에 요양급여 등을 요구하는 경우에는 산재처리를 하도록 되어 있다. 한편 공무원, 군인, 사립학교교직원은 공무원연금 등에서 공무상 부상과 질병에 대해서 별도로 급여를 제공하기 때문에 산재보험이 적용되지는 않는다.

산재보험의 비용은 전액 고용주가 보험료로서 부담한다. 특정 사업장의 산재보험료는 업종별 재해율에 따라 결정되는 보험료율에 해당 사업장의 임금 총액을 곱해서 결정한다. 따라서 보험료율의 결정은 고용주에게 매우 민감한 사안인데, 상시 30인 이상 근로자를 사용하는 사업장은 업종별 재해율을 감안하되, 최근 3년간의 보험수지율(보험료 수입액에 대한 보험급여비 지출액의 비율)이 85%

이상이거나 75% 이하인 때에는 업종별 요율의 40% 범위 내에서 할증 또는 할인하는 개별실적요율제도를 가미하고 있다. 이는 산업 재해가 적은 사업장에 보험료를 할인해주는 것인데, 할인혜택을 받기 위해서 명백한 산업재해를 산재로 처리하는 것을 기피하도록 부추기는 요인이 되기도 한다.

산재보험은 당초 노동부가 관리·운영하였지만, 1995년에 고용 보험을 실시하면서 산재보험의 정책업무와 집행업무로 구분하여, 보험료율의 결정, 보험급여수준의 결정 등 정책업무는 노동부에서 담당하고, 보험료의 징수, 보험급여의 지급 등 집행업무는 노동부 산하 근로복지공단이 담당하고 있다.

산업재해보상보험제도의 특성은 다음과 같다.

① 무과실 책임주의로서 산업재해보상보험제도는 사용자의 고의, 과실의 유무를 불문하고 업무상의 재해에 대하여 사용자에게 무과 실책임을 부과한다.

② 사업자 중심의 관리를 특징으로 하는 산업재해보상보험제도 는 다른 사회보험제도와 달리 사업장 단위로만 가입이 이루어지고 개별근로자의 관리는 별도로 이루어지지 않고 있다.

③ 산재보험은 보험관계 성립 등 제반 행정이 자진 신고 및 보험 료의 자진 납부를 원칙으로 하고 있다.

④ 산업재해보상보험제도의 경우 보험 사업에 소요되는 비용인

보험료는 사업주가 전액 부담한다.

⑤ 산업재해보상보험제도는 사회보험으로서 임의가입 방식 아닌 강제가입 방식을 택하고 있다.

⑥ 산업재해보상보험제도는 재해보상의 위험 책임을 가입자들에게 분산시키는 사용자보험적 성격과 재해를 입은 근로자와 그 가족의 생활을 보장하는 근로자보험적 성격을 동시에 갖고 있다.

2) 급여

산업재해보상보험의 급여는 업무상 부상 또는 질병에 대한 요양급여와 간병급여, 일하지 못한 기간 동안에 대한 휴업급여, 치료 후 장애가 남는 경우 장해급여, 간병급여 그리고 사망 시 그 유족에게 지급하는 유족급여와 장의비가 있다. 이를 보다 상세히 살펴보면 다음과 같다.

① 요양급여는 업무상 부상 또는 질병에 걸렸을 때 의료기관에서 상병의 치료에 소요되는 비용을 치유 시까지 지급하는 현물급여이다. 급여내용은 진찰, 약제 또는 진찰재료와 의지 기타 보철구의 지급, 처치·수술 기타의 치료, 의료기관에의 수용, 개호, 이송, 기타 노동부 장관이 정하는 사항(재요양, 전원요양 등)으로 치료에 필요한 제반 비용이다. 또한 업무상 부상 또는 질병 치유 후 의학적으로 상시 또는 수시로 간병이 필요하여 간병을 받을 경우 현행 간병료에 준한 간병급여를 지급한다.

② 휴업급여는 요양으로 취업하지 못한 기간에 대하여 피재근로자와 그 가족의 생활보호를 위하여 임금 대신 지급하는 급여로 미취업기간 1일에 대하여 평균임금의 70% 상당액을 지급한다. 만약, 당해 부상 또는 질병의 정도가 폐질등급 1~3급에 해당하고 2년이 경과되어도 치유되지 않았을 경우 휴업급여 대신에 보상수준을 향상시켜 '상병보상연금'을 지급한다.

③ 장해급여는 업무상 재해의 치유 후 당해 재해와 상당 인과관계가 있는 장해가 남게 되는 경우 그 장해의 정도에 따라 지급하는 급여이다. 장해급여는 장해의 정도가 심한 1급부터 그 정도가 약한 14급까지 있는데, 장해가 심한 1~3급은 연금으로(연금은 평균임금의 329일분부터 138일분 상당액), 4~7급은 연금 또는 일시금으로, 8~14급은 일시금으로(일시금은 평균임금의 1,012일분부터 55일분 상당액) 지급된다. 일시금은 치유 후에 한 번 지급되고, 연금은 치유 후부터 사망 시까지 연 4회 지급된다.

④ 간병급여는 요양이 종결된 자가 의학적으로 상시 또는 수시로 간병이 필요하여 실제로 간병을 받는 사람에게 지급된다. 지급대상은 상시간병 급여대상과 수시간병 대상으로 나뉜다. 간병급여는 실제로 행하여진 날에 대하여 월단위로 지급되고, 간병급여 대상자가 재요양을 받는 경우에는 재요양한 날부터 재요양 종료 시까지 간병급여의 지급이 중지되나 간병급여 대신에 간병료를 지급받을 수 있다. 간병급여는 노동부 장관이 매년 고시한다.

⑤ 유족급여는 사망 재해 시 그 유족의 생활보장을 위하여 지급되는 것이다. 유족급여의 수급권은 배우자, 자녀, 부모, 손, 조부모 및 형제자매의 순서로 지급받을 수 있고, 수급권자의 선택에 따라 일시금 또는 연금으로 지급받는다. 일시금은 사망 즉시 평균임금의 1,300일분을 지급하고, 연금은 수급권자의 사망 시까지 연 4회(2, 5, 8, 11월) 지급한다. 연금의 액수는 <기본금액+가산금액>인데, 기본금액은 급여기초연액(평균임금×365일)의 47% 상당액이고, 가산금액은 수급권자 1인당 5%씩 가산(최고 4인 20%까지 가능)된다. 따라서 18세 미만의 자녀 2명을 둔 미망인은 남편의 평균임금의 47%의 기본연금과 15%의 가산금액을 탈 수 있으므로, 평균임금의 62%를 유족급여로 받을 수 있다. 유족급여와 별도로 실제 장제를 실행한 자에게 평균임금의 120일분을 장제비로 지급한다.

각종 급여는 산업재해보상보험법의 적용을 받는 사업 또는 사업장 소속 근로자가 업무상 부상, 질병, 장해 또는 사망한 경우에 신청할 수 있다. 부상과 질병의 경우 4일 이상의 요양을 요할 때 신청할 수 있다. 요양신청은 업무상 사유로 다쳤을 때 최초 요양신청을 하고, 치료기간을 연장하려 할 때 요양연기신청을 할 수 있다. 보상신청은 요양으로 인한 미취업, 치료종결 또는 사망 등 보험급여 지급사유 발생 시에 한다. 모든 급여의 지급은 각 지사의 보험급여 지급결정과 동시에 본부 은행계좌에서 신청인 개인계좌로 즉시 지급된다.

3) 과제

산재보험은 근로자가 업무상의 사유로 부상, 질병 또는 사망한 경우에 각종 급여가 지급된다. 업무라 함은 근로자가 근로계약의 이행을 위해 사업주의 지배하에서 노동을 제공하고 있는 상태를 말한다. 따라서 업무상 재해는 작업 중에 일어난 사고는 물론이고, 작업에 따르는 부수행위 중, 작업의 준비·뒤처리·대기 중, 사업장 시설 내에서의 휴게 중, 출장 중, 통근차를 이용하여 출퇴근 중에 일어난 사고도 산재사고로 인정될 수 있다. 그럼에도 불구하고 현실은 산재사고를 인정하는 데 인색한 경우가 많다. 대체로 근로자는 사고를 당한 후에 산업재해라고 주장하고, 사용자와 근로복지공단은 산재사고로 인정하는 것을 기피하기에 다툼이 일어나는 경우가 많다. 특히 업무상 질병의 경우 의료적 전문지식이 낮은 노동자가 산재로 인정받기 위해서는 오랫동안 법정투쟁을 해야 하는 경우도 있다. 최근에는 산재환자와 그 가족이 자조모임을 만들거나 산재추방운동연합 등 시민운동단체가 산재환자를 대변하고 있다. 다양한 유형의 업무상 부상과 질병 등을 산재사고로 인정하여 신속하게 치료하고 적정하게 보상하는 것이 가장 큰 과제이다.

또한 우리나라의 산재보험료는 업종별 재해율에 따라 결정되는 보험료율에 의해서 좌우된다. 사회보험이 위험의 분산과 소득재분배를 특징으로 한다고 볼 때, 산재보험은 위험에 비례하는 보험료를 내도록 되어 있어서 '사회'보험이라고 보기 어려운 측면이 있다. 특히 사업장마다 과거 3년간의 보험수지율에 따라서 보험료율을 결정하기 때문에, 사용자는 보험료를 적게 내기 위해서 명백한 산재사고를 적극적으로 은폐하려고까지 한다. 따라서 업종별 재해율을 감안하여 보험료율을 결정하더라도 최고와 최저 비율의 차이를 줄여가는 노력이 필요할 것이다.

산재보험에 대한 급여가 조금씩 나아지고 있지만, 급여의 수준이 상식적인 기대와 상당한 차이가 있어서 중장해가 생기거나 사망한 경우에는 산재보험과 별도로 민사상 손해배상이 제기되어 사실상 산재보험만으로 산업재해를 포괄하지 못하는 한계가 있다. 예컨대 연봉 1,460만 원을 받는 사회복지사가 업무상으로 사망한 경우에 유족일시금은 평균임금의 1,300일분인 5,200만 원에 불과하다. 한 사람이 일하다 죽고 이를 대가로 남은 배우자와 자녀가 받은 금액이 5천만 원 정도에 불과하다는 것은 급여의 수준이 낮은 편이다. 이 때문에 민사상 손해배상을 청구하거나 이에 갈음하여 지급하는 장해특별급여와 유족특별급여를 활용하는 것이 보편화되어 있다. 적정한 급여를 주기 위해서는 보험료를 인상해야 하기 때문에 쉬운 선택은 아닐 것이다.

4. 고용보험

1) 개요

고용보험은 실업의 예방, 고용의 촉진 및 근로자의 직업능력의 개발·향상을 도모하고, 국가의 직업지도·직업소개 기능을 강화하며, 근로자가 실업한 경우에 생활에 필요한 급여를 실시함으로써, 근로자의 생활의 안정과 구직활동을 촉진하여 경제·사회발전에 이바지함을 목적으로 하는 사회보험이다.

한국의 고용보험은 실직한 근로자에게 실업급여를 지급하는 전통적 의미의 실업보험 이외에 적극적인 직업소개 또는 직업훈련 지원을 통하여 재취업을 촉진하고 실업의 예방, 취업기회의 확대, 근로자의 직업능력 향상 기타 근로자의 복지증진을 목적으로 하는 사회보장제도인 동시에 인력정책이다.

고용보험이 도입되기 위해서는 누가 일을 하고 일하지 않는지를 알 수 있도록 노동시장이 투명해야 하고, 실업률이 비교적 낮은 안정된 노동시장을 갖추어야 한다. 고용보험은 근로의욕의 저하와 실업의 장기화를 가져올 수도 있다는 우려 때문에 우리 사회에서 오랫동안 도입되지 않았지만, 1995년 7월에 고용보험이 도입된 후 그 적용대상이 빠르게 확장되었다. 처음 도입 당시 실업급여는 상시근로자 30인 이상 사업장에, 고용안정사업과 직업능력개발사업은 상시근로자 70인 이상 사업장에만 적용하였지만, 1997년 말 경제위기를 전후로 적용대상자를 크게 확대시켜서 도입된 지 3년 3개월 만인 1998년 10월부터는 1인 이상의 모든 사업장에까지 적용하였다.

고용보험사업에 필요한 재원은 보험료로 조달하되, 실업급여의 보험료는 사용자와 노동자가 1/2씩 부담하고, 고용안정사업과 직업능력개발사업의 보험료는 사업주가 전액 부담한다. 보험료율은 실업급여의 경우 1.0%(사용자 0.5%, 노동자 0.5%), 고용안정사업은 0.3%, 직업능력개발사업은 상시 근로자의 수의 규모에 따라 0.1~0.7%로 소규모 사업장이 적게 부담하도록 설계되어 있다.

고용보험의 관리운영은 노동부가 직접 관장하지만, 보험가입자의 관리업무 등은 사업장을 대상으로 산업재해보상보험을 관리하는 근로복지공단에 위임하고 있다. 고용보험과 산재보험은 둘 다 사업장

을 대상으로 한 사회보험이므로 노동부와 근로복지공단의 협력은
필수적이다.

2) 급여

고용보험의 주요 사업은 크게 고용안정사업, 직업능력개발사업,
실업급여사업으로 나눌 수 있다. 이를 좀 더 자세히 살펴보면 다음
과 같다.

(1) 고용안정사업은 근로자를 감원하지 않고 고용을 유지하거나
실직자를 채용하여 고용을 늘리는 사업주에게 비용의 일부를 지원
하여 고용안정을 유지할 수 있게 하는 일이다. 고용안정사업은 고
용을 유지하도록 돕는 고용조정지원(고용유지지원금, 채용장려금,
재고용장려금, 지역고용촉진지원금)과 쉽게 채용되지 않는 인구층
의 고용을 촉진하려는 고용촉진지원(장기실직자 고용촉진 장려금,
고령자 고용촉진 장려금, 여성고용촉진 장려금, 직장보육시설운영
지원금, 직장보육시설 설치비용 융자)이 있다.

(2) 직업능력개발사업은 사업주가 근로자에게 직업훈련을 실시하
거나 근로자가 자기개발을 위해 훈련을 받을 경우 사업주·근로자
에게 일정 비용을 지원해준다. 사업주를 지원하는 사업은 직업능력
개발훈련 지원, 유급휴가훈련 지원, 직업능력개발훈련 시설·장비
설치비용 대부 등이 있고, 근로자를 지원하는 사업은 수강장려금
지원, 근로자 학자금대부, 실업자 재취직훈련지원 등이 있다.

(3) 실업급여사업은 근로자가 실직하였을 경우 일정 기간 동안 실직자와 그 가족의 생활안정 그리고 원활한 구직활동을 위하여 실업급여를 지급하는 것이다. 실업급여에는 구직급여와 취직촉진수당이 있다.

고용보험에 가입한 사업장에서 만 6개월 이상 근무하다가 회사의 폐업, 도산, 인원감축 등 본인의 뜻과 달리 퇴직한 경우에는 구직급여를 받을 수 있다. 전직 등을 위해 자발적으로 퇴직한 경우에는 구직급여를 받을 수 없다. 구직급여는 실직 근로자의 생계안정과 재취직을 촉진하기 위하여 지급하는 것이기 때문에 근로자가 의사와 능력을 가지고 적극적으로 구직활동을 하여야 한다.

구직급여는 퇴직 당시의 연령과 보험가입기간에 따라 90~240일 동안 실직 전 임금의 50%를 지급한다. 즉, 연령은 30세 미만, 30~50세, 50세 이상과 장애인으로 나누어서 연령이 높을수록, 가입기간이 길수록 구직급여를 오래 지급한다. 소정급여일수가 종료되어도 재취직을 하지 못한 사람에게는 특별연장급여(60일)와 개별연장급여(60일) 등이 지급될 수 있다.

실업자가 구직급여를 받을 수 있는 기간에 취업을 할 경우에는 취직촉진수당을 받을 수 있다. 조기에 재취업하는 자에게는 구직급여 잔여일수의 1/2에 해당하는 금액을 일시금으로 지급하고, 구직급여 수급자가 직업훈련을 받는 경우에 직업능력개발수당을 지급하며, 지방노동관서의 소개로 50km 이상 원거리에서 직장 구직활동을 하는 경우 광역구직활동비를 지급하고, 원거리에 취업하는 경우에는 이주비를 지급한다.

3) 과제

고용보험은 사용자를 위한 고용안정사업과 직업능력개발사업 그리고 근로자를 위한 실업급여와 직업능력개발사업이 있지만, 실직근로자의 입장에서 볼 때 구직급여가 충분하지 못하다는 것이 가장 큰 문제이다. 만약 49세인 근로자가 고용보험에 3~5년 동안 가입했다면 구직급여를 받을 수 있는 기간은 150일이며, 따라서 실직 전 임금의 50%인 구직급여 정도로는 '장기 실직자'에게는 가혹한 일이다. 선진국에서는 실업급여가 끝난 후에는 소득수준에 따라서 실업부조를 하는 경우가 많은데, 우리나라도 단기적으로 실업급여의 수준을 상향조정하고 장기적으로 실업부조를 검토해야 할 것이다.

고용보험을 수급받기 위해서 실직자는 노동부 지방사무소에 구직신청을 하고 매 2주마다 노동관서에 출두하여 자신의 구직활동을 입증해야 한다. 그런데 우리나라 사업장은 공채보다는 비공개로 임용하는 경우가 많아서, 실직자가 노동부 지방사무소에 구직신청을 하더라도 지방사무소의 알선으로 일자리를 구하기가 어려운 형편이다. 구직신청이 실업급여를 타기 위한 한 절차로 활용될 뿐, 직업알선에 실질적으로 도움이 되지 못한다면 직업알선을 위한 사업에 더 역점을 두어야 할 것이다. 노동부는 직업능력개발사업에 초점을 맞추어서 실직자가 각종 자격증을 취득하고자 할 때 교육비 등을 지원해주고 있지만, 취업에 연결되지 않는 자격증의 취득은 사실상 관련 학원에 혜택을 주는 셈이다. 실업자 100만 명 시대에 많은 중소기업체가 구인난을 겪고 있는 것은 직업알선의 문제점을 드러낸 것이다. 노동부는 구인업체와 구직자 간의 알선을 보다 적극적으로 수행해야 할 것이다.

고용보험이 적용된 후 짧은 기간 동안 적용대상의 사업장이 1인 이상 모든 사업장으로 확대되었음에도 불구하고, 고용보험의 사각지대에 있는 근로자가 적지 않다. 현재 근로자 중에서 시간제 근로자, 1개월 미만 고용되는 일용근로자, 60세 이후에 새로이 취업하는 자 등은 고용보험에 적용되지 않는다. 그런데 사업장에서 구조조정 등으로 한번 배제된 근로자는 정규 근로자로 임용되기 어렵고, 대부분 일용직이나 시간제로 채용되기에 고용보험의 적용대상자에서 원천적으로 배제된다. 이러한 근로자는 근로조건이 열악할 뿐만 아니라 실직 시에 최소한의 사회적 안전망인 고용보험조차도 급여받을 수 없다는 문제점을 안고 있다. 국가와 지방자치단체가 노동시장이 악화되는 것을 막아야 할 이유가 여기에 있다.

5. 노인장기요양보험

우리나라는 인구의 고령화가 세계에서 유례가 없을 정도로 빠르게 진행됨에 따라 치매나 중풍 등 일상생활이 어려운 노인들의 수도 날로 증가하고 있다. 또한 핵가족화와 여성의 사회참여 증가 등으로 인해 장기요양이 필요한 노인을 가정에서 돌보는 것이 어렵고, 그 가정의 비용부담이 과중하게 됨에 따라 노인장기요양 문제는 우리 사회가 시급히 해결해야 할 심각한 사회적 문제로 대두하게 되었다. 이러한 노인의 간병·장기요양 문제를 사회연대 원리에 따라 정부와 사회가 공동으로 해결하기 위하여 2008년 7월부터 노인장기요양보험법을 제정하여 실시하게 되었다.

노인장기요양보험법의 목적은 고령이나 노인성 질병 등의 사유로 일상생활을 혼자서 수행하기 어려운 노인 등에게 신체활동 또는 가사활동 지원 등을 통해 건강증진 및 생활안정을 도모하고, 그 가족의 부담을 덜어줌으로써 국민의 삶의 질을 향상하도록 함을 목적으로 한다. 노인장기요양보험의 재원은 2017년 기준으로 건강보험료의 6.55%를 가입자와 사업주에게 각각 50%씩 분담시켜 징수한 금액이 되고 있다. 노인장기요양보험제도의 특성으로 보험제도, 급여의 장기성과 복합성, 급여의 제공과 사례관리가 있는데, 다음과 같다.

(1) 사회보험제도로서 장기요양보호서비스인 노인장기요양보험제도는 기존의 국민건강보험제도의 장기요양보험료를 기반으로 한다.

(2) 장기요양급여의 장기성과 복합성을 특징으로 하는 노인장기요양보호서비스는 고령자의 만성질환과 장애에 대응한 서비스이므로 급여기간이 장기적으로 주어지는 것이 대부분이다. 장기요양급여는 재가급여, 시설급여 및 특별현금급여 등으로 분류되며, 그 각각의 급여내용에는 다양한 형태의 급여가 포함된다. 즉, 장기요양급여는 기존의 보험제도와는 달리 복합적이고 장기적으로 제공되는 종합적인 급여라는 특성을 갖는 보험제도이다.

(3) 요양급여제공과 사례관리로서 급여의 신청에서 인정까지의 절차는 장기요양인정서의 신청, 방문조사, 등급판정, 장기요양인정 결과의 통지, 장기요양급여의 이용 등에 이르기까지 여러 단계를

거치며, 이 과정에서 일종의 사례관리자인 장기요양관리직원이 직접 방문하여 기능조사·욕구조사 항목 등을 조사하는 한편, 급여를 제공하고 이에 대한 전체적인 관리 및 감독을 하는 등 사례관리가 중요한 기능을 하는 보험제도이다.

6. 사회보험의 과제

한국의 사회보험은 선진국에 비교할 때 도입연도는 매우 늦었지만, 빠른 시일 안에 그 적용대상자를 전체 국민으로 확대시켰다. 특히 건강보험과 국민연금은 다른 어떤 나라에서 경험하지 못한 속도로 노동자, 농어민, 도시자영자에게 적용되었고, 산재보험과 고용보험도 1인 이상을 고용하는 전체 사업장으로 확대 적용된 것은 큰 성과이다. 그럼에도 불구하고 한국의 사회보험은 적용대상자의 확대, 기여의 합리성, 급여의 충실성, 관리운영의 효율성 등에서 볼 때 몇 가지 과제를 안고 있다. 앞에서 각 사회보험을 살펴볼 때 과제로서 지적한 바 있지만, 이곳에서는 포괄적으로 정리하고자 한다.

첫째, 사회보험의 각종 급여를 받기 위해서는 먼저 적용대상자가 되어야 하므로 가급적 적용대상자를 확대해야 한다. 이 점에서 국민연금의 피보험자에 가정주부가 원천적으로 배제되거나 납부유예자를 광범위하게 인정하는 것은 문제이다. 또한 산재보험과 고용보험이 1인 이상을 고용한 모든 사업장에 당연 적용됨에도 불구하고, 음식업, 숙박업, 판매업 등 수많은 사업장이 가입을 기피해도 사실상 거의 방치되고 있다. 적용대상자를 확대시킬 수 있는 합리적인 대책을 세워서 사회보험의 사각지대에 있는 국민의 수를 줄여가야 한다.

둘째, 사회보험은 보험료를 내서 급여를 하도록 설계되어 있기 때문에 부담능력에 맞게 보험료를 부과해야 한다. 사회보험 중에서 자영자에게 적용되는 국민연금과 건강보험은 소득 파악률이 낮고, 소득과 재산에 대한 과세자료의 신뢰도가 낮기 때문에 사회적 갈등의 원인이 되고 있다. 자영자에게 소득신고를 적정하게 하지 않는다고 비난할 것이 아니라, 국가와 지방자치단체는 객관적인 과세자료를 확보하는 데 만전을 기해야 한다. 과세자료가 없거나 있더라도 신뢰도가 낮다는 것은 보험료의 문제가 아니라 조세정의의 문제이다. 조세행정을 투명하게 해서 세금을 제대로 부과하고 아울러 사회보험료도 적정하게 부과하는 것이 순서이다.

셋째, 사회보험의 급여를 각종 사회보험의 목적을 이룰 수 있는 적정한 수준으로 향상시켜야 한다. 대부분의 사회보험은 그 급여만으로 노령, 질병, 산업재해, 실업 등 사회적 사고를 당한 사람이 최저생활조차 하기 어렵다. 국민연금에 20년 가입한 사람이 받는 완전노령연금은 평균소득의 30% 수준이고, 환자가 건강보험에서 받는 요양급여는 전체 진료비의 50% 정도인 것에서 볼 수 있는 바와 같이 사회보험의 급여는 늘 불충분하다. 급여를 적절한 수준으로 올리기 위해서는 보험료를 인상하거나 국고보조금을 인상해야 하는데, 공평한 보험료의 부과가 어려운 상황에서 보험료를 인상하기도 쉽지 않다. 급여의 충실성을 위해서도 보험료의 부과기준을 투명하게 해야 할 필요가 있다.

넷째, 사회보험의 관리운영을 보다 체계적으로 하고 낭비의 요인을 줄여가야 한다. 지난 몇 년 동안 국가는 적용대상자를 확대시키고 분립된 관리운영을 통합하는 데 역점을 두었다. 특히 건강보험의 통합으로 줄어든 인력을 국민연금의 확대과정에 투입한 것이나, 적용대상자가 같은 고용보험과 산재보험의 가입자 관리를 근로복지공단이 함께 한 것은 바람직한 일이다. 그러나 직장가입자와 지역가입자와 같이 성격이 다른 집단을 무리하게 통합한 것은 보험료의 부과 등에서 형평성의 논란을 일으키고, 이를 빌미로 하여 노동조합이 잦은 파업을 한 것은 국민생활을 불안하게 한다. 건강보험의 통합과정에서 보험료의 징수율이 크게 떨어지고, 통합된 후에도 조직 간에 업무협조가 잘 되지 않아서 불편을 초래한 것은 관리운영의 중요성을 반증하는 것이다.

제10장

사회복지서비스정책

사회복지서비스는 사회보험, 공공부조와 함께 사회보장제도의 3
대 범주 가운데 하나이다. 사회복지서비스는 사회보험 및 공공부조
가 물질적 보장을 주된 내용으로 하는 데 비해, 물질적 보상에 더
하여 비물질적 보장을 내용으로 하는 개별 차원의 사회적 서비스
를 의미한다. 우리나라 사회보장기본법에서는 사회복지서비스를
'국가·지방자치단체 및 민간부문의 도움이 필요한 모든 국민에게
상담·재활·직업소개 및 지도·사회복지시설 이용 등을 제공하여
정상적인 사회생활이 가능하도록 지원하는 제도'라고 정의하고 있
다. 사회복지서비스는 대상범주에 따라 노인복지·장애인복지·아
동복지·청소년복지·여성복지 등으로 나누어지며, 재원은 공공부
조와 마찬가지로 일반조세수입에 주로 의존하고 민간의 기부금도
함께 활용된다.

노인복지서비스정책

1. 노인의 특성과 고령화

1) 노인의 개념

노인은 '나이 많은 사람'이라는 의미로 평범하게 사용되는 낱말이지만, 그 개념을 정확하게 정의한다는 것은 쉽지 않다. 1951년 제2회 국제노년학회에서는 노인이란 인간의 노화(aging) 과정에서 나타나는 생리적·심리적·환경적 변화와 행동의 변화가 상호작용하는 복합적 형태의 과정에 있는 사람이라고 정의하였다(이혜원, 1999).

또한 브린(Breen)은 노인을 생리적·생물학적인 면에서 쇠퇴기에 있는 사람, 심리적인 면에서 정신기능과 성격이 변화되고 있는 사람, 사회적인 면에서 지위와 역할이 상실되어 가는 사람이라고 정의하였다.

이처럼 노인은 인생의 마지막 단계에서 노화와 더불어 신체적·심리적·사회적 기능이 점차 쇠퇴하여 생활기능 수행상의 장애를 경험하는 사람이다. 여기에서 노화란 '나이를 먹는다'는 의미로서 시간의 흐름에 따라 늙어가는 현상을 말한다.

2) 노인의 특성

노년기는 인간의 생애주기 중 일부이지만, 한번 노인은 죽을 때까지 계속 노인이라는 점에서 생애주기 중 과도기인 아동기나 청소년기와는 크게 다른 특징을 갖는다. 즉, 모든 노인은 나이가 들수록 노화가 진행되기에 신체적·심리적·사회적 제 기능이 쇠약해져서 결국 장애인과 유사한 처지가 된다.

노화에 따른 노인의 신체적 특징은 다음과 같이 정리하여 볼 수 있다

(1) 신체구조의 쇠퇴를 들 수 있는데, 피부와 지방조직의 감소, 세포의 감소, 골격과 수의근의 약화, 치아의 감소, 심장비대와 심장 박동의 약화 등의 현상이 나타난다.

(2) 신체의 외면상의 변화를 들 수 있는데, 백발의 증가, 머리카락의 감소, 주름살의 증가, 얼룩반점의 증가, 신장의 감소 등의 현상이 나타난다.

(3) 만성질환의 상병률 증가를 들 수 있는데, 동맥경화증, 고혈압, 당뇨병, 심장병, 신장병 등의 만성질환이 나타난다. 특히 만성질환의 출현은 노인의 생리적 기능상의 노화와 매우 밀접하게 연관되어 있다. 즉 생리적 노화현상은 소화기능, 호흡기능, 신진대사기

능, 혈액순환, 수면, 배뇨기능 등에 영향을 주어 소화기능의 쇠퇴, 폐활량의 감소, 신진대사율과 속도의 저하, 변비, 수면의 양과 질의 감소, 피로감, 불면증, 야뇨 등을 초래한다.

노인의 심리적 특성은 60여 년 동안 다양한 삶을 살아온 개인차가 있지만, 감각과 지각 기능의 변화, 정신기능의 변화, 성격 특성의 변화, 그리고 정신장애 등에서 찾을 수 있다.

인간의 대표적인 감각기관은 시각, 청각, 미각, 후각, 촉각 및 통각의 기관들이다. 노화가 진행되면 시각과 청각기관도 함께 쇠퇴해진다. 시각의 노화에 따라 수정체의 조절능력이 약해져 가까운 물체에 초점을 잘 맞추지 못하여 노안 또는 원시안이 나타나며, 수정체의 섬유질이 증가하여 시각이 흐려지는 백내장은 당뇨병을 초래하기도 한다. 청각의 기능도 약화되어 소리의 고저와 강도에 대한 감지능력이 떨어져서 높은 소리와 작은 소리를 잘 듣지 못하게 된다. 미각이나 후각의 기능은 상대적으로 잘 보전되는 것으로 보고되고 있다. 아울러 감각기관에 의해서 수집된 정보를 의식적인 수준에서 처리하고 평가하는 지각기능은 노화에 따라 그 속도가 저하된다. 따라서 노인은 환경의 변화에 즉각적으로 대처하지 못하여 안전사고를 당하는 비율이 높게 된다.

정신기능은 노화에 따른 감각과 지각 기능의 변화보다 비교적 덜 쇠퇴한다. 이는 지능의 쇠퇴에 있어서 연령 변수는 16~25%만이 설명력을 갖고 있고, 나머지 75~84%는 연령 변수 이외의 교육수준, 생활경험, 사회경제적 지위, 건강수준, 불안수준과 심리적 스트레스 등의 여러 변수들 때문이라고 보고되고 있다. 다만 기억력은 노화와 함께 쇠퇴하는 경향이 있으며, 옛일보다는 최근 일을 더 기억하지 못한 것으로 나타났다. 학습능력도 연령이 증가되면서 점차 떨어진다.

노인의 성격에 대한 연구는 그리 많지 않지만, 일반적으로 노인은 내향성과 수동성, 조심성, 경직성, 우울증 경향, 과거에 대한 회상의 증가, 친숙한 사물에 대한 애착심, 의존성의 증가, 그리고 유산을 남기려는 경향 등의 특성을 나타낸다.

정신적 노화는 생리적인 정신 노화와 병적인 정신 노화로 나눌 수 있다. 예를 들면 건강한 노인이라도 물건을 어디에 놓고 찾는 따위의 단순한 기억 장애는 생리적인 정신 노화이고, 치매처럼 함께 사는 가족을 몰라보는 것은 병적인 정신 노화이다. 특히 뇌조직 기능의 손상으로 발생되는 기질적 정신장애의 하나인 치매는 정신기능의 퇴화와 성격의 와해현상으로 나타난다.

이처럼 인간의 노화가 진행됨에 따라서 점차 장애인과 유사한 특성을 갖게 된다. 예를 들면, 눈이 잘 보이지 않으면 시각장애인, 귀가 잘 들리지 않으면 청각장애인, 지팡이에 의지해서 걷게 되면 지체장애인, 그리고 치매환자는 정신질환자와 유사하게 된다. 사회통념상 이러한 현상을 노화로 보고, 장애로 인식하지 않을 뿐이지 모든 노인은 나이가 들수록 장애인이 될 확률이 높아진다.

노인은 생물학적·정신적 존재일 뿐만 아니라 다른 사람들과 상호작용을 하는 사회적 존재이다. 노인의 지위와 역할은 농업사회에서 산업사회로 바뀌면서 크게 변화되었다. 즉, 농업이 중심이 된 사회에서는 노인이라도 일생 동안 농업에 종사하고 취득한 생산수단 (토지와 농기구 등)을 소유하고 가족의 중심에 설 수 있었다. 그러나 상공업이 중심이 된 사회에서 노인은 직장에서 퇴직한 후에 적절한 생산수단을 확보하기 어렵게 되고, 사회적 지위도 점차 상실한다. 일반적으로 노인이 되면 수입의 감소, 소외와 고립의 증가, 이에 따른 의존성의 증가, 지위의 약화, 그리고 사기의 저하 등의 사회적 손실이 크게 된다. 특히 남성의 경우 정년퇴직 후의 생활에 대한 준비가 부족할수록 역할의 단절과 사회적 손실을 더욱 절실하게 경험하게 된다. 이러한 노인의 사회적 손실은 현대 산업사회의 일반적인 현상이다.

3) 노인인구의 증가

현대사회에 있어서 노인문제가 사회문제로 등장하게 되는 가장 가시적인 배경은 노인인구의 증가현상이다. 전체 인구에서 노인인구의 비율이 7%를 넘으면 '고령화사회(aging society)', 14%를 넘으면 '고령사회(aged society)', 그리고 20%를 넘으면 '초고령사회' 또는 '후기고령사회(post-aged society)'라고 한다.

한국의 노인인구는 2000년에 340만 명으로 전체 인구 4,701만 명의 7.2%를 넘어서서 고령화사회에 진입하였고, 2004년에 417만 명으로 전체 인구 4,820만 명의 8.7%이다. 통계청의 인구추계에 따르면 노인인구는 2017년에 전체 인구의 14%를 넘어 고령사회가 되고, 2025년에는 20.0%로 초고령사회가 될 것이다. 이처럼 한국은 지구상 유래를 찾을 수 없는 짧은 기간인 17년 만에 고령화사회에서 고령사회가 되고, 다시 8년 만에 초고령사회가 될 것이기에, 오랜 기간에 걸쳐 인구고령화에 대처해온 선진국보다 그 충격이 클 것이다.

노인인구의 증가는 65세 이상 노인인구를 15세 이상 65세 미만 생산연령인구로 나눈 노년부양비를 증가시키게 된다. 한국의 경우 1970년도 노년부양비는 5.7%이었지만, 2000년에는 10.1%이고, 2020년에는 21.3%에 이를 것이다. 이는 1970년에는 젊은 사람 20여 명이 노인 한 사람을 부양했지만, 2020년에는 젊은 사람 4.7명 그리고 2030년에는 2.8명이 노인 한 사람을 부양해야 한다는 것을 의미한다.

〈표 10-1〉 연도별 노인인구(1970~2030)

(단위: 천 명, %)

연도	전체 인구	65세 이상 인구	노인인구비	노년부양비
1970	32,141	991	3.1	5.7
1980	38,124	1,456	3.8	6.1
1990	42,869	2,195	5.1	7.4
2000	47,008	3,395	7.2	10.1
2010	49,594	5,302	10.7	14.8
2020	50,650	7,667	15.1	21.3
2030	52,296	11,604	23.1	35.7

자료: 통계청, 장래인구추계결과.

인구의 고령화는 평균수명의 연장으로 인한 노인인구의 증가가 가장 큰 요인이다. 한국인의 평균수명은 1960년에 남자 51.1세 여자 53.7세(평균 52.4세)에서, 2002년에는 남자 73.4세, 여자 70.4세(평균 77.0세)로 상당한 증가를 보였으며, 2030년에는 남자 78.4세 여자 84.8세(평균 81.5세)로 연장될 것으로 추계된다. 아울러 한국의 고령화는 여성의 출산력이 1인당 1.17명으로 떨어져서 아동의 인구가 급격히 줄어들었기 때문에 더욱 부추겨지고 있다.

2. 노인문제와 욕구

일반적으로 노인문제는 빈곤, 질병, 고독, 무위 등의 4고(四苦)로 표현되고, 때로는 빈곤, 병고, 고독의 3악(三惡)으로 일컬어진다. 노인이 퇴직 후 소득감소에서 오는 생계비 문제, 노후에 자주 경험하는 만성질환과 심신쇠약으로 인한 건강문제, 은퇴 후 가정과 사회에서의 역할상실 및 지위의 저하, 그리고 결과적으로 나타나는 고독감, 소외감 등은 현대 노인들이 당면하고 있는 공통적인 문제이다.

대체로 개발도상국에서의 노인문제는 빈곤과 질병이며, 선진국에서는 노인의 빈곤과 질병을 사회보장제도로 해결해나가고 있으며, 여가활동이나 사회참여 그리고 소외감 등의 사회심리적 문제들을 노인복지의 중요한 과제로 다루고 있다.

한국사회에서 노인문제와 욕구는 획일적으로 말하기 어렵다. 즉, 농어촌에 살고 있는 노인과 도시의 노인문제의 성격이 현격하게 다르고, 자녀와 함께 사는 노인과 따로 사는 노인들이 겪는 문제와 욕구는 매우 상이할 것이다. 많은 노인들이 일반적으로 겪는 문제와 욕구를 간략히 정리하면 다음과 같다.

1) 소득의 감소와 빈곤

한국사회에서 인구의 고령화는 단순히 노인인구의 수와 비중의 증가만을 의미하지 않는다. 지난 반세기 만에 농촌·농업·농민이 중심인 사회에서 도시·상공업·임금노동자가 중심인 사회로 바뀌면서 노인의 경제활동이 크게 위축되었다. 즉, 농민은 65세가 넘어도 농업에 종사할 수 있지만, 임금노동자는 대부분 55세 이전에 퇴직을 당하기 때문에 경제적 무능력자로 전락되어서 가족과 사회의 큰 부담이 된다. 따라서 도시에서는 노동력을 갖추고도 할 일이 없는 노인들이 문제라면, 농촌에서는 노령으로 농업을 그만두어야 함에도 불구하고 후계세대가 없어서 '과로'를 하지 않을 수 없는 것이 문제이다.

통계청이 발표한 '가구소비실태조사'에 따르면, 노인의 월평균소득은 매우 낮은 편이고, 소득의 구성은 근로소득이 37.9%로 가장 많고, 그다음은 자산소득 26.8%, 사적 이전소득 27.5%, 공적 이전소득 7.8% 등이다. 이를 공·사로 이분하여 정리하여 보면, 사적으로 조달한 비중이 전체 노인소득 중 90%에 달하는 반면, 공적으로 조달한 비중은 10%로 미미한 역할에 머물고 있다. 성별로 나누어 살펴보면 남성에 비하여 여성의 소득은 그 절반 정도이다(석재은 외, 2000).

노인 혼자 혹은 부부만 사는 세대 중 최저생계비에 미치지 못한 세대는 전체의 31%인 데 비하여 자녀와 함께 사는 노인가구의 빈곤율은 4.6%로, 노인들만의 가구는 빈곤율이 동거가구의 6.7배 정도로 높게 나타났다.

이러한 사실을 종합할 때, 한국의 노인은 산업구조의 변화와 도시화로 인하여 점차 생산수단을 잃게 되었고, 노동력이 있어도 생산에 참여하기 어렵다. 또한 국민연금 등 정부의 복지정책은 일반 노인에게 거의 영향을 주지 못하기 때문에 노인의 소득수준은 자신의 근로소득과 자녀의 수입에 의존하게 되고, 나이가 들수록 자녀들에게 의존하게 된다.

2) 노화와 질병

노인 중에서 신체적·정신적 노화로 인하여 허약노인 또는 장애노인의 수가 급증하고 있다. 전체 노인의 85.9%가 만성질환을 지니고 있고, 만성질환에 의하여 일상생활에 지장을 받는 노인은 72.2%이며, 이들 중 약 8%는 와상상태(종일 누워 지내는 상태)이다(최성재, 1995).

노화와 질병은 소득을 벌 수 있는 노동력을 상실함과 동시에 질병치료를 위한 지출의 증가를 가져온다. 적게 벌고 더 많이 써야 하는 모순은 노인의 빈곤과 질병이 악순환됨을 알려준다. 특히 노환으로 하루 종일 누워 지내는 상태가 되면 식사, 배변, 목욕 등 일상생활을 보호자 없이 처리하기가 어렵게 된다.

전통사회에서 노인의 봉양은 자녀의 역할로 규정되었고, 질병에 걸린 노인을 보호하는 일은 가정 내에 있는 아내, 며느리, 딸, 혹은 손녀의 역할이었다. 그러나 현대사회에서 많은 노인은 자녀와 함께 살고 있지 않으며, 자녀와 함께 사는 경우에도 일상적인 수발을 받기가 점점 어렵다. 즉, 가족 내에서 손녀는 학교에 가고, 며느리와 딸은 직장에 가며, 아내는 함께 늙어가는 경우가 많다.

특히 한국사회는 매우 짧은 기간에 도시화와 핵가족화가 동시에 진행되어서, 노년세대와 중년세대가 서로 다른 생활권에서 사는 경우가 많기 때문에 아픈 노인을 위한 가족의 보호는 일상적으로 이루어지기 어렵다. 이 때문에 혼자 신변처리를 하지 못하는 노인의 보호문제, 특히 치매노인의 보호문제는 심각한 사회문제가 되고 있다.

3) 가족보호의 취약

최근 한국 노인은 자녀와 따로 사는 비율이 뚜렷하게 늘어나고 있다. 1981년의 노인 주거 형태를 보면 노인 혼자서 혹은 노부부만 따로 사는 경우는 전체 노인의 19.8%였다가, 1990년에는 23.8%로 늘어났고, 다시 1996년에는 53%로 크게 증가하였으며, 최근에는 그 비율이 점차 커지고 있다.

이처럼 급증하는 핵가족화와 더불어 일어나는 현상은 평균가족원 수가 줄어드는 소가족화 현상이다. 1960년에는 평균가족원 수가 5.7명이었는데, 1990년에는 3.7명이 되었고, 2000년대에는 3명 이하로 줄어들어 2016년에는 2.7명으로 나타나 50년 전에 비해 절반 이하로 줄어들었다. 이와 같은 가족원 수의 감소는 곧 가족의 부양 기능 약화를 뜻하며, 특히 가정에서 노부모를 봉양하고 있는 수발자의 과중한 부담을 나타내기도 한다(고양곤, 1998).

가족보호의 취약성은 노인학대로 나타나기도 한다. 주로 자녀와 주된 보호자에 의한 노인학대의 유형은 학대의 발생장소를 중심으로 가정 내 학대, 시설 내 학대, 자기방임 또는 자기학대의 세 가지로 분류되고, 학대의 행위에 따라 신체적 학대, 정서적·심리적 학대, 언어적 학대, 재정적·물질적 학대, 성적 학대, 소극적 또는 적극적 방임 및 자기방임 등으로 분류되기도 한다.

한국보건사회연구원이 전국의 6개 대도시의 12개 노인(종합)복지회관을 이용하는 노인 865명을 대상으로 조사한 노인학대의 실태를 살펴보면, 전체 응답 노인의 8.2%가 자녀와 그 가족원으로부터 학대를 받은 경험이 있다고 응답하였다. 언어와 심리적 학대가 전체 노인의 7.7%로 가장 높았고, 다음은 방임 2.5%, 경제적 착취

2.1%, 그리고 신체적 학대와 폭력 0.3%의 순이었다.

4) 역할상실과 소외

평생 동안 농업에 종사하고 일찍 사망한 전통사회에서는 노인의 역할상실과 소외가 크게 문제되지 않았다. 비록 노인이라도 수저를 들 만한 힘이 있으면 농업과 가사에 종사하였기 때문에 역할상실은 별로 없었고, 한 마을에서 평생을 살았기 때문에 이웃 간의 교류를 통해서 소외감을 별로 느끼지 않았다.

그런데 현대 노인은 가장 가까운 사람인 자녀와 떨어져 사는 경우가 많고, 배우자와 사별한 이후에도 상당기간 동안 혼자 살기 때문에 역할상실과 소외감은 깊어진다. 통계에서 보는 바와 같이 노인의 50% 이상이 혼자 혹은 부부만 살고 있고, 배우자가 사망한 후에도 여성 노인은 평균적으로 6.8년 동안 더 살고 있다.

더욱이 도시의 노인들은 잦은 이사로 인하여 안정적인 친구관계와 이웃관계를 형성하기 어렵다. 인간관계를 형성하는 계기가 혈연·지연·학연·직장동료 등이었음에 비춰볼 때, 노인들은 이미 알고 있었던 사람들을 사망 등으로 잃고, 새로운 인간관계를 형성할 수 있는 계기를 상실하게 된다.

젊은 세대는 학연과 직장생활을 통하여 끊임없이 인간관계를 형성할 뿐만 아니라, 인터넷을 통해서 인간관계의 망을 현실공간에서 가상공간까지 확장시키고 있지만, 노인은 기존의 활동반경이 축소됨과 동시에 접근성의 문제로 사이버공간에서 인간관계를 맺기에는 큰 한계를 지니고 있다.

3. 노인복지서비스의 실태

우리나라 헌법은 '모든 국민은 인간으로서의 존엄과 가치를 가지며, 행복을 추구할 권리를 가진다. 국가는 개인이 가지는 불가침의 기본적 인권을 확인하고 이를 보장할 의무를 진다(제10조)'고 규정하고 있다. 이를 보다 구체화시키기 위해서, 헌법은 '국가는 사회보장 및 사회복지의 증진에 노력할 의무를 지며, 국가는 노인과 청소년의 복지 향상을 위한 정책을 실시할 의무를 진다(제34조)' 등을 명시하였다.

노인복지법에서는 '노인은 후손의 양육과 국가 및 사회의 발전에 기여하여 온 자로서 존경받으며, 건전하고 안정된 생활을 보장받는다'고 규정하고 있으며, '국가와 지방자치단체는 노인의 복지를 증진할 책임을 진다'고 명시하고 있다. 즉 노인은 온갖 희생을 감수하며 국가발전과 자녀양육에 공헌해왔으므로, 정부와 자녀는 노인을 보호하고 부양해야 할 의무와 책임이 있다고 할 수 있다.

사람은 나이가 많아지면 심신기능이 약화되고 퇴행성 만성질환으로 거동이 불편해져 도움이 필요하다. 이런 때 노인은 전통적으로 가정에서 자녀의 부양을 받으며 살아왔다. 현재 노인들은 젊었을 때 노부모를 봉양하였기 때문에 자신이 늙었을 때에도 자녀에게 의지하며 살겠다는 기대로 살아왔다고 볼 수 있다. 그러나 현대사회의 생활환경 변화와 가족부양 기능의 약화는 부모가 어린 자녀를 양육하고 그 자녀가 성장해서 늙은 부모를 봉양하는 '세대 간 품앗이'에 큰 위기를 가져왔다. 오늘날 한국의 노인복지가 당면한 문제는 노인의 빈곤, 질병, 무위, 소외와 같은 문제를 극복할 뿐만 아니라, 노인이 보다 행복하게 살 수 있는 생활양식을 모색하는 일이다.

1) 소득보장

노인이 경제적으로 보다 안정된 생활을 할 수 있도록 하기 위해서 국가와 지방자치단체는 연금제도, 공공부조와 경로연금, 그리고 생업지원대책 등을 세우고 있다.

연금제도는 노령으로 인하여 노동능력을 상실하게 될 때를 대비하여 젊은 시절에 보험료를 납부하고 대체로 60세 이상이 되고, 퇴직하면 노령연금을 받을 수 있다. 대표적인 연금제도는 임금노동자, 농어민, 도시자영자에게 적용되는 국민연금이 있고, 이와 별도로 공무원연금, 군인연금, 사립학교교원연금이 있다.

2016년 기준 우리나라의 노인빈곤율은 경제개발협력기구(OECD) 34개국 중 가장 높은 49.6%를 기록하고 있다. 노인빈곤율은 65세 이상 노인들 중 전 국민 중위소득의 50% 미만의 소득으로 생계를 꾸려나가는 노인 비율을 말하는데, 한국의 노인빈곤율은 2위인 호주(35.5%)에 비해서도 월등히 높고, OECD 평균(12.6%)과 비교하면 무려 4배 수준이다.

연금제도가 일찍이 도입된 서구 복지국가와 달리 노후에 연금수입이 거의 없는 한국의 노인들이 빈곤하게 될 때 의존할 수 있는 것은 국민기초생활보장제도로 대표되는 공공부조와 경로연금이다.

국민기초생활보장제도는 65세 이상 노쇠자를 포함하여 소득인정액이 최저생계비에 미치지 못한 국민에게 국가와 지방자치단체가 생계급여, 의료급여, 교육급여, 주거급여, 해산급여, 장제급여 등을 제공하는 것을 말한다. 특히 노인은 생계급여와 의료급여를 많이 받고, 사망 시에는 장례를 치른 사람이 장제급여를 받을 수 있다.

1998년 7월부터 시행된 무갹출 연금인 경로연금은 65세 이상의 국민 중 국민기초생활보장제도의 수급권자이거나 저소득 노인에게 제공되는데, 2014년부터는 기초연금으로 제도가 변경되었다.

2) 의료보장

사람이 나이가 많아지면 질병에 걸릴 확률이 높고, 퇴행성 만성 질환으로 장기보호를 받아야 하기에 의료비 부담이 늘어난다. 일반적으로 노인의 의료비는 건강보험, 의료급여 그리고 본인의 부담 등으로 지불하고 있다.

현재 건강보험에서 지급하는 급여수준은 명목상 입원비의 80%, 종합병원 외래진료비의 50%, 병원진료비의 60%, 의원진료비의 70%를 지급해주고 있다. 나머지는 본인 부담으로 되어 있어, 의료비 조달은 노인의 심각한 재정문제가 되고 있다. 실제로는 병원에 입원할 경우 각종 검사비, 식대, 5인 미만이 사용하는 병실의 경우 상급 병실료의 차액 등을 본인이 모두 부담해야 하기 때문에 본인 부담금의 비율은 훨씬 늘어난다.

의료급여는 건강보험을 적용받을 수 없는 저소득층을 위한 의료비 보조이다. 국민기초생활보장제도의 수급권자 중에서 과거의 거택보호와 시설보호 대상노인은 1종 의료급여 대상자가 되어 이들에게는 외래와 입원의 비용을 전액 무료로 해주고, 자활보호 대상 노인은 2종 의료급여 대상자가 되어 이들에게는 외래 비용은 무료, 입원비용은 50~80%를 할인해주도록 되어 있다.

정부는 저소득층 노인을 대상으로 무료 건강진단을 실시하여 왔으며, 매년 약 3만여 명의 노인에게 무료 건강진단을 실시했다. 이 제도는 1차 진단과 2차 진단으로 구분되는데, 기본진찰, 체능검사, 혈액검사, 뇨검사, X선 촬영 등의 1차 검진에서 유병상태가 확인되면 2차 정밀진단을 받게 되어 있다. 그러나 무료 건강진단 제도는 수혜대상이 제한되어 있고, 진단과목이 부족하며, 실시 일정이 비정기적인 점이 문제가 되고 있다. 아울러 1차 진단에서 유병상태가 확인되었어도 이에 대한 치료대책이 수반되지 못하고 있어 많은 비판을 받고 있다.

3) 주거보장

한국에서 노인을 위한 주거보장은 사실상 거의 전무한 상태이다. 정부는 노인을 위한 주택정책으로 노인 동거가족에 대한 세제혜택 부여 등을 하고 있지만, 극히 일부 가족만이 서비스를 받고 있다.

3대 이상 대물림한 주택이나 5년 이상 동거 봉양한 자가 상속받는 주택에 대해서는 주택가격의 90% 추가공제를 받고, 상속 시 3천만 원의 노인 인적공제를 받으며, 노부모와 자녀가 각각 주택을 소유하고 따로 살다가 세대를 합친 경우 양도소득세를 면제해준다.

국민기초생활보장제도의 수급권자인 노인 4~5인이 함께 생활할 수 있는 주거공간으로 '노인의 집' 프로그램이 있지만, 극히 일부 독거노인에게 도움을 주고, 2000년에 신설된 주거급여는 소액에 그쳐서 약간의 도움을 줄 뿐이다.

앞으로 노인인구는 계속 증가되고 자녀들과 별거하는 노인들도 더욱 많아질 것이므로, 노인들이 살기 편리한 노인주택의 욕구가 증가하리라고 본다. 정부는 노인들이 자녀들과 같이 살기에 편리한

3세대 동거주택이나, 노인들이 자녀와 독립적으로 살 수 있는 노인 전용주택, 노인보호주택 등을 적극 개발해야 할 것이다.

4) 노인복지서비스

노인복지서비스는 주로 노인복지시설을 통해서 이루어져 왔다. 현행 노인복지법 제31조는 노인복지시설의 종류를 노인주거복지시설, 노인의료복지시설, 노인여가복지시설, 재가노인복지시설, 노인보호전문기관으로 구분하고 있다.

(1) 노인주거복지시설

① 양로시설: 노인을 입소시켜 무료 또는 저렴한 요금으로 급식 기타 일상생활에 필요한 편의를 제공함을 목적으로 하는 시설

② 실비양로시설: 노인을 입소시켜 저렴한 요금으로 급식 기타 일상생활에 필요한 편의를 제공함을 목적으로 하는 시설

③ 유료양로시설: 노인을 입소시켜 급식 기타 일상생활에 필요한 편의를 제공하고 이에 소요되는 일체의 비용을 입소한 자로부터 수납하여 운영하는 시설

④ 실비노인복지주택: 보건복지부 장관이 정하는 일정 소득 이하의 노인에게 저렴한 비용으로 분양 또는 임대 등을 통하여 주거의 편의·생활지도·상담 및 안전관리 등 일상생활에 필요한 편의를 제공함을 목적으로 하는 시설

⑤ 유료노인복지주택: 노인에게 유료로 분양 또는 임대 등을 통하여 주거의 편의·생활지도·상담 및 안전관리 등 일상생활에 필요한 편의를 제공함을 목적으로 하는 시설

(2) 노인의료복지시설

① 노인요양시설: 노인을 입소시켜 무료 또는 저렴한 요금으로 급식·요양 기타 일상생활에 필요한 편의를 제공함을 목적으로 하는 시설

② 실비노인요양시설: 노인을 입소시켜 저렴한 요금으로 급식·요양 기타 일상생활에 필요한 편의를 제공함을 목적으로 하는 시설

③ 유료노인요양시설: 노인을 입소시켜 급식·요양 기타 일상생활에 필요한 편의를 제공하고 이에 소요되는 일체의 비용을 입소한 자로부터 수납하여 운영하는 시설

④ 노인전문요양시설: 치매·중풍 등 중증의 질환노인을 입소시켜 무료 또는 저렴한 요금으로 급식·요양 기타 일상생활에 필요한 편의를 제공함을 목적으로 하는 시설

⑤ 유료노인전문요양시설: 치매·중풍 등 중증의 질환노인을 입소시켜 급식·요양 기타 일상생활에 필요한 편의를 제공하고 이에 소요되는 일체의 비용을 입소한 자로부터 수납하여 운영하는 시설
⑥ 노인전문병원: 주로 노인을 대상으로 의료를 행하는 시설

(3) 노인여가복지시설

① 노인복지회관: 무료 또는 저렴한 요금으로 노인에 대하여 각종 상담에 응하고, 건강의 증진·교양·오락 기타 노인의 복지증진에 필요한 편의를 제공함을 목적으로 하는 시설

② 경로당: 지역노인들이 자율적으로 친목도모·취미활동·공동작업장 운영 및 각종 정보교환과 기타 여가활동을 할 수 있도록 하는 장소를 제공함을 목적으로 하는 시설

③ 노인교실: 노인들에 대하여 사회활동 참여욕구를 충족시키기위하여 건전한 취미생활·노인건강유지·소득보장 기타 일상생활과 관련한 학습프로그램을 제공함을 목적으로 하는 시설

④ 노인휴양소: 노인들에 대하여 심신의 휴양과 관련한 위생시설·여가시설 기타 편의시설을 단기간 제공함을 목적으로 하는 시설

(4) 재가노인복지시설

① 가정봉사원파견시설: 신체적·정신적 장애로 일상생활을 영위하기 곤란한 노인이 있는 가정에 가정봉사원을 파견하여 노인의 일상생활에 필요한 각종 편의를 제공하여 지역사회 안에서 건전하고 안정된 노후생활을 영위하도록 하는 시설

② 주간보호시설: 부득이한 사유로 가족의 보호를 받을 수 없는 심신이 허약한 노인과 장애노인을 낮 동안 시설에 입소시켜 필요한

각종 편의를 제공하여 이들의 생활안정과 심신기능의 유지·향상을 도모하고, 그 가족의 신체적·정신적 부담을 덜어주기 위한 시설

③ 단기보호시설: 부득이한 사유로 가족의 보호를 받을 수 없어 일시적으로 보호가 필요한 심신이 허약한 노인과 장애노인을 시설에 단기간 입소시켜 보호함으로써 노인 및 노인가정의 복지증진을 도모하기 위한 시설

(5) 노인보호전문기관

노인복지시설 중 하나로 노인복지법에 의해 설치된 노인보호전문기관이 있는데, 노인학대에 관한 업무를 담당하는 국가 및 지방자치단체의 기관을 말한다. 즉, 노인복지법에 따르면 국가 및 지방자치단체는 노인학대에 관한 다음의 업무를 담당하는 노인보호전문기관을 설치하여야 한다. 다만 다른 노인복지시설을 노인보호전문기관으로 지정한 경우에는 해당되지 않는다.

① 노인학대의 예방 및 방지를 위한 홍보
② 학대받은 노인의 발견·상담·보호와 의료기관에 치료의뢰 및 노인복지시설에 입소의뢰
③ 노인학대행위자, 노인학대행위자로 신고된 자 및 그 가정 또는 업무·고용 등의 관계로 사실상 노인을 보호·감독하는 기관이나 시설 등에 대한 조사
④ 노인학대행위자에 대한 상담 및 교육
⑤ 그 밖에 학대받은 노인의 보호를 위하여 필요한 사항

그런데 이처럼 노인복지시설이 여러 유형으로 분화되기 전에 노인복지시설의 원형은 양로원에서 찾을 수 있었다. '양로원'은 65세 이상 무의무탁자를 무료로 보호하는 노인복지시설이었는데, 건강이 악화된 노인들이 늘어나자 주거에 요양을 추가시킨 요양시설이 신설되고, 다시 치매환자를 위한 전문요양시설로 전문화되었다. 한편 부담능력이 없는 무의무탁한 노인뿐만 아니라 실비를 낼 수 있는 노인을 위한 실비시설, 당사자와 가족이 운영에 필요한 모든 경비를 내는 유료시설이 점차 증설되었다.

　최근 무료시설은 거의 늘어나지 않고, 실비와 유료시설 그리고 노인복지주택이 점차 늘어나고 있다. 앞으로 인구의 고령화와 노인환자의 증가로 노인의료시설은 빠르게 증가되고, 치매·중풍 등에 걸린 노인을 위한 전문요양시설도 급증할 것이다.

　그런데 이처럼 현재 운영되고 있는 우리나라 노인복지시설은 많은 문제점을 안고 있다. 우선 시설에서 생활하는 노인을 위한 정부의 재정지원이 매우 미흡하다는 점이다. 입소노인의 절대다수가 무료시설에 수용되어 있는데 이들을 위한 보조수준이 너무 낮다. 또한 대부분의 노인복지시설에 근무하는 종사자 수가 부족하고, 사회복지사, 간호사, 물리치료사 등의 전문직원들이 부족하여 입소노인의 욕구에 부응하는 서비스를 제공하지 못하고 있다. 아울러 요양시설과 전문요양시설이 적고 지역에 고루 분포되어 있지 않기 때문에, 신체질환이나 정신질환이 있는 노인들이 양로시설에 함께 살고 있어서 시설운영에 많은 어려움을 일으킨다.

　또한 노인복지법의 개정 및 노인장기요양보험제도의 도입으로 인해 재가노인복지사업이 크게 강조되고 있다. 과거 노인복지는 무의무탁한 노인을 양로원에 수용·보호하는 것이 전부인 양 여겨지기도 하였는데, 최근에는 가정에서 살고 있는 노인과 그 가족을 위한 복지가 강화되었다.

가정봉사원파견사업은 가정봉사원이 주로 혼자 사는 노인의 가정을 방문하여 밑반찬을 제공하거나, 청소와 빨래 등을 해주고, 안부를 묻는 사업이다. 이러한 사업은 대부분 가정주부로 구성된 무료 자원봉사자가 실시하고 일부 실비가정봉사원(복지도우미)은 건강상태가 좋지 않은 노인을 진담하고 있다.

또한 주로 건강이 좋지 않은 노인들이 낮 시간 동안 보호를 받는 주간보호시설과 며칠에서 몇 주일 동안 보호를 받는 단기보호시설은 보호와 재활 서비스를 강조하고 있다.

한편 최근에는 생활권 및 단위별로 노인여가복지시설이 점차 체계화되고 있다. 노인여가복지시설 중 가장 숫자가 많은 것은 마을마다 있는 경로당인데, 시설의 협소와 프로그램의 부족으로 단순한 여가의 공간을 벗어나지 못하고 있다. 노인교실(학교)도 주로 종교기관이나 사회단체가 운영 중이지만 여가시설인지 교육시설인지 그 기능이 모호한 형편이다. 최근 시·군·구 자치단체별로 노인복지회관이 1개소씩 설립되는 것은 바람직한 일이다. 노인복지회관은 무의탁노인과 저소득노인을 위해서 매일 1회씩 무료급식을 제공하고, 각종 노인성 질환에 대한 치료사업, 취미교육과 여가생활지도 등을 종합적으로 수행하고 있다.

노인복지에 관심 있는 사회복지사는 보건복지부령이 정한 시설, 인력 및 운영에 관한 기준을 갖추고 시장·군수·구청장에게 신고만 하면 설치할 수 있는 재가노인복지시설이나 노인여가복지시설을 통해서 노인복지사업을 시작하고, 점차 노인주거복지시설과 노인의료복지시설로 사업을 확장시키는 것이 바람직할 것이다.

이 밖에도 노인복지법상 노인을 위한 보건·복지 조치 중에는 노인상담, 노인사회참여 지원, 지역봉사지도원 위촉, 경로우대 등이 있다.

국가 또는 지방자치단체는 노인의 사회참여 확대를 위하여 봉사활동의 기회를 넓히고 노인에게 적합한 직종의 개발과 그 보급을 위한 시책을 강구하며 근로능력이 있는 노인에게 일할 기회를 우선적으로 제공하도록 노력하여야 한다.

사회적 신망과 경험이 있는 노인으로서 지역봉사지도원으로 위촉된 노인은 1) 정부 업무 중 민원인에 대한 상담 및 조언, 2) 도로의 교통정리, 주·정차단속의 보조, 자연보호 및 환경침해 행위단속의 보조와 청소년 선도, 3) 충효사상, 전통의례 등 전통문화의 전수교육, 4) 문화재의 보호 및 안내, 5) 기타 대통령령이 정하는 업무를 수행한다.

또한 국가와 지방자치단체에 의한 경로우대제도는 노인이 대통령령이 정하는 바에 의하여 국가 또는 지방자치단체의 수송시설 및 고궁·능원·박물관·공원 등의 공공시설을 무료로 또는 그 이용요금을 할인하여 이용하게 하는 것이다.

① 공영 경로우대제도
철도: 운임의 30~50% 할인
수도권 전철, 도시 철도, 고궁, 능원, 국공립박물관 및 공원: 운임 또는 입장료 100% 할인

② 민영 경로우대제도

국내항공기: 운임의 10% 할인

국내여객선: 운임의 20% 할인

타 경로우대업종(목욕, 이발 등)은 자율적으로 실시

③ 경로우대를 받고자 하는 자는 경로우대증이나 신분증(주민등록증, 자동차운전면허증 등)을 제시하여야 함

아울러 정부는 노인의 일상생활에 관련된 사업을 경영하는 자에게 노인에 대하여 그 이용요금을 할인하여 주도록 권유할 수 있고, 노인에게 이용요금을 할인하여 주는 자에게 적절한 지원을 할 수 있다. 최근 지방자치단체를 중심으로 빠르게 확산되고 있는 '노인복지카드'는 주목할 만한 사례이다.

노인복지카드는 1995년 서울 광진구가 최초로 시행한 후 전국으로 확대되어 고령화사회의 새로운 복지사업으로 자리매김되고 있다. 이 제도는 노인을 대상으로 복지카드를 발급해줘 이 카드 가맹점을 이용할 시 최소 10%에서 최고 50%까지 할인 혜택을 준다. 이는 노인의 경제적 부담을 덜어주고 경로효친의 미풍양속을 확립함은 물론 실질적인 복지혜택을 제공하기 위해서이다. 가맹점은 음식점, 목욕탕, 의원, 약국, 이·미용원, 사진관, 안경점, 세탁소, 마을버스 등 다양하다.

4. 노인복지서비스의 과제

그동안 한국의 노인복지정책은 극소수 빈곤노인의 생계를 보호하는 데 급급하고 전체 노인이 지역사회에서 행복하게 노후를 설계할 수 있도록 소득보장, 의료보장, 주거보장 등을 실시하지 못했다. 전체 노인의 행복을 위해서는 노인복지의 체계를 획기적으로 발전시켜야 한다.

첫째, 한국의 노인복지정책은 고령화사회에 맞고 고령사회를 대비할 수 있는 중장기계획을 수립해야 한다. 일본은 1963년에 제정된 노인복지법과 1982년에 제정된 노인보건법에 의해서 노인이 건강하게 살 수 있도록 노인복지를 크게 발전시켰고, 1982년부터 노인복지를 위한 중장기계획을 몇 차례 수립하고 집행하였다. 선진 외국의 경험을 교훈 삼아서 한국사회에 맞는 새로운 노인복지정책을 설계하고 지속적으로 집행해야 한다.

노인은 소득수준, 연령, 건강상태, 거주지역 등에 따라서 그 욕구가 매우 다르기 때문에 노인의 특성과 욕구에 맞는 종합적인 계획을 세우고 국가와 지방자치단체가 중심이 되어서 노인복지를 집행하고 평가할 필요가 있다. 이때 노인을 단순히 복지대상자로만 볼 것이 아니라, 젊은 노인이 더 늙은 노인을 자원봉사활동을 통해서 돌보는 것과 같이 노인도 복지의 주체로 설 수 있게 해야 할 것이다.

둘째, 노인복지법상 노인은 65세 이상이지만, 국민연금의 수급은 60세부터 시작되므로 젊은 노인의 노동력과 경륜을 활용하는 일은 매우 중요한 과제이다. 또한 평균수명이 꾸준히 연장되면서 노인이라도 건강이 허락하는 한 취업 혹은 자원봉사활동을 통해서 지역사회에 기여할 수 있도록 여건을 조성해야 한다.

고령자고용촉진법의 실질적인 집행을 통해서 고령자의 고용을 확대할 뿐만 아니라, 노인 자원봉사활동을 체계적으로 조직화하여 노인이 역동적으로 활동할 수 있게 해야 한다. 최근 시범사업 수준인 시니어클럽을 더욱 발전시켜서 미국의 은퇴자협회처럼 가장 영향력 있는 자원봉사단체로 발전시키고, 실버넷운동을 더욱 정착시켜 노인의 활동범위를 가상공간으로 확장시켜야 할 것이다.

또한 배우자와의 사별, 이혼 등으로 혼자 사는 노인들이 늘어나기 때문에 적절한 배우자를 다시 찾아서 성생활을 즐기며 노후를 보다 행복하게 살 수 있도록 노혼에 대한 사회적 편견을 불식시키고 이를 장려하는 문화를 조성하도록 한다.

셋째, 노인이 노후생활을 건강하게 할 수 있도록 음주와 흡연을 하지 않는 등 절제된 생활습관을 갖도록 지도하고, 고혈압, 당뇨병, 치매 등 만성질환을 가진 노인들을 위한 전문적인 의료서비스를 체계화시켜야 한다. 즉, 만성질환을 가지고 장기요양을 필요로 하는 노인들을 위한 노인 전문병원, 전문 요양시설, 가정방문 간호사업소 등 전문적인 의료시설의 확충이 필요하다. 아울러 건강보험 제도를 개선하여 간병과 수발에 필요한 경비를 지급하고, 장기적으로 일본의 개호보험(care insurance)과 같이 노인수발을 위한 보험을 사회보험으로 개발해야 할 것이다.

넷째, 노인을 위한 재가보호와 시설보호를 조화롭게 발전시켜야 한다. 그동안 노인복지사업은 노인복지시설의 확충에 역점을 두었는데, 이러한 시설보호를 받을 수 있는 사람은 전체 노인의 1%에도 미치지 못했다. 전체 노인의 99%가 살고 있는 지역사회를 중심으로 재가보호를 일차적으로 수행하고, 시설보호와 연계시켜야 할 것이다. 즉, 노인여가복지시설을 통해서 일반 노인이 다양한 여가활동을 하고, 보호를 필요로 하는 노인들에게 각종 재가복지서비스를 제공하며, 이것만으로 부족한 경우에는 시설보호를 하도록 욕구의 내용과 수준에 맞게 재가보호와 시설보호를 조화시켜야 한다.

노인복지의 일차적 서비스 대상자는 노인이지만, 그 노인을 돌보는 보호자의 복지욕구도 충족시킬 수 있는 방안을 모색해야 한다. 가정에 있는 와병노인을 위해서 방문간호를 하는 것이 중요하듯이, 그 노인을 돌보는 가족을 상담하거나 이들에게 필요한 보호기술을 가르치는 일, 보호자의 사기를 높이기 위한 세제혜택 및 포상과 격려, 노인주택의 우선 분양 등은 매우 필요한 사업들이다.

다섯째, 노인복지를 위한 예산의 확충과 노인의 정치세력화가 필요하다. 노인복지에 대한 사회적 관심이 높아졌다고 하지만, 노인복지 예산이 보건복지부 예산이나 전체 정부 예산에서 차지하는 비중은 과거에 비해 크게 높아지기는 하였지만, 아직 매우 낮은 실정이다. 따라서 고령화사회에 맞는 노인복지정책을 개발하고 집행하기에는 턱없이 부족하다.

노인복지 예산을 확충하기 위해서는 국가와 지방자치단체의 전체 예산이 늘어나야겠지만, 국방비나 경제투융자 등 경직성 예산을 복지 예산으로 바꾸어나가는 운동을 꾸준히 해야 할 것이다. 이를 위해서는 노인의 정치세력화가 가장 필요하다. 노인당을 만드는 것이 현실적으로 어렵다면, 노인의 이해관계를 정책 이슈로 만들어서 각종 선거에서 유력한 후보자들이 선거공약으로 채택하도록 운동을 펼쳐야 할 것이다.

아동복지서비스정책

1. 아동복지서비스의 의의와 특징

아동복지는 아동과 복지의 복합개념으로서 아동을 위한 사회복지서비스를 의미한다. 일반적으로 아동의 연령은 '18세 미만'으로 알려져 있지만, 법에 따라서 그리고 사회적 통념에 따라서 상당한 차이가 있다. 즉, 아동복지법은 '아동이라 함은 18세 미만의 자를 말한다'고 규정하고 있지만, 아동복지시설에서는 20세까지 연장해서 보호받을 수 있으며, 민법에서는 19세 미만의 자를 '미성년자'로 규정한다.

한편, 아동의 연령은 청소년의 연령과 그 경계가 불분명하기 때문에 논란이 되기도 한다. 청소년기본법은 '9세에서 24세까지'를 청소년으로 칭하기 때문에, 법령의 연령기준을 따르면 9세에서 18세 미만까지는 아동이면서 청소년이란 혼란이 생긴다.

카두신(Kadushin)에 의하면, 아동복지는 '넓은 의미에서 모든 아동의 행복과 사회적응을 위해 심리적·육체적 잠재력을 개발시켜 주기 위한 각종의 방법을 말하며, 좁은 의미로 특수한 문제를 가진 아동과 그 가정을 대상으로 전문적인 기관에서 행하는 서비스'라고 강조하였다(Kadushin, 1980). 한편 프리드랜더(Fridlander)는 '아동 복지는 단지 빈곤, 방치, 유기, 질병, 결함 등을 지닌 아동, 혹은 환 경에 적응하지 못하는 비행아동들에만 관심을 두는 것이 아니다. 아동복지란 모든 아동이 신체적·지적·정서적 발달에 있어서 안전 하며 행복할 수 있도록 위험에서 지키며 보호하기 위하여 공사의 제 기관에서 실시하는 사회적·경제적·보건적인 제 활동들이다'라 고 하여 아동복지의 대상을 보다 명확히 제시하였다(Fridlander, 1961).

아동복지는 전체 아동의 행복을 추구하면서, 현실적으로 요보호 아동의 복지에 일차적인 관심을 둘 수밖에 없다. 여기에서 요보호 아동이라 함은 가족이나 지역사회로부터 적절히 보호받지 못하는 아동이다. 부모의 사망과 이혼 등으로 부모의 보호를 받지 못하는 아동, 빈곤아동, 장애아동 등은 가장 전형적인 요보호아동이지만, 시기별로 아동복지의 대상은 달라져 왔다. 한국의 경우, 1961년에 아동복리법이 제정되면서부터 1981년까지, 1981년에 아동복지법의 제정부터 1991년 영유아보육법의 제정 전까지, 그리고 그 이후로 상당한 차이가 있음을 알 수 있다.

전체적으로 볼 때, 아동복지의 대상이 부모의 결손과 빈곤에 의 한 요보호아동에서 부모의 취업으로 인한 요보호아동으로 관심이 바뀌고, 일부 아동의 보호에서 전체 아동의 보호와 발전으로 바뀌 고 있다. 이러한 변화는 단순히 부모의 양육환경의 변화뿐만 아니라, 아동관의 변화와도 밀접한 관계가 있다. 즉, 아동은 보호의 대상에서 권리 향유의 주체로 바뀌고, 1989년 '아동의 권리에 관한 국제협약'의 채택으로 말미암아 권리 실현의 주체라는 시각이 확산되고 있다.

전 세계 아동의 생존, 보호, 발달을 위한 국제사회의 노력은 1989년 11월 20일 유엔총회에서 만장일치로 채택된 '아동의 권리에 관한 국제협약'에 집약되어 있다. 이 협약은 1990년 9월 2일을 기해 20개국 이상의 비준을 받게 됨에 따라 국세법의 효력을 갖게 되었으며, 한국 정부는 1990년 9월 25일에 이 협약에 서명하고, 1991년 11월 20일에 이를 비준함으로써 협약의 당사국이 되었다.

아동을 보호의 대상뿐만 아니라 적극적인 권리의 주체로 인식하고 있는 아동의 권리에 관한 국제협약은 전문과 54개조로 이루어졌는데, 무차별의 원칙, 아동의 최선의 이익 우선, 아동의 생존·보호·발달과 아동의 참여라고 하는 4개의 주요 원칙을 중심으로 아동의 권리를 다음과 같이 구분하여 명시하고 있다.

① 생존의 권리: 적절한 생활수준을 누릴 권리, 의료서비스를 받을 수 있는 권리

② 발달의 권리: 교육, 놀이, 여가, 정보를 누릴 권리, 문화활동, 사상, 양심, 종교의 자유를 누릴 권리

③ 보호의 권리: 각종 착취와 학대, 가족과의 인위적인 분리, 형법 등의 폐습으로부터 보호받을 권리

④ 참여의 권리: 자신의 의사를 표현할 자유와 자기 생활에 영향을 주는 일에 대하여 말할 수 있는 권리, 책임감 있는 어른이 되기

위해 아동 자신의 능력에 부응하여 적절한 사회활동에 참여할 기회
를 가질 권리

따라서 한국 아동복지학에서도 1960~70년대는 아동복지 프로그
램과 서비스로 '시설보호, 가정위탁보호, 입양, 탁아보호, 정신박약
아, 신체장애아, 가정부 서비스, 프로텍티브 서비스, 정서장애아, 비
행소년 등'을 다루었고(장인협, 1981), 1980년대에 들어와서야 선
진 외국의 아동복지학 이론을 소개하고 한국사회가 당면한 급격한
도시화, 핵가족화 등으로 경험한 맞벌이가정의 영유아보육, 해체가
족의 아동보호, 그리고 아동과 청소년의 비행 등을 중요하게 다루
었다. 1990년대에는 아동복지에서 영유아보육과 청소년복지가 분
리되는 경향이 있고, 다양한 아동복지 대상에 대한 구체적인 서비
스가 강조되었다.

현행 아동복지서비스를 지지적·보충적·대리적 서비스로 나누
어서 소개하면 다음과 같다.

2. 지지적 아동복지서비스

지지적 서비스(supportive services)는 부모와 자녀가 자신들의 책
임성을 효율적으로 수행할 수 있도록 그들의 능력을 지원하고 강화
시켜 주는 서비스를 의미한다. 이 서비스의 특징은 여타 서비스와
달리 아동이 자신의 가정에 머물면서 받을 수 있는 서비스라는 점
이다. 서비스 기관은 부모나 아동의 역할 기능을 대행해주는 것이

아니라, 외부에서 사회적 기능의 수행을 원조해주는 기능을 담당한다. 지지적 서비스를 제공하는 주요 사회복지기관은 아동복지기관, 아동상담소 등이며, 가족구성원의 개인을 대상으로 개입하면서 다양한 가족치료방법을 활용하고 있다.

아동복지서비스가 이상적으로 개발되기 위해서는 전체 아동을 위한 보편적 서비스로서 아동상담이 개발되어야 할 것이다. 즉, 부모의 보호를 적절히 받지 못해 양육환경이 좋지 못한 요보호아동을 조기에 발견하거나, 부모나 보호자의 통제수준을 벗어난 문제행동을 하는 아동을 사정하고 치료하기 해서 아동상담이 적용되어야 할 것이다.

그러나 현실적으로 한국사회에서 기아, 미아, 가출아동 등을 발견하여, 귀가 조치하거나 일시보호 하였다가 아동양육시설로 이송하기 위한 전 단계로 아동상담을 활용하는 경우가 많다. 아동상담을 전담하는 기관으로는 아동상담소가 있는데, 이 상담소는 설립주체에 따라서 공립아동상담소와 민간아동상담소가 있다.

아동상담소가 아닌 곳에서도 아동상담은 광범위하게 이루어질 수 있다. 전국에 있는 (종합)사회복지관은 대부분 상담실을 갖추고 있고, 읍·면·동사무소의 사회복지직 공무원이 도움이 필요한 아동을 상담할 수 있다.

현재 아동상담의 가장 큰 문제점은 아동의 문제행동이 매우 다양화됨에도 불구하고, 이에 대한 적절한 대처가 없다는 점이다. 공립아동상담소는 친권포기아동, 기아, 미아 등 긴급 보호가 필요한 아동에게 서비스를 제공하는 데 급급하고, 민간 아동상담소는 입양상담과 같이 다른 사업의 일부로 아동상담을 하는 경우가 많다. 이 때문에 아동상담소는 반사회적 문제행동(도벽, 습관성 거짓말, 폭력 등)이나 비사회적 문제행동(정서불안, 과잉행동 증후군, 자폐증 등)을 하는 아동에게 거의 개입하지 못하고 있다.

3. 보충적 아동복지서비스

보충적 서비스(supplemental services)는 지지적 서비스와는 달리 가정 내에서 전개되는 서비스의 형태를 말한다. 이 서비스는 부모들의 역할을 일부 대행하는 것으로 부모의 실업, 질병, 장애뿐만 아니라, 가족의 재정적 곤란 등을 보충하는 데 목적을 두고 있다. 보충적 서비스의 종류는 영유아보육서비스, 방과후 아동지도, 피학대 아동 보호사업, 가정조성사업, 소득유지사업 등이 있다.

1) 영유아보육

영유아 보육사업은 하루 중 일정 시간 동안 가정의 아동양육기능을 보완하기 위해 제공되는 서비스이다. 보육사업은 일차적으로는 어머니가 직장에 나가기 때문에 일시적으로 아동양육을 책임질 사람이 가정에 부재할 때 아동양육을 지원하기 위해 제공되지만 아동이 특별한 도움을 필요로 하는 장애아일 경우나 양육자가 질병 등의 이유로 위기에 처해 있을 때도 부모 또는 가정의 아동양육기능을 보충하기 위해 제공된다.

우리나라에서 보육사업이 법적으로 실시된 것은 1961년 아동복리법이 제정되면서 보육시설을 아동복지시설 중의 하나로 규정하면서이지만, 현행 제도는 1991년에 영유아보육법이 제정되면서 확립되었다. 현행 영유아 보육사업은 보육장소에 따라서 지역보육과 직장보육으로 나뉘고, 보육시설의 설립과 운영의 주체에 따라서 국공립보육시설과 민간보육시설(법인, 민간단체, 개인), 그리고 보육시간에 따라서 종일제, 반일제, 시간제, 주간보육, 야간보육, 24시간보육 등으로 나뉘기도 한다.

영유아보육은 사회적 요구에 의해서 그 성격이 크게 변했다. 즉, 1970년대 이전까지는 도시저소득층의 맞벌이 부부의 자녀를 위한 탁아서비스로 인식되다가, 1982년 유아교육진흥법이 제정되면서 조기교육이 반영되기 시작했으며, 1991년 영유아보육법이 제정되면서 '보호'와 '교육'의 조화를 강조하게 되었다.

현재 영유아보육은 가장 보편적으로 실시되고 있는 아동복지서비스라고 볼 수 있다. 최근에는 초등학교 저학년의 방과후 학습과 생활지도가 사회적 주목을 받으면서 '방과후 아동지도'가 방과후 아동보육으로 시도되고 있다.

영유아보육사업은 사업의 기능 중에서 어떤 측면을 강조하느냐에 따라서 여러 가지 측면에서 볼 수 있다. 즉, 아동이 자신의 개성을 키우고 민주적인 사회공동체 경험을 쌓을 필요성을 강조한 발전적 아동복지 관점, 여성의 노동시장 참여와 사회참여를 장려하는 여성복지 관점, 그리고 저소득 기혼여성의 취업을 돕는 저소득층 복지관점 등으로 설명될 수도 있다. 대체로 세 가지 관점은 어느 정도 설명력이 있겠지만, 영유아보육이 저소득층을 위한 복지라는 관점에서 점차 아동의 전인적 성장을 강조하는 관점으로 바뀌고 있다.

따라서 영유아 보육사업은 아동의 개별적 욕구와 발달단계에 대한 이해, 지속적인 양육과 지지적인 정서적 반응, 아동의 신체적·정서적·인지적·사회적 발달 욕구에 대한 주의력과, 아동의 스트레스와 단절을 최소화하기 위한 가족과의 팀 접근을 반드시 포함하여야 할 것이다. 이를 위해서 사회복지사는 효과적인 자녀양육자로서의 역할뿐만 아니라, 상담가, 대변인, 그리고 욕구와 자원을 연결하는 연계자로서의 역할을 수행해야 할 것이다(김현용 외, 1997).

2) 피학대아동 보호사업

프로텍티브 서비스(protective services)로 불리는 피학대아동 보호사업은 신체적·성적·정서적으로 학대받거나 방임된 아동을 보호하는 사업으로, 선진 외국에서 아동복지의 중요한 영역이었지만 한국에서는 별로 관심을 받지 못했다.

그동안 아동복지법에 '금지행위'로 아동학대가 포함되었지만, 무엇이 아동학대인지에 대한 정의가 불분명하고 학대받는 아동을 어떻게 보호할 것인지에 대한 준비가 미흡하였다. 그런데 1999년 아동복지법이 개정되면서 아동학대에 관한 규정이 새롭게 포함되었다. 즉, 아동복지법에 '아동학대라 함은 보호자를 포함한 성인에 의하여 아동의 건강·복지를 해치거나 정상적인 발달을 저해할 수 있는 신체적·정신적·성적 폭력 또는 가혹행위 및 아동의 보호자에 의하여 이루어지는 유기와 방임을 말한다'고 규정되었다(아동복지법 제2조 4호).

또한 학대받는 아동을 보호할 수 있는 법적 체계도 갖추었기 때문에 기대되는 영역이다. 2000년 10월부터 국가와 지방자치단체는 아동학대를 예방하고 수시로 신고를 받을 수 있도록 긴급전화(국번

없이 전국 어디에서나 1391)를 설치하였다. 학대아동의 발견, 보호, 치료에 대한 신속한 처리 및 아동학대 예방을 전담하는 아동보호전문기관을 시·도 단위에 1개소씩 시범 설치하였고, 최근에는 소규모 아동학대예방센터가 증설되고 있는 추세인데, 구체적인 아동학대의 유형을 살펴보면 다음과 같다.

① 신체적 학대: 구타, 폭력, 감금 등 아동의 신체에 직접적인 해를 입히는 행위

② 정서적 학대: 아동에 대한 애정과 관심을 주지 않는 행위, 아동을 다른 아동과 부정적으로 비교하는 행위, 아동이 보는 앞에서 부부간의 싸움 등을 하는 행위

③ 언어적 학대: 아동에게 욕하거나 심하게 고함을 지르는 행위, 아동의 단점을 계속적으로 놀리는 행위

④ 성학대: 근친상간, 강간, 아동의 생식기를 가지고 놀리는 행위, 다른 성적 행위

⑤ 방임: 아동의 의식주 등 기본적인 욕구를 충족시키지 못하는 행위, 적절한 수면과 안전감독 등의 불이행으로 인한 의료적 치료 행위를 방치하는 행위

아울러 누구든지 아동학대를 알게 된 때에는 아동보호전문기관 또는 수사기관에 신고할 수 있고, 교사, 의료인, 사회복지시설의 종사자와 그 장 등은 그 직무상 아동학대를 알게 된 때에는 신고하여야 한다고 하는 등 신고의무를 크게 강조했다. 아동학대를 포함하여 아동은 누구든지 아동에게 해서는 안 되는 다음과 같은 '금지행

위'로부터 보호받아야 할 것이다(법 제29조).

1. 아동의 신체에 손상을 주는 학대 행위
2. 아동에게 성적 수치심을 주는 성희롱, 성폭행 등의 학대 행위
3. 아동의 정신건강 및 발달에 해를 끼치는 정서적 학대 행위
4. 자신의 보호·감독을 받는 아동을 유기하거나 의식주를 포함한 기본적 보호·양육 및 치료를 소홀히 하는 방임행위
5. 아동을 타인에게 매매하는 행위
6. 아동에게 음행을 시키거나 음행을 매개하는 행위
7. 장애를 가진 아동을 공중에 관람시키는 행위
8. 아동에게 구걸을 시키거나 아동을 이용하여 구걸하는 행위
9. 공중의 오락 또는 흥행을 목적으로 아동의 건강 또는 안전에 유해한 곡예를 시키는 행위
10. 정당한 권한을 가진 알선기관 외의 자가 아동의 양육을 알선하고 금품을 취득하는 행위
11. 아동을 위하여 증여 또는 급여된 금품을 그 목적 외의 용도에 사용하는 행위

그런데 보호사업은 미아를 찾아주거나 기아를 보호하는 전통적인 아동복지사업과 상당히 다른 측면이 있다. 즉, 전통적인 아동복지사업은 부모나 보호자가 아동을 양육할 의사가 없거나 능력이 없을 때 정부가 개입하지만, 보호사업은 부모나 보호자의 양육방식에 중대한 결함이 있을 때 정부가 개입하기 때문이다. 아동의 건전한 성장을 위해서 부모의 역할은 무엇이고, 부모가 그 역할을 성실히 수

행하지 못할 때 국가는 어떻게 개입하는 것이 바람직한지에 대한 논쟁이 있다. 예컨대 우리나라는 전통적으로 자녀에 대한 부모의 체벌을 광범위하게 허용해왔기 때문에 체벌과 신체적 학대를 구분하기는 쉽지 않고, 신체적으로 학대받는 아동을 부모로부터 격리시켜 보호하기 위해서는 보다 체계적인 서비스가 개발되어야 할 것이다.

3) 소득유지사업

선진 외국에서는 부모의 양육을 받지 못한 아동은 입양이나 가정위탁을 받거나 불가피한 경우에는 시설보호를 받는데, 한국의 경우 '선 가정, 후 시설보호'의 정책으로 소년소녀가장세대 지원사업이라는 다소 독특한 제도가 있다. 소년소녀가장으로 선정되기 위해서는 부모의 사망, 질병, 심신장애, 가출, 이혼 및 수형 등으로 인하여 만 20세 이하의 소년소녀가 경제적·심리적으로 가사의 실질적인 책임을 지고 한 가정을 이끌어가고 있는 세대이어야 한다. 정부는 이러한 가구를 국민기초생활보장법에 의한 수급자로 우선 책정하여 생계급여 등을 제공하고, 결연을 통한 민간의 후원을 장려하고 있다.

또한 보호자가 있는 경우에도 보호자가 경제적으로 빈곤할 때 정부로부터 기초생활을 보장 받게 된다. 이때 국민기초생활보장제도의 수급자는 소득과 재산의 평가액이 최저생계비에 미치지 못한 만큼 생계급여를 받고, 필요한 경우에 의료급여, 교육급여, 주거급여, 장제급여, 해산급여 등을 받는다. 대상자에 따라서 보호내용이 조금씩 다르지만, 아동은 주로 교육급여를 통해서 고등학교까지 입학금과 수업료를 받고, 최소한의 의식주를 국가로부터 보장을 받게 되었다.

선진 외국에서는 양육비에 대한 지원과 함께, 식사준비, 학습지도, 생활지도 등 가사를 전반적으로 지원하는 '가정조성사업(home maker services)'을 실시하는데, 한국의 경우에는 주로 경제적 지원에 그치고 있다는 것이 한계이다.

4. 대리적 아동복지서비스

대리적 서비스(substitutive services)는 아동이 가정을 이탈하여 다른 체계에 의해서 보호받는 서비스를 말한다. 이 서비스의 대표적인 형태로는 입양, 가정위탁보호, 시설보호 등으로 구분할 수 있다. 원래 대리적 아동복지는 지지적·보충적 서비스만으로 아동복지를 추구하기 어려울 때 시도되는 제3의 방법이다. 그런데 한국은 해방과 6·25전쟁으로 인하여 갑자기 늘어난 고아 등을 긴급하게 보호하기 위해서 시설보호가 기형적으로 발달하였고, 입양은 시설보호를 받는 아동을 줄이기 위해서 국외 입양이 먼저 시도되었다.

1) 입양

입양은 성인이 아동을 법적인 절차를 밟아서 자신의 자녀로 삼는 것을 의미하며, 입양된 아동에게는 친부모와 동등한 친자의 관계를 맺는 것을 의미한다. 입양은 생물학적 과정이 아닌 법적이고 사회적인 과정을 통하여 친권관계를 창조하는 행위라고 볼 수 있다.

우리나라는 전통적으로 가까운 친족 중에서 양자를 입양하는 풍습이 있었고, 이 입양은 가문의 대를 잇고 제사를 지내는 것이 핵심이었다. 자녀 없는 부모에게 양자를 주는 전통적인 입양과 달리, 부모 없는 자녀에게 부모를 주는 현대적 의미의 입양은 고아입양특례법(1961)에 의해서 장려되었다.

입양은 이를 전담하는 기관을 거치지 않는 단독입양과 기관에 의해 입양을 성립시키는 기관입양이 있고, 입양아동이 가진 원래의 국적과 같은 부모에게 입양되는 국내 입양과 그렇지 않은 국외 입양이 있다. 어떤 경우나 입양의 질은 입양부모의 양육태도와 가정환경에 의해서 크게 좌우된다. 따라서 대부분의 입양전문기관은 양부모의 조건으로 부부의 연령은 30~50세 정도이고, 결혼 지속기간은 3~10년 정도이며, 가구의 소득은 평균 이상일 것을 요구하기도 한다.

입양기관을 통해서 입양이 성립될 경우에는 사회복지사는 입양의 전 과정에서 핵심적인 역할을 한다. 입양과정은 흔히 최초의 면접, 가정조사, 입양 그리고 사후조사로 이루어진다. 최초의 면접은 입양을 원하는 신청자를 대상으로 입양의 동기 및 태도, 연령, 불임 여부, 가족상황, 경제적 여건, 원하는 아동의 특성 등에 대해 개별 면접을 한다. 가정조사는 최초의 면접에서 나타난 사항을 확인하기 위해 부부의 공동면접, 개별면접과 가정방문을 실시한다. 이 과정에서는 법률적 조건을 최저 기준으로 하면서 입양부모로서 적합한 조건과 가정환경을 살펴보게 된다. 입양 신청자에게 입양할 아동에 관한 모든 자료를 제공하여 입양의 가부를 결정짓고, 입양을 시키며 신고를 필한다. 입양 1개월을 전후로 가정방문을 실시하여 입양 아동의 적응도를 평가한다.

한국에서 기관입양은 초기에 전쟁고아 중에서 혼혈아를 미국에 입양하는 것으로 출발했기 때문에 현재도 국외 입양이 국내 입양보다도 더 많다. 입양 대상 아동도 혼혈아와 고아에서 미혼모가 양육을 포기한 아동으로 바뀌었다. 정부는 국내 입양을 장려하기 위한 각종의 대책을 발표하고 있지만, 입양전문기관들이 기관운영비의 대부분을 입양 수수료로 충당하고 있고, 국내 입양의 양부모들이 건강한 신생아만을 희망하기 때문에 장애아동 등 의료적 서비스가 필요한 아동들은 여전히 국외 입양 대상자로 남게 된다.

공개입양양부모 단체인 한국입양홍보회는 국내 입양을 활성화시키기 위하여 입양에 대한 사회적 편견을 고치는 교육을 실시하고 입양의 필요성과 공개입양의 장점을 널리 홍보하며, 입양수속비와 입양아동의 양육비를 국가가 지원하도록 촉구하고 있다.

2) 가정위탁

가정위탁보호는 아동을 자신의 가정에서 일시적으로나 장기적으로 돌보아줄 수 없는 경우에, 어떤 계획된 일정 기간 동안 사회복지기관을 통하여 제공되는 대리적 가정보호이다. 가정위탁은 부모의 수형, 장기입원, 별거 등으로 일정한 기간 동안 일반 가정에서 위탁보호 되고, 위탁의 사유가 된 상황이 해소되어 친부모에 의해서 친가정에서 자랄 수 있게 되면 아동은 자신의 가정으로 돌아가게 된다. 이 점에서 가정위탁의 기본적 전제는 위탁보호의 수준이 자신의 친부모에 의한 양육 수준 이상이어야 한다. 이 사업은 입양과 같이 위탁부모의 법적 가족이 되는 것도 아니고, 시설보호와 달리 가정에서 이루어진다는 점이 특징이다. 아동이 가정 분위기에서 보호됨으로써, 친부모와 영구적으로 분리되는 것을 방지함으로써 발달적인 손상을 줄이려는 데 의의가 있다.

선진 외국에서는 아동 자신에게 발달상의 문제가 있을 때는 해당 전문성을 갖춘 위탁가정에 위탁보호를 하기도 하고, 아동이 직업적 능력을 연마하여 사회적으로 자립하는 동안 고용위탁하기도 한다.

가정위탁보호는 입양의 전 단계로 활용되기도 한다. 한국에서는 입양전문기관의 주관하에 국외 입양을 할 요보호아동을 일정 기간 동안 가정에서 양육하게 하거나, 국내 입양을 촉진하기 위해서 아동양육을 희망하는 가정을 위탁가정으로 지정하여 원할 경우 입양으로 발전시키기도 한다.

최근 한국에서는 가정위탁과 시설보호의 중간 형태로서 소규모 아동복지시설이 '소공동체'란 이름으로 살레시오수도회를 중심으로 활발하게 시도되었다. 이 소공동체는 부모의 보호를 받지 못하는 아동과 청소년을 적게는 5명 내외에서 많게는 20여 명까지 공동생활을 하면서 보호하는 방식이다. 주로 주택가에 위치하고, 생활을 함께 하는 보호자가 있다는 점에서 가정위탁에 가깝고, 공동체가 큰 경우에는 소규모 시설이라고 볼 수 있다. 이러한 소공동체 운동을 통해서, '보호를 필요로 하는 아동에게 가정과 같은 주거 여건과 보호를 제공하는 것을 목적으로 하는 사업'인 '공동생활가정사업'이 개정된 아동복지법(제16조)에 포함되었다.

국가는 가정위탁사업을 홍보하고 위탁가정을 발굴하며 가정위탁 아동의 지원을 강화하고 교육 및 사후관리 등을 통해 가정위탁사업의 활성화를 위하여 2003년 전국에 17개소의 가정위탁지원센터를 설치하였고, 2004년에 중앙가정위탁지원센터를 위탁 지정하였다. 정부는 위탁가정에 양육비를 월 7만 원씩 지급하고, 의료급여를 지원하고 있지만, 그 지원액이 실질 생활비에 크게 미치지 못하여 가정위탁이 크게 활성화되지 못하고 있다.

3) 시설보호

시설보호는 가정에서 욕구가 제대로 충족되지 못하는 아동을 위해서 집단보호와 치료를 마련해주는 대리보호를 의미한다. 따라서 아동은 자기의 가정과 부모 밑에서 성장해야 한다는 것이 중요한 원칙이지만, 도저히 가정에서 성장할 수 없는 아동들은 불가피하게 시설보호를 받고 있다.

한국의 경우 전쟁고아를 단순히 수용 보호하는 차원에서 시설보호가 확대되었다가 요보호아동이 줄어들고 그 특성이 바뀌면서 아동복지시설이 전문화되어 왔다. 우선 아동에게 장애가 있느냐 여부에 따라서 장애아동은 장애인복지시설로 전문화되고, 비장애아동도 연령에 따라서 3세 미만은 영아시설, 3세 이상은 육아시설에서 보호를 받게 되었다. 영육아시설에 입소하기 전에 요보호아동을 발견하고 상담하기 위해서 아동상담소, 이들을 일시 보호하기 위해서 아동일시보호시설이 설립되었다. 성장한 요보호아동의 자립을 촉진시키기 위해서 직업훈련시설이 설립되고, 연장아동이 주거문제를 해소하면서 자립하도록 자립지원시설이 설치되었다.

최근에는 가출, 폭력, 약물오남용, 성비행 등 문제행동을 하는 아동과 청소년이 늘어나면서 이들을 단기간 또는 중장기간 보호하면서 치료하는 아동보호치료시설, 아동단기보호시설이 설치되거나 지정되고, 지역사회 아동의 건전육성을 위해서 아동복지관이 새롭게 시도되고 있다. 새로 개정된 아동복지법(제16조 1항)은 아동복지시설의 종류를 다음과 같이 정하였다. 또한 단일 업무만 수행하는 시설뿐만 아니라 종합시설로도 설치할 수 있다고 규정하였다(제16조 2항).

1. 아동양육시설: 보호를 필요로 하는 아동을 입소시켜 보호, 양육하는 것을 목적으로 하는 시설
2. 아동일시보호시설: 보호를 필요로 하는 아동을 일시보호하고 아동에 대한 향후의 양육대책수립 및 보호조치를 행하는 것을 목적으로 하는 시설
3. 아동보호치료시설: 불량행위를 하거나 불량행위를 할 우려가 있는 아동으로서 보호자가 없거나 친권자나 후견인이 입소를 신청한 아동 또는 가정법원, 지방법원 소년부지원에서 보호위탁 된 아동을 입소시켜 그들을 선도하여 건전한 사회인으로 육성하는 것을 목적으로 하는 시설
4. 아동직업훈련시설: 아동복지시설에 입소되어 있는 만 15세 이상의 아동과 생활이 어려운 가정의 아동에 대하여 자활에 필요한 지식과 기능을 습득시키는 것을 목적으로 하는 시설
5. 자립지원시설: 아동복지시설에서 퇴소한 자에게 취업준비기간 또는 취업 후 일정 기간 보호함으로써 자립을 지원하는 것을 목적으로 하는 시설
6. 아동단기보호시설: 일반가정에 아동을 보호하기 곤란한 일시적 사정이 있는 경우 아동을 단기간 보호하며 가정의 복지에 필요한 지원조치를 하는 것을 목적으로 하는 시설
7. 아동상담소: 아동과 그 가족의 문제에 관한 상담, 치료, 예방

및 연구 등을 목적으로 하는 시설

8. 아동전용시설: 어린이공원, 어린이놀이터, 아동회관, 체육, 연극, 영화, 과학실험전시시설, 아동휴게숙박시설, 야영장 등 아동에게 건전한 놀이·오락 기타 각종 편의를 제공하여 심신의 건강유지와 복지증진에 필요한 서비스를 제공하는 것을 목적으로 하는 시설

9. 아동복지관: 지역사회 아동의 건전육성을 위하여 심신의 건강유지와 복지증진에 필요한 서비스를 제공하는 것을 목적으로 하는 시설

10. 공동생활가정: 보호를 필요로 하는 아동에게 가정과 같은 주거 여건과 보호를 제공하는 것을 목적으로 하는 시설

11. 지역아동센터: 지역사회 아동의 보호·교육, 건전한 놀이와 오락의 제공, 보호자와 지역사회의 연계 등 아동의 건전한 육성을 위하여 종합적인 아동복지서비스를 제공하는 시설

아울러 아동복지시설이 시설보호를 중심으로 한 복지서비스를 벗어나서 주로 가정에 있는 아동이 건전하게 성장하도록 돕는 서비스가 새롭게 강조되고 있다. 즉, ① 지역사회 아동의 건전한 발달을 위하여 아동, 가정, 지역주민에게 상담, 조언 및 정보를 제공해주는 아동가정지원사업, ② 부득이한 사유로 가정에서 낮 동안 보호를 받을 수 없는 아동을 대상으로 개별적인 보호와 교육을 통해서 아동의 건전한 성장을 도모하는 아동주간보호사업, ③ 학교부적응 아동 등을 대상으로 올바른 인격 형성을 위한 상담, 치료 및 학교폭력 예방을 실시하는 아동전문상담사업, ④ 학대아동의 발견, 보호,

치료 및 아동학대의 예방 등을 전문적으로 실시하는 학대아동보호
사업, ⑤ 보호를 필요로 하는 아동에게 가정과 같은 주거 여건과
보호를 제공하는 것을 목적으로 하는 공동생활가정사업, ⑥ 저소득
층 아동을 대상으로 방과후 개별적인 보호와 교육을 통하여 건전한
인격 형성을 목적으로 하는 방과후 아동지도사업(아동복지법 제16
조 3항) 등이 있다. 위의 사업들은 아동복지시설이 각 시설의 고유
업무 외에도 실시할 수 있도록 해서, 아동복지시설은 지역의 욕구
와 문제에 맞는 새로운 아동복시사업을 개발해야 할 것이다.

5. 아동복지서비스의 과제

한국의 아동복지는 해방과 한국전쟁이란 위기 상황에서 발생된
요보호아동을 긴급구호 하기 위해서 가정보호보다는 시설보호를 중
심으로 발전되었다. 우리 사회의 도시화, 산업화, 핵가족화 등으로
출현된 새로운 아동문제를 해결하기 위해서, 영유아보육사업 등이
보편화되고 있지만, 전체 아동을 위한 상담사업, 학대받은 아동을
위한 보호사업 등은 여전히 초보적인 수준에 머물러 있다. 우리나
라 아동복지의 과제를 정리하면 다음과 같다.

첫째, 전체 아동을 위한 상담사업과 정보제공 사업을 체계적으로
실시해야 한다. 한국의 아동복지는 지지적·보충적·대리적 서비스
중에서 대리적 서비스가 먼저 발달되고, 지지적 서비스와 보충적
서비스는 매우 초보적인 수준에 머물러 있다. 많은 학자들은 아동
복지가 이상적으로 실현되기 위해서는 가족의 자녀양육기능이 충실

하고, 가족과 지역사회의 복지기능을 사회복지서비스로 보충한 후에, 피할 수 없는 경우에 대리적 서비스를 실시할 것을 제안한다. 이러한 관점에서 볼 때, 전체 아동을 위한 체계적인 상담사업과 정보제공 사업은 시급히 체계화되어야 한다. 특히 서울의 경우 시립 아동복지센터와 시립동부아동상담소가 있지만, 다른 시·도 지역에는 있었던 공립 아동상담소조차 여성회관 등에 흡수되고 없다. 청소년을 위해서 지역마다 청소년상담실이 있고, 청소년수련시설이 있는데, 아동을 위한 독립된 상담기관이 없다는 것은 시급히 개선되어야 할 것이다. 아동의 문제를 조기에 예방하거나, 문제행동을 하는 아동을 가진 부모를 돕기 위해서도 공립 아동상담소가 시·도청 소재지와 인구 30만 이상 도시에 반드시 설립되어야 한다.

둘째, 신체적·성적·정서적으로 학대받고 방임된 아동을 보호하고 치료할 수 있는 체계를 갖추어야 한다. 그동안 아동학대는 심각한 사회문제이었음에도 불구하고, 장유유서를 존중하는 한국사회에서는 아동학대의 문제를 '체벌' 정도로 인식하여 왔다. 최근 성폭력특별법과 가정폭력방지법 등이 제정되어서 성적·신체적 폭력에 대한 관심이 증대되었고, 개정 아동복지법은 아동학대를 예방하거나 조기에 개입하기 위해서 아동보호전문기관을 설립하도록 하였다. 또한 개정법은 학대받는 아동을 발견한 모든 시민은 신고하도록 하고, 특히 사회복지사 등 아동보호와 관련된 전문가는 의무적으로 신고하도록 하였다. 이제 학대받는 아동을 조기에 발견하고 개입할 수 있는 법적 체계는 갖추어졌으므로, 아동학대 신고를 받고 즉각 출동하여 위기 개입할 수 있는 체계를 갖추고, 아동보호전문기관에 전문인력과 충분한 예산을 배정해야 한다.

셋째, 가정보호와 시설보호를 연계시키고 가정위탁보호를 활성화시켜야 한다. 한국의 아동복지서비스는 과도한 시설보호와 부실한 가정보호가 문제인데, 이는 두 가지 방식의 서비스 간에 연계가 없었기 때문이다. 시설보호를 받는 대부분의 아동에게는 법적으로 보호자가 있고, 아동보호를 위해서 정부의 도움을 청하기보다는 자녀를 버릴 때(기아, 친권포기 등)만이 도움을 받을 수 있는 잘못된 관행이 바뀌어야 한다. 즉, 요보호아동을 보호하기 위해서 먼저 가정을 지지하거나 보충하고, 불가피한 경우에는 시설보호를 실시하더라도 조기에 가정으로 복귀할 수 있도록 체계를 갖추어야 한다. 경제적 지원을 하되 사실상 가사조력과 생활지도가 이루어지지 않고 있는 소년소녀가장세대 지원사업을 점차 폐지하고, 가정위탁보호, 공동생활가정사업 등을 활성화시켜야 한다.

넷째, 절도, 폭력, 약물오남용 등 문제행동을 하거나 정서장애, 행동장애 등으로 문제를 일으키는 아동을 예방하고 치료하기 위한 사업을 체계적으로 실시해야 한다. 아동복지의 목표는 전체 아동의 건전한 성장이지만, 제한된 인력과 예산으로 우선해야 할 사업은 문제행동을 하거나 적응능력이 떨어진 아동을 돌보는 일이다. 선진 외국에서는 문제행동을 하는 아동을 조기에 치료하거나 적절히 보호함으로써, 문제청소년이 되는 것을 막고, 이로 인한 사회적 비용을 줄여가고 있다. 한국의 경우에는 비행청소년과 범죄소년을 위해서는 분류심사원, 보호관찰소, 소년원 등 교정교호시설을 갖추고 있지만, 작은 비행과 범죄를 되풀이하는 아동을 위한 전문기관은 거의 없다. 문제행동을 하는 아동을 전문적으로 조사하고, 판정하며, 분류하고, 치료 서비스를 제공할 수 있는 아동복지시설을 시급히 설립해야 한다. 일본의 경우에는 공립 아동상담소가 이 일을 병행하고 있는데, 우리나라의 경우에도 아동상담소를 전문화시켜서 문제행동의 치료기능을 크게 강화시켜야 할 것이나.

다섯째, 아동복지서비스를 전문적으로 수행할 수 있는 전문인력이 배출되어야 한다. 아동의 욕구와 문제가 다양화되면서 이러한 욕구를 충족시키고 문제를 완화시키기 위한 인력이 개발되어야 한다. 예컨대 영유아보육의 업무는 보육교사와 유치원교사로 전문화되고, 청소년복지는 청소년지도사와 청소년상담사, 장애인복지는 특수교사, 재활의학과 의사, 물리치료사 등으로 전문화되었다. 아동복지의 대상이 빈곤하거나 보호자가 없는 아동에서 문제행동을 하는 아동과 학대받는 아동으로 그 비중이 바뀌면서, 이러한 문제를 해결해야 할 인력도 보다 전문화될 필요성이 있다. 따라서 아동복지에 대한 학제 간 연구 및 다양한 실천의 장에서 필요한 기법의 개발과 실습을 통한 학습 등이 더욱 절실하다. 아동복지를 위한 일반 전문가로서 사회복지사와 함께 특정 아동복지 영역에 대한 전문가로서 아동복지사가 필요한 시점이다.

제3절

장애인복지서비스정책

1. 장애인과 장애인복지

일반적으로 장애인은 신체 또는 정신의 장애로 인해 생활에 불편을 느끼는 사람으로 이해된다. 그런데 누가 장애인이고 누가 장애인이 아닌지를 구분하는 기준은 상당히 모호하다. UN 장애인권리선언에서는 '장애인이라 함은 선천적이든 후천적이든 관계없이 신체적·정신적 능력의 불완전으로 인하여 개인의 일상 또는 사회생활에 필요한 것을 확보하는 데 있어서 자기 자신으로서는 완전하게 또는 부분적으로밖에 할 수 없는 사람을 의미한다'라고 정의한다.

사람은 누구나 장애를 갖게 될 수 있으며, 건강한 상태를 장기간 계속 유지한다는 것은 어려운 일이다. 그러므로 비장애인은 '일시적으로 유능한 사람(temporary able-bodies)' 혹은 '제3의 장애인(third-party handicapped)'이라고 불리기도 한다.

장애인은 일반적으로 사지절단·마비·농(청각장애)·맹(시각장애) 등과 같이 신체의 어떤 부분에 결함이 있거나 또는 정신지체와 같이 지능이 떨어지고 사회적응이 잘 되지 않는 경우를 말하는데, 이러한 신체적 또는 지능적 결함은 치료·교육·훈련 등을 실시하면 많이 개선될 수 있다.

과거에는 장애인의 기준을 주로 신체적 또는 지적 결함의 정도에 두었으나, 근래에 와서는 오히려 일을 할 수 있는 능력이나 가정생활과 사회생활의 불편 정도 등으로 장애인을 판정하는 경향이 있다. 장애인의 능력은 얼마든지 향상될 수 있으며, 장애인도 사회의 구성원이 되어야 한다고 그 인식이 점차 달라지기 때문이다.

세계보건기구(WHO)가 발표한 국제장애분류에서는 장애를 기능장애, 능력저하 그리고 사회적 불리 등 세 가지 측면에서 설명하였다.

기능장애(impairment)는 심리적·신체적으로 또는 해부학적인 구조나 기능의 일부가 상실된 결과로 인해 나타나는 기능상의 장애를 말한다. 예를 들면 오른손을 잃은 장애인은 운전을 하거나 컴퓨터로 글씨를 쓰는 데 어려움을 겪게 될 것이다.

능력저하(disability)는 기능장애의 결과로 인해 나타나는 능력저하를 말한다. 이것은 어떤 활동을 정상적이라고 생각할 수 있는 방법 또는 범위에서 행하는 능력이 제한을 받거나 결여된 상태이다. 기능장애는 같더라도 교육이나 훈련을 충분히 쌓은 사람과 그렇지 않은 사람과는 일상생활을 하는 데 능력의 차이가 나게 된다. 예를 들면 양손이 없는 지체장애인은 그림을 잘 그리기 어렵지만, 입이나 발가락으로 붓을 들고 그림을 그리는 구족화가는 그리기의 능력이 낮은 장애인은 아니다.

사회적 불리(handicap)는 기능장애나 능력저하의 결과로 개인에게 나타나는 불리함 때문에 그 개인의 특성에 따라서 그의 역할을 수행하는 데 제한을 받거나 지장을 초래하는 경우를 말한다. 능력저하는 같더라도 장애인에 대한 이해도, 주거 및 도시환경, 재활에 관한 제반 시책 등이 충분히 갖추어진 사회와 그렇지 못한 사회에서의 장애인의 사회적 불리는 다르다. 예컨대 휠체어를 타고 다니는 장애인이 지하철을 타기 어렵겠지만, 지하철에 엘리베이터가 있다면 보다 쉽게 이용할 수 있다. 장애인에게 차별과 편견이 적은 사회에서 장애인은 사회적 불리를 훨씬 덜 느낀다.

이처럼 기능장애와 능력저하는 개인의 신체적 기관 혹은 기능의 문제이므로 그 예방, 치료와 훈련이 중요하며, 이것을 주로 의학적 접근과 교육적 접근으로 해결해간다. 그런데 장애인에 대한 사회적 불리를 줄이고 제거하기 위해서는 종합적인 재활이 이루어져야 한다. 아무리 훌륭한 의학적 기술, 교육방법과 시설을 이용하여 장애인을 치료하고 교육한다 할지라도 장애인에 대한 사회적 벽을 허물지 못한다면 장애인복지의 증진은 실효를 거두지 못할 것이다(윤동성, 2000).

한편 장애인복지란 국가나 사회적 수준에서 장애인에 대해 인간으로서의 존엄한 권리를 보장하고 사회적으로 동등한 대우를 받도록 하는 제반조치를 말한다. 따라서 장애인복지의 기본 이념은 장애인의 인권의 존중, 생명의 존중, 전인격의 존중, 사회통합의 존중, 평등의식의 존중을 통한 장애인의 완전한 사회참여와 통합을 보장하는 것이라고 할 수 있다. 이를 달성하기 위해서는 개별적 수준에서 장애인 개인의 능력을 개발하고, 적절한 사회적 역할을 부여하여야 하며, 집합적 수준에서 사회의 환경을 개선해야 한다.

2. 장애의 유형

1) 장애인의 유형

장애인은 주된 장애가 무엇이냐에 따라서, 크게 신체적 장애와 정신적 장애로 나뉜다. 신체적 장애는 다시 장애가 외부로 드러나는지 여부에 따라 외부신체기능장애와 내부기관장애로 나눌 수 있다.

현행 장애인복지법령은 장애인을 다음과 같이 열다섯 가지로 나눈다.

〈표 10-2〉 장애인의 분류

대분류	중분류	소분류	세분류
신체적 장애	외부 신체기능의 장애	지체	절단장애, 관절장애, 지체기능장애, 변형 등의 장애
		뇌병변	중추신경의 손상으로 인한 복합적인 장애
		시각	시력장애, 시야결손장애
		청각	청력장애, 평형기능장애
		언어	언어장애, 음성장애, 구어장애
		안면	안면부의 변형이나 기형으로 인한 장애
	내부 기관장애	신장	투석치료 중이거나 신장을 이식받은 경우
		심장	일상생활이 현저히 제한되는 심장기능 이상
		간	일상생활이 현저히 제한되는 만성·중증의 간기능 이상
		호흡기	일상생활이 현저히 제한되는 만성·중증 호흡기 기능 이상
		장루·요루	일상생활이 현저히 제한되는 장루·요루
		간질	일상생활이 현저히 제한되는 만성·중증의 간질
정신적 장애		정신지체	지능지수가 70 이하인 경우
		정신장애	정신분열병, 분열형 정동, 양극성 정동, 반복성 우울장애
		발달장애 (자폐)	소아자폐 등 자폐성장애

한국에서 장애인은 지체, 시각, 청각, 언어, 정신지체 등 다섯 가지만 법정 장애인으로 인정하였다가, 1999년 2월 장애인복지법이 개정되면서 뇌병변, 신장과 심장 등 내부기관장애, 그리고 정신장애, 발달장애(자폐) 등이 추가로 인정되고, 2003년 7월에 안면장애, 간장애, 호흡기장애, 장루·요루장애, 간질장애 등이 추가로 인정되었다. 지금 장애 유형은 15개이다. 즉, 1987년 5개(지체, 시각, 청각, 언어, 지적장애)에서 2000년 10개(뇌병변, 자폐성장애, 정신장애, 신장장애, 심장장애 추가) 유형, 2003년에 5개(호흡기장애, 간장애, 안면장애, 장루·요루장애, 간질장애) 유형이 추가되면서 15개로 늘어났다. 향후에도 법정 장애인은 확대될 가능성이 있는데, 확대 예상 질환은 만성알코올과 약물중독, 기질성 뇌증후군, 기타 정신발달장애, 소화기질환, 비뇨기질환, 치매, 외부기형과 피부질환, 만성통증, 경련, 암 등이다.

이러한 장애인이 얼마나 되는지 정확히 파악하기는 어렵지만, 연도별 등록장애인의 수는 장애인에 대한 사회적 인식이 증가되면서 늘어났다. 즉, 1988년 11월 1일에 장애인등록제가 처음 실시된 이후 1989년에는 등록장애인이 218,601명에 불과하였지만, 1998년에는 582,913명으로 증가되었고, 개정 장애인복지법에 의해서 장애인의 범주가 늘어나면서 2003년에는 1,454,215명으로 증가되었다.

장애인의 유형을 보면, 2003년을 기준으로 지체장애인이 813,916명으로 가장 많고, 다음은 시각장애인 152,857명, 청각·언어장애인 139,325명, 정신지체 112,043명, 뇌병변, 정신장애, 신장장애, 심장장애, 발달장애(자폐) 등의 순이다.

현재 장애유형별 장애인의 수를 정확히 파악하는 것은 현실적으로 어렵다. 비록 본인이나 가족이 장애인인 경우라 하더라도 장애인에 대한 사회적 차별 등을 이유로 '장애인등록'을 기피하는 경우가 적지 않고, 장애인에 대한 등급판정기준을 잘 몰라서 가벼운 장애를 무시하기 때문이다. 장애인 등록절차는 다음과 같다.

① 장애인 등록 절차는 꼭 본인이 거주지 사회복지사무소 또는 동사무소에 해야 한다. (단, 만 18세 미만의 아동과 의사표시를 할 수 없는 장애인은 보호자가 신청을 대행할 수 있다.)

② 장애가 심해 이동이 어려운 중증장애인은 전화로 등록 신청하면 읍·면·동사무소 직원이 방문하여 신청서를 대리 작성하여 준다.

③ 신청서 작성 후, 장애 여부와 정도를 가까운 병원이나 장애인 복지기관에서 검진을 받으면 된다. (단, 지체장애는 X-ray 시설과 외과전문의가 있는 곳, 시각장애는 안과전문의가 있는 곳, 청각과 언어장애는 청력검사실이 있는 곳이어야 한다.)

④ 정신장애인, 심장·신장장애인은 지난 1년간 지속적으로 치료를 받던 의료기관에서의 진단서 또는 의사소견서를 읍·면·동사무소에 제출한다.

⑤ 병원에서 장애진단을 받은 후, 진료 소견서를 읍·면·동사무소에 제출한다.

⑥ 약 1주일 후에 읍·면·동사무소에서 장애인 카드를 발급받는다.

⑦ 최초로 장애 등록 시 드는 장애진단비용 중 진단서 발급 기준 비용과 진단비용을 정부가 지원하고, 장애의 판정을 위한 검

사비용은 신청인(장애인)이 부담한다.

⑧ 기존 장애인 수첩은 카드 형태로 재발급되는데, 기존 장애인 수첩과 사진 2매, 도장을 지참하여 가까운 읍·면·동사무소에 방문하여 신청한다.

2) 신체적 장애

신체적 장애는 크게 외부신체기능장애와 내부기관장애로 나뉜다. 전자에는 지체징애, 뇌병변, 시각장애, 청각장애, 언어장애, 안면장애가 포함되고, 후자는 신장장애, 심장장애, 간장애, 호흡기장애, 장루·요루장애, 간질장애가 대표적이다.

(1) 지체장애

지체장애는 사람의 몸 중의 골격, 근육, 신경 중 일부나 전체에 질병이나 외상 등으로 그 기능에 장애가 있을 때 대체로 운동장애(또는 감각장애를 동반하기도 함)의 상태로 증상이 나타나는 것이다.

그러나 골절이나 근육의 파열 등으로 지체운동에 일시적인 제한이 있더라도 급성 또는 아급성질환으로 어느 기간 동안 지체운동이 부자유한 상태일 때는 지체장애라고 보지 않으며, 그 장애가 영구적으로 남아 있을 경우에만 지체장애라고 한다.

원인질환으로 인한 종류에는 소아마비, 신경장애, 척추장애, 절단 등이 있다.

소아마비는 바이러스균이 음식과 함께 입으로 들어가 척수전각 세포를 파괴시켜 상지나 하지에 이완성 마비를 일으키는 감염성 질환으로 감각에는 이상이 없는 것이 특징이다. 대부분 소아에게 발생하므로 소아마비란 병명이 붙었으나 청년기나 성인기에 발병할 수도 있다. 환경위생이 개선되고 소아마비 예방접종이 잘 시행되면서 최근 우리나라에서는 새로운 소아마비 환자가 거의 발생하지 않고 있다.

척수손상은 척추 내에 있는 기둥과 같은 굵은 신경인 척수가 질병이나 외상으로 손상을 받게 되면 그 손상 부위 이하에서 마비와 이에 따른 여러 신경증상이 나타난다. 척수손상은 종양, 척추결핵, 혈관질환 등에 의하여 발생되기도 하지만 대부분은 교통사고, 산업재해 또는 운동경기 중 부상 등 외상에 의해 나타난다.

(2) 뇌병변

중추신경의 손상으로 인한 복합적인 장애인 뇌병변은 뇌성마비와 뇌졸중이 있다.

뇌성마비는 뇌가 발달하는 시기에 손상을 입고 그 기능이 저하되어 마비와 기타 여러 장애가 동반되어 있는 것이다. 마비가 더 이상 진행되지 않는 것이 특징이며 사람에 따라 감각이나 지능의 장애를 동반하여 여러 종류의 장애가 중복되는 경우가 많다. 뇌성마비는 근육경직형, 무정위 운동형, 강직형, 운동실조형, 진전형, 혼합형 등으로 분류되며, 조기에 발견하고 치료하는 것이 중요하다.

원인으로는 출산 전 원인으로 체내에서 뇌의 발육부진, 혈액형의 부적합, 산모의 병, X-ray 과다촬영, 중독 등이 있고, 출산 시 원인으로는 조산, 저체중 아동에게서 특히 위험인자가 많으며, 난산으로 인한 출혈과 산소 결핍, 기계적 분만 등이 있고, 출산 후 원인으로는 유아기의 심한 황달, 뇌막염이나 뇌염후유증, 머리의 외상 등이 있다.

뇌졸중은 뇌에 이르는 혈관이 터지거나(뇌출혈), 막혀(뇌경색) 해당 부위의 뇌조직이 손상을 받는 질병이다. 뇌졸중의 원인은 고혈압이나 혈관 이상으로 인한 뇌출혈, 피딱지나 혈전이 뇌혈관을 막아 생기는 뇌경색 등이다.

뇌졸중의 증상은 출혈량이 적고 출혈부위가 치명적인 곳이 아닐 때는 잠깐 현기증이나 마비가 생겼다 사라질 수 있어서 자각하지 못하는 경우가 많지만, 심히면 사망하거나 식물인간, 반신불수, 언어장애, 시각장애 등 심각한 후유증을 남긴다. 주로 40대 이후에 나타난다.

뇌졸중의 치료는 발병 6시간 안에 응급처치를 해야 하기 때문에 발병한 지 4시간 30분이 지나기 전에 병원에 도착해야 한다. 뇌혈관 어느 곳이 막힌 지 확인한 다음, 사타구니 동맥으로 가는 관을 밀어 넣어 막힌 부위에 이르게 한 다음 혈전용해제를 투여해 피딱지를 녹이는 치료를 한다.

(3) 시각장애

시각장애에 대한 정의는 학자에 따라 다르나 안과학에서는 일반적으로 3분의 1미터 이상의 안전지수(finger count)를 판별하지 못하는 경우를 맹이라고 하고, 교정시력이 0.02 이상~0.4 미만일 경우에 준맹이라 하며, 약시는 고도약시, 중증도약시, 경도약시 등으로 분류한다.

특수교육학적 분류에서는 시력의 제한 때문에 점자를 읽기 매체로 사용해야 하는 아동을 맹아동이라 하고, 확대된 큰 문자를 읽기 매체로 사용하거나 광학기계를 사용해야 하는 아동을 약시아동이라 한다. 이와 같이 시력으로 정의하지 않는 이유는 중심시력은 약시에 속하나 점자를 읽기 매체로 사용할 수밖에 없는 아동이 있는가 하면, 시력은 맹에 속해도 문자나 광학기계를 사용해서 문자 읽기를 할 수 있는 아동이 있기 때문이다.

시각장애는 눈의 기관결함과 다른 신체적 질환의 원인 등으로 나누어 생각할 수 있다. 대표적인 것으로서 굴절 이상, 녹내장과 백내장, 근육기능의 이상, 망막과 시신경 이상, 수정체섬유증식증, 전신질환 등으로 나눌 수 있다. 질환 중에서 가장 흔한 것은 당뇨병, 매독, 녹내장, 각막염이다.

시각장애의 원인은 다양하며 사회와 시대에 따라 발현현상이 다르다. 과거에는 전염성 질환이나 영양실조에서 오는 실명률이 높았는데 오늘날에 와서는 의학의 발달과 경제성장으로 감소되었다. 그러나 백내장과 녹내장 등의 질환과 산업재해, 사고 등에 의한 실명률은 높아가고 있는 실정이다. 실명 예방을 위한 보건사업을 확충하고, 의사와 지역사회의 공동협력으로 현대 의학의 지식과 기술을 적절히 활용하고, 교육을 해나간다면 상당수 예방이 가능하다고 본다.

(4) 청각장애

청각장애란 청각기관의 어느 부위의 결함에 의해 야기되는 것을 말한다. 귀의 구조는 귓바퀴와 외이도로 된 외이와 고막, 소리를 전해주는 이소골이라는 신체 중에서 제일 작은 3개의 뼈로 연결돼 있는 중이, 중이에서 소리를 받아들여 일차적으로 소리를 분석하는 내이로 구성돼 있다. 내이에서는 청신경을 통하여 뇌의 청중추까지 소리를 전달하게 된다. 이 과정에서 더욱 세밀한 분석과 통합 작업이 이루어져 언어로 이해를 하게 된다. 따라서 청각장애는 소리를 전달하고 분석하는 이 과정의 어디에선가 장애를 일으켜 듣는 능력의 불능상태를 포괄해서 일컫는 말이다.

청각장애의 원인에 따라서, 외이와 중이의 장애로 초래되었을 때 전음성 난청, 내이에서의 장애는 감음성 난청, 그리고 청신경에서 초래되었을 때 신경성 난청, 청각중추에서의 장애로 난청을 일으켰을 때는 중추성 난청이라고 한다. 중이와 내이의 복합장애로 야기되었을 경우는 혼합성 난청이라고 한다.

장애의 정도에 따라서는 난청을 경도, 중등도, 중등고도, 고도, 농 등으로 구분하게 된다. 난청은 발생기별로 구분하여 태어나기 전 모태에서의 원인에 의한 것인지, 태어나서 발생한 것인지에 따라서 선천성과 후천성으로 구분한다. 또 난청의 원인이 유전에 의한 것인지 그 외의 원인에 의한 것인지에 따라서 유전성 난청과 후천성 난청으로 구분한다. 청력손실의 정도는 국제적으로 승인된 기준을 사용한 청력계의 측정에 따르고 있는데 국제표준기구(ISO: International Standard Organization)의 기준에 의한 분류는 다음과 같다.

- 경도(27~40dB): 흐리거나 적은 말소리에 곤란을 느낀다.
- 중등도(41~55dB): 3~5피트의 얼굴을 마주하는 대화는 이해하지만 학급 토의의 5% 정도는 이해하지 못한다.
- 중등고도(56~70dB): 큰 소리의 회화만 가능하고 집단토의는 곤란하다.

- 고도(71~90dB): 1피트 내의 큰 소리만 들을 수 있다.
- 농(90dB 이상): 소리의 진동에 거의 의존한다.

(5) 언어장애

언어장애는 정상적인 언어로부터 이탈된 여러 형태의 언어로서 사람들로부터 불필요한 주의를 끌게 하고, 의사소통에 방해를 받으며 또한 그로 인해 사회적응에 문제를 초래하는 언어상태를 말한다. 언어장애는 크게 기능적인 언어장애와 기관적인 언어장애로 구분할 수 있다.

기관적인 언어장애란 신체적·생리적 원인에 기인하는 장애를 말하며, 기능적인 언어장애란 기관의 잘못이 없는 발달장애 또는 심리적인 원인에 기인하는 장애를 의미한다.

원인으로는 여러 가지가 있는데, 혀, 입술, 치아, 인두, 후두 등 음성기관에 이상이 있을 때, 뇌성마비나 뇌졸중 또는 두부외상에서 볼 수 있는 것처럼 뇌에 있는 언어중추에 이상이 있을 때, 지능지수가 떨어질 때, 그리고 언어습득 경험이 없을 때에 언어장애가 나타난다. 흔히 유아기에 가벼운 수술로도 언어장애를 극복할 수 있는 것이 있는데, 대표적인 것이 흔히 혀유착증이라고도 하는 '설소대단축증'이다.

언어장애에는 언어발달지체, 조음장애, 구개파열장애, 뇌성마비 언어장애, 실어증, 음성장애, 리듬장애, 청력손실로 인한 언어장애가 있다.

(6) 안면장애

안면장애는 노출된 안면부의 60% 이상의 변형이 있는 사람이다. 원인 질환 등에 관하여 충분히 치료하여 장애가 고착되었을 때에 진단하며, 그 기준 시기는 원인 질환 또는 부상 등의 발생 또는 수술 이후 6개월 이상 지속적으로 치료한 후로 한다.

(7) 내부기관장애

내부기관장애인은 실제로는 신체적 장애가 상당히 큼에도 불구하고, 외부 신체로 나타나지 않기 때문에 그동안 환자로만 인식되었는데, 그 장애가 평생 동안 지속될 수 있다는 점에서 등록장애인의 범주에 포함되었다.

개정된 장애인복지법에 따라서 새롭게 장애인으로 포함된 내부기관장애인은 크게 신장장애인, 심장장애인, 간장애인, 호흡기장애인, 장루·요루장애인, 간질장애인 등이 있다.

신장장애인은 1개월 이상 지속적으로 혈액투석 또는 복막투석치료를 받고 있는 사람 또는 신장을 이식 받은 사람에 대하여 장애인으로 판정한다. 현재 치료를 받고 있는 의료기관에서 당해 환자가 신장을 이식 받은 사실을 객관적으로 확인할 수 있는 경우에는 현재 치료를 받고 있는 의료기관에서도 신장장애(이식환자) 진단이 가능하다. 신장장애인은 매 1년마다 신장이식 수술 여부를 확인하여 신장을 이식 받아 투석치료를 받지 아니하게 된 때에는 장애등급을 조정하도록 조치한다.

심장장애는 내과(순환기 분과)전문의로부터 1년간 지속적으로 치료받고도 심장기능에 심각한 장애가 있다고 판정될 때 등록장애인이 될 수 있다.

간장애는 일상생활이 현저히 제한되는 만성·중증의 간기능 이상이다. 장애진단기관과 전문의는 장애인등록 직전 2개월 이상 진료를 한 의사로서 의료기관의 내과(소화기 분과)·외과·소아과 전문의이다.

호흡기장애는 일상생활이 현저히 제한되는 만성·중증의 호흡기 기능 이상이다. 현재의 상태와 관련한 최초 진단 이후 1년 이상이 경과하고, 2개월 이상의 적극적인 치료에도 불구하고 호전의 기미가 거의 없는 만성 호흡기 질환의 경우에 장애를 진단한다. 장애인 판정과 재판정의 방법은 간장애와 유사하다.

장루·요루장애는 일상생활이 현저히 제한되는 장루·요루이다.

간질장애는 일상생활이 현저히 제한되는 만성·중증의 간질이다. 현재 적극적으로 치료 중인 상태에서 장애를 진단한다.

그런데 2003년 7월부터 등록장애인으로 추가된 안면장애, 간장애, 호흡기장애, 장루·요루장애, 간질장애 등은 등록기준이 지나치게 까다롭고 비현실적이어서, 등록률이 예상치에 훨씬 못 미치고 있다.

안면장애의 경우 40% 미만인 경우에도 일상적인 사회생활을 하기에 어려울 정도로 안면이 변형되어 있는데, 법정기준은 노출된 안면부의 60% 이상 변형될 때 등록장애인으로 판정하기 때문이다.

간질장애인의 경우도 간질장애 2급의 경우 '월 8회 이상을 포함해, 연 6월 이상 중증발작'이라고 하는데, 간질장애인이 자신의 발작 횟수를 헤아린다는 것은 간질장애인의 특성을 반영하지 못한 것이다.

정부는 장애범주가 확대되면, 약 11만 8천 명이 장애인 복지혜택을 받게 된다고 밝혔지만 등록 2개월째 등록된 장애인은 1만 7천명으로 추정치의 17%에 머물렀다. 법정장애인의 등록이 의학적인 이유뿐만 아니라 장애인의 정상화와 사회통합에 있다고 볼 때, 법정장애인의 등록을 보다 전향적으로 개선해야 할 필요가 있다(한겨레, 2003. 11. 11).

3) 정신적 장애

(1) 정신지체

사람이 생각하고 사물을 판별하며 상황을 판단하는 등 지적인 모든 일을 수행할 수 있는 능력을 총칭하여 지능이라고 하며, 정신지체란 이러한 지능이 현저하게 낮고 이로 인해 일상생활과 사회적응이 곤란하며 이러한 문제가 발달시기, 즉 18세 이전에 오는 경우를 말한다.

세계보건기구는 정신지체란 일반적으로 지적 능력 발달이 불충분하다든지 불완전한 상태를 의미한다고 정의하고 있다. 정신지체의 정도를 구분하는 데는 학자마다 다소의 차이가 있는데, 미국정신의학회는 지능지수가 50~70은 경도, 35~49는 중등도, 20~34는 중도, 20 미만은 최중도라고 구분한다(윤동성, 2000).

정신지체의 원인은 알 수 없는 경우가 많으며 원인으로 밝혀진 것만도 250여 개종이 된다. 이러한 원인은 크게 생물학적 원인과 심리학적 원인으로 대별할 수 있다. 생물학적 원인은 문제 되는 시기를 고려하여 유전적 원인, 산전원인, 분만 시의 원인, 산후원인 등 네 가지로 구분된다. 일반적으로 중도 내지 최중도 이상의 심한 정신지체의 원인은 이러한 생물학적 원인에 의하는 수가 많으며, 신체적·생물학적 원인으로 오는 정신지체의 경우는 전체의 20%를 차지한다.

경도의 정신지체에 대한 많은 연구에 의하면 경도의 정신지체가 중도 이상의 정신지체 장애인에 비하여 사회경제적으로 불리한 입장에 있는 하층의 사람에게서 많이 나타난다고 한다. 즉, 이들에게서 생물학적·의학적 원인을 찾아볼 수 없으나 그들이 자라난 환경과 경험을 자세히 조사해보면 경험적·환경적으로 불리했다는 것이다. 자극이 없었고 흔히 잘 보살피지 않았고 환경에 문제점이 있는 경우가 많음을 발견할 수 있다.

(2) 정신장애

정신장애는 '현재 겪고 있는 고통이나 장애 혹은 현저히 증대된 사망, 고통, 장애나 자유상실의 위험과 관련되는 임상적으로 중요한 개인의 행동 혹은 심리적 증후군이나 양식'으로 정의한다(김혜란, 1996).

신체질환과는 달리 정신장애는 장애의 원인이 명확히 밝혀지지 않은 상태에서 서로 구분되는 증후군에 의해 여러 유형으로 분류한다. 현재 어떠한 구분 체계도 정신장애의 경계를 완벽하게 설명하지는 못하지만, 국내외적으로 가장 널리 사용하고 있는 진단 체계는 미국의 정신의학회(APA)에서 만든 '정신장애 진단통계 편람'이다.

대표적인 정신장애로는 다음과 같은 물질관련 장애, 정신분열증, 기분장애, 불안장애, 신체형장애, 성격장애 등이 있다.

① 물질관련 장애: 마약과 향정신성의약품 등 물질을 오남용하여 물질에 대한 내성이 생겨 사회적 기능이 손상되고 행동에 변화를 나타내는 것이다.

② 정신분열증: 주요 증상으로는 피해망상과 같은 사고의 장애, 환청과 환시 같은 지각장애, 특이한 동작을 반복하는 운동성 장애, 사회적 기술의 부족과 같은 생활기능의 손상이 포함된다.

③ 기분장애: 정동성 장애라고 불렸던 기분장애는 크게 우울증과 양극성 장애로 분류된다.

④ 불안장애: 공황장애, 공포증, 강박장애, 후외상성 스트레스 장애, 일반화된 불안장애 등을 포함하여 다양한 종류의 불안장애이다.

⑤ 신체형 장애: 생리학적인 원인을 찾을 수 없이 허리나 관절의 통증, 어지러움, 피로, 구역질 등 신체 증상을 호소하는 것이다.

⑥ 성격장애: 인격장애라고도 하는데, 사람을 의심하는 편집성 성격장애, 다른 사람들과 관계형성에 어려움을 겪는 정신분열성 성격장애가 대표적이다.

한국의 정신장애 유병률은 2.16%로 나타났다. 정신장애 중에는 신경증성 장애의 유병률이 가장 높고, 성별로 보면 여성의 정신장애 유병률은 남성보다 거의 두 배이다. 우리나라 장애인복지법은 최근까지 정신장애인 중에서 정신지체인만을 장애인의 범주에 넣었다가, 개정된 장애인복지법에서는 정신의료기관이 판정한 다양한 정신질환자를 정신장애인의 범주에 포함시키고 있다.

(3) 발달장애(자폐)

발달장애는 성장기에 발병하여 신체적·지적·사회적 기능을 심하게 손상시키며, 그 장애가 영구적으로 지속되므로 특별한 서비스가 요구되는 정신지체, 뇌성마비, 간질, 자폐증, 근위축증 등 일련의 장애를 통칭하는 용어이다.

그중 장애인복지법에 의한 발달장애인 자폐증은 심리적·정신적 이상으로 보이는 중증의 행동장애로 1930년대 미국의 존스홉킨스 의대 리오 칸너 박사에 의해 명명되었다. 자폐증은 뇌의 신경생리학적 발달·기능 장애로 인한 선천적인 결함이다. 자폐아동은 뇌가 일반아동의 뇌보다 현격히 작으며 뇌의 변연계(감정뇌)가 축소되어 있어서, 인지능력·기억력·언어능력·운동신경 등의 장애, 대인관계와 의사소통의 장애가 생긴다.

또한 부모의 무관심, 양육자의 빈번한 교체, 어머니의 우울증 등의 잘못된 양육방법과 전자매체 몰두 등 환경에 의해 자폐증 및 이와 유사한 증세를 보이는 경향이 크다는 주장도 있다. 특히 영아기 때 부부싸움을 많이 하거나 시부모로부터 받는 스트레스가 심할 경우 발병률이 더욱 높은 것으로 조사됐다. 유병률은 0.1%이고, 자폐증 아이들 가운데 부모를 포함한 사람을 싫어하고 장난감에만 매달리는 위축형이 70% 이상을 차지하고, 사물과 사람에 대해 전혀 관심을 갖지 않는 심각한 자폐증도 25%를 넘어선다.

아직까지 자폐증의 원인과 치료법이 의학적으로 완전히 밝혀지지 않은 상태이다. 자폐아동을 위한 치료법으로 놀이치료와 행동치료, 부모상담 및 음악·미술치료, 언어치료, 약물치료 등을 병합해 사용하고 있다. 이때 그룹지도도 이루어지는데 인원은 보통 2~3명 정도이다. 그러나 무엇보다 중요한 것은 하나하나의 분리된 치료보다는 통합치료가 중요하며 통합치료 후 부모상담과 적절한 조치가 이루어져야 병세호전을 기대할 수 있다. 이들 치료법과 함께 병행되는 치료목적의 특수교육만 잘 통합시키면 자폐아동의 30% 정도가 거의 정상화돼 일반유치원이나 학교생활에 적응해나갈 수 있을 정도로 교정효과는 크다.

3. 장애인의 생활과 장애인복지

장애인복지는 장애인의 삶의 전 영역에서 이루어져야 한다. 장애인도 비장애인과 같이 평범한 한 시민으로 살아갈 수 있도록, 조기에 적절한 치료를 받고, 꼭 필요한 공부를 하며, 직업을 갖고, 사회활동을 하며, 결혼을 하여서 가족과 함께 행복하게 살 수 있는 세상을 만드는 일이 장애인복지의 목표이다.

따라서 '장애인 인권헌장'은 그 전문에서 '장애인은 인간의 존엄과 가치를 가지며 행복을 추구할 권리를 가진다. 장애인은 건전한 사회구성원으로 책임 있는 삶을 살아가며 자신의 능력을 개발하여 자립하도록 노력하여야 한다. 국가와 사회는 헌법과 국제연합의 장애인권리선언의 정신에 따라 장애인의 인권을 보호하고 완전한 사회참여와 평등을 이루어 더불어 살아가는 사회를 만들기 위한 여건과 환경을 조성하여야 한다'고 규정하고 있다. 또한 이를 구현하기 위하여 평등권, 복지권, 시민권, 표현의 자유, 교육받을 권리, 직업선택권, 문화권, 가족과 생활할 권리, 보호권, 법률상 도움을 받을 권리, 여성장애인의 보호권, 의사결정권, 정책결정에 참여권 등 13개 항을 제시한다.

장애인복지는 삶의 전 영역에서 이루어지기 때문에, 소득, 보건, 교육, 주거, 직업, 이동, 문화 등에서 사회적 욕구를 충족시키는 일이 매우 중요하다. 그중 대표적인 것만 몇 가지를 예시해서 장애인의 생활과 장애인복지의 실태를 파악하면 다음과 같다.

1) 의료적 치료와 재활

인구 100명당 장애인의 수를 나타내는 장애인 출현율은 법정장애의 범주와 정의가 나라마다 다르기 때문에 큰 편차를 보이고 있다. 한국의 장애인 출현율은 3.09%로 미국의 20.6%, 호주의 18.0%인 것에 비교할 때 비교적 낮다. 이는 다른 선진 국가에 비교할 때, 한국은 가벼운 신체적·정신적 장애를 장애로 인정하지 않기 때문이다.

조사에 따르면 장애는 흔히 후천적인 요인(89.4%)에 의해서 발생되는 경우가 많은데, 한국 장애인 중 가장 많은 비중을 차지하는 지체장애의 발생원인은 교통사고와 산업재해(34.8%), 가정 내 사고(8.0%), 기타 사고(26.8%) 등 지체장애인의 약 70%가 각종 사고에 의한 것이다.

그런데 이러한 장애에 대하여 발견이나 진단 직후 1개월 이내에 치료받은 경우는 71.4%이고, 28.6%는 즉시 치료를 받지 않았다. 즉시 치료를 받지 않은 주된 이유는 경제적으로 곤란해서(30.8%), 그대로 두어도 괜찮거나 곧 나을 것 같아서(29.4%), 장애에 대한 무관심·무지 때문에(18.0%) 등의 순으로 나타난 것으로 볼 때, 의료비에 대한 지원과 함께 장애를 조기에 발견하고 치료할 수 있도록 교육이 필요함을 알 수 있다.

현재 국가는 생활이 어려운 저소득 장애인에게 의료비를 지원하여 생활안정과 의료보장을 꾀하고 있다. 즉, 의료급여를 받은 장애인 중에서 일부 본인부담금을 내야 하는 2종 보호대상자에게 본인부담금의 일부를 지원하고 있다.

장애인은 비장애인과 비교할 때 의료비가 상대적으로 많이 들고, 의료비의 지원을 받은 장애인이 전체 장애인의 극히 일부라는 사실에 비춰볼 때, 모든 장애인에 대한 의료급여가 더욱 광범위하게 이루어져야 할 것이다.

2) 특수교육과 교육비지원

장애인의 잔존 능력을 조기에 발견하고 이를 체계적으로 개발하는 것은 장애인의 자립에 가장 중요한 요건이다. 따라서 장애인의 교육은 아무리 강조해도 지나치지 않은데, 한 조사에서 학교생활에 문제가 있다고 응답한 장애학생은 73.9%이며, 그 이유는 진도 따라가기 등 수업내용의 이해에 문제(21.7%)가 있다는 학생이 가장 많고, 다음은 등·하교 불편(11.9%), 친구들의 이해부족이나 놀림(9.9%), 학교 내 편의시설의 부족(8.8%) 등이다. 즉, 지적 능력에서 비장애인과 차이가 있는 장애인은 진도를 따라가는 데 어려움이 있고, 지체장애인 등은 통학에 어려움을 호소하고 있다.

정부는 장애인에게 특수교육을 무료로 제공하고, 장애인의 자녀 교육비를 지원한다. 이는 비장애인에 비하여 소득활동에 제한을 받으면서 의료비, 교통비, 보장구 구입비 등 교육 간접비용이 상대적으로 높은 저소득 장애인 가구의 자녀에 대한 중·고등학교 입학금과 수업료를 지원하여 최소한의 교육기회를 보장하고 장애인 가구의 생활안정을 도모하기 위한 것이다.

3) 직업훈련과 고용

장애인이 적절한 치료와 교육을 받았더라도 직업을 갖지 못하면 일상생활에 필요한 소득을 얻지 못하고 사회적 관계를 맺는 데 상당한 어려움을 겪을 것이다. 따라서 장애인도 비장애인과 함께 어울려서 일할 수 있도록 직업훈련을 받고 취업을 하는 것은 매우 중요하다.

그런데 한 조사에서는 15세 이상 장애인 중 34.2%만이 취업을 하고, 실업률은 28.4%이었다. 장애인의 취업이 조금씩 향상됨에도 불구하고, 장애인의 실업률은 전체 실업률에 비해 여전히 몇 배 높은 수준이다.

재가장애인의 취업실태를 장애유형별로 보면, 시각장애인이 상대적으로 나았고, 지체장애인, 뇌병변장애인, 정신지체장애인, 발달장애인, 정신장애인, 신장장애인 등은 실업률이 상대적으로 높았다. 취업장애인의 취업 분야는 주로 농업(25.6%), 단순노무직(23.4%), 서비스업(21.0%)에 편중되어 있고, 월평균소득도 매우 낮아서 일반인의 43.1%에 불과하였다.

정부는 장애인의 취업률을 높이기 위해서 장애인직업훈련기관을 늘리고, 50인 이상 사업장에 장애인을 2% 이상 의무적으로 고용하도록 하며, 보호작업장을 지원하고, 장애인에게 자립자금을 대여하기도 한다. 자립자금 대여는 자활·자립이 가능한 저소득 장애인에게 자립자금을 대여하여 자활·자립과 생활안정을 도모하려는 것으로, 가구주 또는 배우자가 장애인인 저소득 가구에 소정의 금액을 장기로 대여하는 제도이다.

4) 소득보장

장애인은 대체로 소득은 낮고, 장애로 인한 의료비의 지출로 경제적으로 어렵게 사는 경우가 많다. 자본주의사회에서 소득과 재산이 낮으면 행복한 생활을 누리기 위한 다양한 기회를 얻기 어렵게 된다.

한 조사에서 장애인 가구의 월평균소득은 도시근로자 가구소득의 46.4%에 불과한 것으로 나타났다. 장애인 가구 중 공공부조 수급자의 비율은 13.7%로서 비장애인가구의 비율 2.6%에 비해 5배 이상 높다.

재가장애인의 60.3%가 장애로 인하여 월평균 상당한 금액을 추가로 지출하는데, 지출비목별로 보면, 의료비가 가장 많고, 다음이 교통비이다.

소득이 낮은 장애인의 생활을 보장하기 위해서, 국가는 국민기초생활보장제도에 의해서 저소득 장애인에게 생계급여를 제공하고, 이와 별도로 다른 사람의 도움이 없이는 일상생활을 영위하기 어려운 가난한 중증장애인에게 장애수당을 지급하고 있지만, 현행 장애수당은 장애로 인한 추가지출액에 크게 미치지 못하는 소액이다.

5) 편의증진

장애인이 비장애인과 함께 살기 위해서는 사회 각 분야에 있는 '장벽'을 제거해서 편의를 증진해야 한다. 조사에 따르면, 장애인의 약 61.0%는 거의 모든 일상생활을 타인의 도움 없이 혼자서 할 수 있으나, 나머지 39.0%는 타인의 도움이 필요한 것으로 나타났다. 도움이 필요한 장애인 중 실제로 도움 제공자가 있는 경우는 80.3%이며, 없는 경우는 19.7%이었다.

장애인의 64.5%가 집 밖 활동에 불편을 느끼고 있는데, 특히 뇌병변장애(85.7%), 심장장애(84.6%), 신장장애(73.9%)를 가진 장애인이 집 밖 활동의 불편 정도가 심한 것으로 나타났다. 장애인이 집 밖 활동 시 불편을 느끼는 원인은 몸이 아파서(76.1%), 계단 및 승강기의 편의시설 부족(59.0%), 버스·전철 등 대중교통수단의 편의시설 부족(52.5%) 등의 순으로 나타났다. 따라서 장애인, 노인, 임산부 편의증진에 관한 법률 등이 잘 시행되어서 이들이 이동권을 충분히 누릴 수 있어야 할 것이다.

6) 장애인복지시설과 서비스

장애인복지법 제48조 1항에 따르면, 장애인복지시설은 장애인생활시설, 장애인지역사회재활시설, 장애인직업재활시설, 장애인유료복지시설, 기타 대통령령이 정하는 시설이다.

① 장애인생활시설: 장애인이 필요한 기간 생활하면서 재활에 필요한 상담·치료·훈련 등의 서비스를 받아 사회복귀를 준비하거나 장애로 인하여 장기간 요양하는 시설

② 장애인지역사회재활시설: 장애인복지관, 의료재활시설, 체육시설, 수련시설, 공동생활가정 등 장애인에게 전문적인 상담·치료·훈련 등을 제공하거나 여가활동 및 사회참여활동 등에 필요한 편의를 제공하는 시설

③ 장애인직업재활시설: 일반고용이 어려운 장애인이 특별히 준비된 작업환경에서 직업훈련을 받거나 직업생활을 영위할 수 있도록 하는 시설. 이에 소요되는 일체의 비용을 시설운영자에게 납부하여 운영하는 시설

④ 장애인유료복지시설: 장애인이 필요한 치료, 상담, 훈련 등 편의를 제공하고 이에 소요되는 일체의 비용을 입소한 자로부터 수납하여 운영하는 시설

또한 장애인복지법시행규칙 제32조에 따르면, 장애인복지시설의 종류별 사업은 다음과 같다.

① 장애인생활시설

가. 장애유형별 생활시설: 장애유형이 같거나 또는 유사한 장애를 가진 사람들을 입소 또는 통원하게 하여 그들의 장애유형에 적합한 의료·교육·직업·심리·사회 등 재활서비스와 주거서비스를 제공하는 시설

나. 중증장애인요양시설: 장애의 정도가 심하여 항상 도움이 필요한 사람을 입소하게 하여 상담·치료 또는 요양서비스를 제공하는 시설

다. 장애영유아생활시설: 6세 미만의 장애영유아를 입소 또는

통원하게 하여 보호함과 동시에 그 재활에 필요한 의료·교육·심리·사회 등 재활서비스를 제공하는 시설

② 장애인지역사회재활시설

가. 장애인복지관: 장애인에 대한 각종 상담 및 사회·심리·교육·직업·의료재활 등 장애인의 지역사회생활에 필요한 종합적인 재활서비스를 제공하고 장애에 대한 사회적 인식개선사업을 수행하는 시설

나. 장애인의료재활시설: 장애인을 입원 또는 통원하게 하여 상담·진단·판정·치료 등 의료재활서비스를 제공하는 시설

다. 장애인주간보호시설: 장애인을 주간에 일시 보호하여 장애인에게 필요한 재활서비스를 제공하는 시설

라. 장애인단기보호시설: 장애인을 일정기간 보호하여 장애인에게 필요한 재활서비스를 제공하는 시설

마. 장애인공동생활가정: 스스로 사회 적응이 곤란한 장애인들이 장애복지 전문인력에 의한 지도와 보호를 받으며 공동으로 생활하는 지역사회 내 소규모 주거시설

바. 장애인체육시설: 장애인의 체력증진 또는 신체기능회복 활동을 지원하고 이와 관련된 편의를 제공하는 시설

사. 장애인수련시설: 장애인의 문화·취미·오락 활동 등을 통한 심신수련을 조장·지원하고 이와 관련된 편의를 제공하는 시설

아. 장애인심부름센터: 이동에 상당한 제약이 있는 장애인에게 차량운행을 통한 직장 출·퇴근 및 외출보조 기타 이동서비스를 제공하는 시설

자. 수화통역센터: 의사소통에 지장이 있는 청각·언어장애인에 대한 수화통역 및 상담서비스를 제공하는 시설

차. 점자도서관: 시각장애인에게 점자간행물 및 녹음서를 열람하게 하는 시설

카. 점서 및 녹음서 출판시설: 시각장애인을 위한 점자간행물 및 녹음서를 출판하는 시설

③ 장애인직업재활시설

가. 장애인작업활동시설: 작업능력이 극히 낮은 장애인에게 주기능으로 작업활동·일상생활훈련 등을 제공하여 기초 작업능력을 습득시키고, 부기능으로 직업평가 및 사회적응훈련 등을 실시하는 시설

나. 장애인보호작업시설: 직업능력이 낮은 장애인에게 주기능으로 직업훈련 및 일거리 등을 제공하여 보호적 조건에서 생산활동에 참여하게 함으로써 이에 상응하는 노동의 대가를 지급하고, 부기능으로 직업알선 등을 실시하는 시설

다. 장애인근로작업시설: 직업능력은 있으나 사회적 제약 등으로 취업이 어려운 장애인에게 주기능으로 근로의 기회를 제공하여 생산활동에 참여하게 함으로써 최저임금 이상을 지급하고, 부기능으로 직업알선 등을 실시하는 시설

라. 장애인직업훈련시설: 직업훈련을 받고자 하는 장애인에게 주기능으로 직업평가·사회적응 훈련 및 직업훈련 등을 일정기간 실시하여 직업능력을 향상시키고, 부기능으로 직업알선 및 사후 지도 등을 실시하는 시설

마. 장애인생산품판매시설: 주기능으로 장애인생산품의 판매활동
및 유통을 대행하고, 부기능으로 장애인생산품에 관한 상담·홍보·
판로개척 및 정보제공 등을 실시하는 시설

④ 장애인유료복지시설
장애인생활시설로서 장애인에게 필요한 치료, 상담, 훈련 등 편
의를 제공하고 이에 소요되는 일체의 비용을 입소한 자로부터 수납
하여 운영하는 시설

정부는 장애인복지를 보다 체계적으로 실시하기 위해서 1988년부
터 장애인등록제를 실시하고 있다. 아직도 상당수의 장애인은 등록
을 하지 않았거나 기피하고 있다. 2000년 등록한 장애인은 추정장
애인의 62.6%이다. 지체장애의 등록률이 96.7%로 가장 높고(이는
뇌병변장애임에도 지체로 등록한 경우가 많기 때문인 듯), 신장장애
와 정신지체장애의 등록률이 각각 87.7%와 77.7%로 비교적 높지만,
발달장애(자폐증)의 등록률이 8.8%로 낮은 것으로 추정된다.

미등록 장애인이 등록을 하지 않은 사유를 보면, '등록절차와 방법
을 몰라서'가 26.5%, '장애인이라고 생각하지 않아서'가 20.6%, '등
록해도 별 혜택이 없을 것 같아서'가 14.2% 등의 순으로 나타났다.

최근 장애인과 장애인가족은 자동차 관련 서비스를 통해서 상당
한 혜택을 받고 있는데, 장애인 가구 중 41.4%가 자동차를 소유하
고 있다. 장애인 본인이나 타가구원이 운전을 하는 자동차의 경우
연료비가 싼 LPG를 사용할 수 있고, 장애인자동차 표지를 발급받
으면 고속버스 통행료의 할인과 공용주차장의 주차비를 면제받을

수 있다.

4. 장애인복지서비스의 과제

장애인복지는 삶의 전 영역과 관련되어 있기 때문에 장애인이 비
장애인과 함께 더불어 살 수 있는 복지공동체의 구축이 그 목표일
수 있다. 이 기준에서 볼 때, 한국의 장애인복지는 조금씩 나아지고
있지만 아직 미흡하다.

재가장애인이 사회나 국가에 대해 가장 우선적으로 요구하는 사
항은 생계보장이 30.3%로 가장 많고, 그다음은 의료혜택 확대
(25.6%), 주택보장(7.4%) 등으로, 기본적 욕구의 충족에 머물러 있
다. 인간은 생리적인 욕구와 안전의 욕구가 어느 정도 충족되어야,
애정의 욕구, 자존의 욕구, 자아실현의 욕구를 추구할 수 있는데 매
우 안타까운 일이다.

한국의 장애인복지가 발전되기 위해서는 단기적인 목표설정과
사업집행뿐만 아니라, 장기적인 방향설정과 꾸준한 실천이 병행되
어야 할 것이다. 다음 몇 가지는 장애인의 행복한 삶을 위해서 꼭
실현시켜야 할 과제이다.

첫째, 장애인의 인권을 보장하고 삶의 모든 영역에서 장애라는
이유로 차별하지 않는 사회를 지향한다. 장애인 중에서도 자립능력
이 낮고 더 많은 보호를 필요로 하는 중증장애인, 여성장애인에 대
한 차별이 더 크다는 점을 직시하여 이들에 대한 복지정책을 보다
적극적으로 개발해야 한다.

둘째, 장애인의 발생을 적극 예방하고, 장애인의 잔존 능력을 최대한 보전하는 의료 서비스와 그 능력을 개발하는 특수교육을 보편화시킨다. 장애의 발생원인 중 질병이나 사고 등 후천저 원인이 전체의 약 9할이나 되므로, 교통사고와 산업재해를 예방하는 홍보·교육을 강화해야 한다. 또한 재활의학과 특수교육을 더욱 발전시켜서 장애의 유형과 수준에 맞는 서비스를 제공해야 할 것이다.

셋째, 모든 장애인의 기초생활을 보장해야 한다. 소득이 낮은 장애인을 국민기초생활보장제도의 수급자로 선정하고, 장애수당을 장애의 유형과 등급에 맞게 현실화시켜야 한다. 가구에 장애인이 있기 때문에 월평균 추가비용이 발생하고, 그중 신장장애와 발달장애는 다른 장애보다 비용이 더 많이 드는 등 장애유형에 따른 비용편차가 큰 것을 볼 때, 명목상의 장애수당을 크게 증액하여 실질적인 금액을 지급해야 한다.

넷째, 장애인이 자신의 신체적·정신적 여건에 맞고 개성과 기호에 맞는 직업을 선택할 수 있고, 평생 평등노동을 할 수 있도록 고용환경을 조성해야 한다. 특히 정신장애인, 신장장애인, 중증장애인 등 취업이 어려운 장애인이 적합한 취업 훈련, 취업알선, 사후관리 등을 통해서 일을 할 수 있도록 기회를 제공해야 한다.

다섯째, 장애인이 이동을 자유롭게 할 수 있도록 모든 공공시설에 편의증진시설과 설비를 갖추고, 장애인의 활동을 억제하는 지역사회의 모든 장벽을 철폐한다. 우선 공공기관과 다중이용시설부터 법에 맞게 편의시설을 설치해야 하고, 저상버스 등 장애인을 위한 대중교통수단을 확충해야 한다. 많은 장애인이 주로 가정에서 살고 있다는 점에서 볼 때, 장애인이 살기 편하게 주거를 개조하는 비용을 정부가 지원하는 주거급여를 제도화해야 한다.

여섯째, 장애인이 모든 영역의 정책결정에 참여할 수 있도록 하고, 장애인을 위한 전문가를 광범위하게 양성하고 배치해야 한다. 장애인을 위한 복지에서 장애인에 의한 복지로 나아갈 수 있도록, 장애인 관련 정책의 형성, 집행, 평가 등 전 과정에 장애인의 참여를 보장해야 한다. 또한 장애인복지가 선진국 수준으로 구현될 수 있도록 재활전문의, 사회복지사, 재활간호사, 수화통역사 등 장애인 전문가를 더 많이 양성하고 국립재활종합병원, 수화방송국, 국립중앙점자도서관, 장애인을 위한 정보통신연구원 등 장애인을 위한 국공립기관을 설립해야 한다.

제4절

여성복지서비스정책

1. 여성과 사회복지

전통적으로 사회복지의 주된 대상은 가난한 사람, 가족의 보호를 적절히 받지 못한 사람, 소외된 사람이었다. 어느 시대 어느 사회에서나 보호자가 없거나 있더라도 보호할 능력이 없는 가정의 아동, 노인, 장애인 등은 사회복지의 주된 대상이었다. 산업화와 함께 사회복지의 주된 대상은 노동자와 그 가족으로 바뀌고, 제2차 세계대전 이후 국가의 책임이 강조되면서 전체 시민으로 확장되었다.

전통사회에서 복지의 주된 대상은 환과고독 4궁이었다. 즉, 홀아비(환), 과부(과), 고아(고), 독거노인(독)은 사회복지의 주된 대상이었고, 이들을 위한 복지제도가 오늘날 모·부자복지법, 아동복지법, 노인복지법 등으로 제도화되었다.

사회복지법령의 제정과정을 보면, 국가는 아동복리법에서 볼 수 있는 바와 같이 아동을 가장 먼저 보살폈고, 그다음은 노인에게 관심을 가졌으며, 과부를 포함한 여성에 대한 관심은 부차적이었다. 과부를 위한 복지가 홀아비를 위한 복지보다 먼저 제도화된 것은 사회가 여성을 남성보다는 복지의 대상으로 파악했다는 것을 알려 준다.

따라서 여성복지를 살펴본다면, 우선 여성을 위한 사회복지에는 어떤 것들이 있는지를 검토해야 한다. 여성을 위한 사회복지는 점차 체계화되었다. 가난한 여성, 배우자가 없이 자녀를 키우는 여성, 일하는 여성을 위한 복지는 상당부분 제도화되었고, 최근에는 양성평등을 위한 복지도 강조되고 있다.

복지제도에서 여성차별은 상당히 고질적이지만 비판적으로 다루어지지 않았다. 가부장적 문화 때문에 복지제도가 여성을 남성에게 종속적인 존재로 인식하고 있음에 따라 여성은 복지제도에서 차별을 받기도 한다. 성차별의 실태를 파악하고, 그 개선방안을 찾는 것은 여성복지의 중요한 영역이다.

한편 여성은 복지주체 혹은 복지제공자로서도 차별을 받는 경우가 많다. 사회복지기관에서 여성은 관리직보다는 주로 실무자로 일하고, 중요한 의사결정에서 소외되며, 같은 일을 한 경우에도 남성보다 낮은 임금을 받기도 한다. 이 점도 여성과 사회복지에서 다루어야 할 내용이다.

여성복지는 그 대상을 미혼모, 성매매여성, 가출여성, 근로여성, 저소득 여성 및 학대받는 여성과 같은 요보호여성을 포함하여 모든 여성이 보다 인간다운 삶을 영위할 수 있도록 국가와 지방자치단체 그리고 사회복지법인 등 민간이 행하는 모든 체계적인 활동이라고 볼 수 있다.

여기에서는 사회복지의 대상으로서 여성복지를 다룰 뿐만 아니라, 사회복지서비스에서 여성차별의 문제점과 개선방안 등을 살펴보고자 한다.

2. 여성복지의 역사적 변화

여성복지를 논할 때, 여성을 위한 사회복지에는 무엇이 있고 그 것이 어떻게 변화되었는지를 파악하는 것은 흥미로운 일이다. 여성을 위한 사회복지는 점차 여성을 보호해야 한다는 관점에서 여성에게도 동등한 기회를 주어야 한다는 관점과 여성에 대한 긍정적 차별이 필요하다는 시각이 강조되고 있다.

한국의 여성복지는 오랫동안 윤락행위등방지법에 근거하여 부녀복지라는 이름으로 수행되었고, 윤락여성, 빈곤 모자가정, 근로여성 등에 초점을 두어왔다. 1990년대 이후 여성인권에 대한 각성이 커지면서, 가정폭력과 성폭력 피해자의 인권을 옹호하는 상담과 보호사업이 활성화되고, 성매매의 방지와 성을 판 사람에 대한 보호사업도 달라졌다.

1) 윤락행위 방지에서 여성발전으로

여성을 위한 사회복지에서 가장 고전적인 법은 윤락행위등방지법(1961년)이다. 이 법은 그 명칭에서 보는 바와 같이 성을 파는 윤락행위를 방지하려는 법이었다. 법의 핵심 내용은 윤락행위를 한 사람(주로 여성)을 처벌하거나 보호하고, 윤락행위를 알선하는 사람을 처벌하려는 것이다.

윤락행위는 전통사회에서 기생이란 관습으로 널리 행해져 왔고, 일제하에서는 공창이 있었으며, 해방 후 공창제가 폐지되었지만 현재도 군부대와 기차역 주변에 윤락행위를 하는 집창촌이 형성되어서 윤락행위는 공공연하게 이루어졌다.

국가도 사회적 실체인 윤락행위를 완전히 금지하기보다는 윤락여성이 길거리 등에서 공공연하게 호객행위를 하는 것을 억제하고, 윤락여성에게 정기적으로 성병검사를 받도록 하는 등 관리에 초점을 두었다. 정부는 기차역과 버스터미널과 같이 사람들의 왕래가 잦고 가출여성이 접근하기 쉬운 곳에 간이부녀상담실을 두어서 가출여성 등이 윤락알선업소 등에 취업하는 것을 방지하였다.

1970년대까지 국가와 지방자치단체의 여성업무는 윤락행위등방지법에 의해서 윤락을 하거나 할 우려가 있는 여성을 보호하는 이른바 부녀보호가 핵심이었다. 1980년대 이후 여성의 지위가 상승하여 한국여성개발원이 설립되고, 여성의 발전이 강조되면서 여성발전기본법(1995년)이 제정되었다. 이 법에 의하여 국가는 전체 여성의 발전에 대한 중장기계획을 세우기 시작했다. 최근에는 윤락행위등방지법이 폐지되고, 성매매알선 등 행위의 처벌 및 방지에 관한 법률(2004년)과 성매매방지 및 피해자보호 등에 관한 법률(2004년)이 제정되었다.

2) 모자복지에서 모·부자복지로

여성을 위한 복지에서 근간이 된 법은 모자복지법(1989년)이다. 이 법의 목적은 18세 미만의 자녀를 돌보는 여성을 돕는 것이다.

대표적인 모자복지시설인 모자원은 당초 아동복리법에 의한 아동복리시설이었는데, 여성의 지위가 점차 상승하면서 모자복지시설로 정립되었다.

모자복지법은 모자가정에 대한 상담, 생계급여, 주거의 제공 등을 실시하였다. 대표적인 모자복지시설로는 경제적으로 어려운 모자가 3년 동안(연장 가능) 기초생활을 보장받으며 살 수 있는 모자보호시설이 있고, 모자가정이 자립을 준비하는 동안에 주거를 제공받는 자립지원시설이 있다.

당초에는 한부모 가족 중에서도 모자가정에 대한 지원만 있었지만 점차 부자가정에 대한 지원도 늘리게 되고, 마침내 모·부자복지법(2002년)으로 전면 개정되었다. 이는 양성평등사회를 지향하면서 모자복지에 상응하는 부자복지를 구현하려는 제도적 장치이다.

3) 근로여성의 보호에서 양성평등노동으로

1960년대와 1970년대 도시화와 산업화를 거치면서 늘어난 근로여성을 보호하려는 정책이 제도화되었다. 국가는 해방 직후부터 근로여성의 임금과 근로시간 등 근로조건을 보호하기 위하여 근로기준법에 여성보호에 관한 조항을 포함시켰다.

1970년대에 들어서는 주로 여성근로자에게 중고등학교의 취학기회를 주기 위하여 산업체 부설학교와 야간특별학급을 설치·운영하였다. 공단지역 주변에는 근로청소년회관을 건립하고, 근로자임대아파트를 지어서 근로자들이 저렴한 비용으로 여가생활을 하고, 안정된 주거를 확보하도록 지원하였다.

여성근로자의 관심이 단순히 임금차별이나 근로시간에 한정되지 않고, 점차 취업, 직무의 배치, 교육훈련, 승진 등에서 남녀 간의 불평등으로 쟁점이 확산되면서 남녀고용평등법(1987년)이 제정되었다. 이 법은 채용광고 등에서 남녀를 지정해서 채용하는 것을 금지하고, 합리적인 이유 없이 남녀를 차별하는 것을 금지시켰다. 또한 여성근로자에 대한 일상화된 성희롱을 근절하기 위한 사항도 구체적으로 명시하고 있다.

직장에서 양성평등이 몇 가지 법령을 바꾼다고 해서 이루어질 수 있는 것은 아니지만, 여성을 단순히 보호할 대상으로 인식했던 시각을 바꾸어서 남성과 동등한 인격체로 파악하고, 관습화된 여성차별에 대한 의도적인 감시가 가능하게 된 것은 큰 진전이다.

4) 여성단체 지원에서 여성인권 보장으로

여성복지는 윤락여성과 모자가정처럼 어려운 상황에 처한 여성을 돕는 것이 일차적이었지만, 점차 여성단체에 대한 지원으로 확대했다. 여성단체에 대한 지원도 초기에는 새마을부녀회, 한국부인회 등 정부정책에 우호적인 여성단체를 지원하다가 최근에는 여성단체에 프로그램을 공모하여 지원하는 방식으로 바뀌었다.

한국여성민우회, 한국여성의전화연합 등 여권주의를 표방하는 새로운 여성단체가 출현하면서 성폭력·가정폭력의 피해 여성을 상담하고 보호하는 등 여성인권을 신장시키는 일이 여성복지의 핵심으로 정립되었다.

특히 가정폭력은 배우자에 의한 지속적인 폭력임에도 불구하고, 부부싸움은 칼로 물 베기라는 식으로 가볍게 취급되어 왔는데, 최근에는 가정폭력방지 및 피해자보호 등에 관한 법률(1997년)이 제정되어, 가해자에 대한 처벌과 교육, 피해자의 보호 등에 대한 제반 정책을 실시하고 있다.

여성인권이 실현되기 위해서는 가정폭력과 성폭력과 같은 명백한 폭력뿐만 아니라 일상화된 폭력과 차별에 대한 체계적 대책이 필요하다. 남녀유별과 장유유서를 기본으로 한 가부장제도는 가정에서 여성을 남성에게 종속된 존재로 처우하고 있으므로 양성평등적인 가족문화를 만들기 위한 전향적인 대안을 모색해야 한다.

3. 여성복지서비스의 주요 내용

1) 가정폭력 상담과 보호

가정폭력범죄의 처벌 등에 관한 특례법에 따르면, 가정폭력이란 가정구성원 사이의 신체적·정신적 또는 재산상 피해를 수반하는 행위이다. 가정구성원에는 일반적인 의미의 가족뿐만 아니라, 사실상의 혼인관계나 사실상의 양친관계, 계모자관계, 적모서자관계, 동거하는 친족관계, 이혼한 부부 사이도 포함된다.

가정폭력범죄의 유형에는 상해, 폭행, 유기, 영아유기, 학대, 아동혹사, 체포, 감금, 협박, 명예훼손·모욕, 주거·신체수색, 강요, 재물손괴, 아동구걸 등이 있다. 가정폭력에는 남편에 의한 아내의 폭력뿐만 아니라(아내학대), 아내에 의한 남편의 폭력(남편학대), 부모에 의한 자녀의 폭력(아동학대), 자녀에 의한 부모의 폭력(노인학대) 등이 모두 포함된다.

이 법에 따르면, 가정폭력 범죄를 알게 된 자는 누구든지 경찰에 신고 혹은 고소할 수 있다. 사건발생 시 경찰은 폭력행위의 제지 및 범죄수사, 피해자의 가정폭력관련 상담소 또는 보호시설 인도(피해자의 동의가 있는 경우에 한함), 긴급치료가 필요한 피해자의 의료시설 인도, 폭력행위의 재발 시 임시조치를 신청할 수 있음을 통보하는 등 응급조치를 취해야 한다.

판사는 행위자에게 다음과 같이 임시조치를 결정할 수 있다. 판사는 임시조치로 피해자 또는 가정구성원의 주거 또는 점유하는 방으로부터의 퇴거 등 격리(2월), 피해자의 주거·직장 등에서 100미터 이내의 접근금지(2월), 의료기관 기타 요양소에의 위탁(1월), 경찰관서 유치장 또는 구치소에의 유치(1월) 등을 결정할 수 있다. 위의 조치들은 괄호 안의 기간을 초과할 수 없으며 1회에 한하여 연장할 수 있다. 임시조치는 피해자를 보호하기 위한 것이므로 위의 하나 혹은 둘 이상을 동시에 결정할 수 있다.

또한 판사는 심리의 결과 보호처분이 필요하다고 인정하는 경우에는 다음과 같은 보호처분을 결정할 수 있다. 만약 행위자가 보호처분에 응하지 아니할 때에는 판사가 보호처분을 취소하고 검사에게 사건을 송치할 수 있다.

- 행위자가 피해자에게 접근하는 행위의 제한(1월)
- 친권자인 행위자의 피해자에 대한 친권행사의 제한(6월)
- 보호관찰 등에 관한 법률에 의한 보호관찰(6월)
- 보호관찰 등에 관한 법률에 의한 사회봉사, 수강명령(6월)
- 가정폭력방지 및 피해자보호 등에 관한 법률이 정하는 보호시설에의 감호위탁

- 의료기관에의 치료위탁, 상담소 등에의 상담위탁

흔히 가정폭력은 가정에서 지속적으로 이루어지기 때문에 폭력행위자에 대한 법적 처벌과 함께 피해자가 위기상황을 피하기 위한 자구노력을 해야 한다. 예를 들어 작은 폭력이 큰 폭력으로 이어지기 때문에, 가정폭력이 일어나기 전에도 폭력에 대한 대책을 미리 생각해둔다든가, 현금과 휴대전화, 은행통장과 신용카드, 옷, 중요한 물품 등을 늘 챙겨두고, 전세계약서와 집문서, 배우자의 수입기록물 등을 잘 관리한다든가 하는 것 등이다.

폭력이 일어날 때에는 우선 자신을 방어하고, 여성긴급전화 1366에 도움요청전화를 하거나, 일단 도망가고, 112에 신고하여 경찰을 부른다. 신체적 외상이 있는 경우에는 119에 전화하여 응급서비스를 받는다. 폭력이 일어난 후에는 즉시 치료를 받고, 피해기록을 작성하며, 피해상황을 사진으로 찍어서 증거를 보존한다. 자신의 피해사실을 믿을 만한 사람에게 알리고, 병원치료·경찰에 신고 등 자신의 보호를 위해서 적극적으로 행동한다. 가정폭력 전문상담기관에 상담을 하고, 필요한 경우 행위자에 대한 처벌과 보호처분 등 법적 대응을 준비한다.

국가는 가정폭력을 예방하고 가정폭력의 피해자를 보호함으로써 건전한 가정을 육성함을 목적으로 가정폭력방지 및 피해자보호 등에 관한 법률을 시행하고 있다. 이 법 제4조에 따르면, 국가와 지방자치단체는 가정폭력의 예방과 방지를 위하여 다음과 같은 조치를 취하여야 한다.

1. 가정폭력에 관한 신고체제의 구축 및 운영
2. 가정폭력의 예방과 방지를 위한 연구, 교육 및 홍보
3. 피해자를 위한 보호시설의 설치・운영 및 기타 피해자에 대한 지원서비스의 제공
4. 가정폭력의 실태 조사
5. 가정폭력의 예방과 방지를 위한 관계 법령의 정비 및 각종 정책의 수립 및 시행

또한 국가와 지방자치단체는 위의 책무를 다하기 위하여 이에 수반하는 예산상의 조치를 취하여야 하고, 특별시・광역시・도 및 시・군・구에 가정폭력의 예방과 방지 업무를 담당할 기구와 공무원을 두어야 한다. 아울러 국가와 지방자치단체는 제5조 제2항 및 제7조 제2항의 규정에 의하여 설치・운영하는 가정폭력관련 상담소와 가정폭력피해자 보호시설에 대하여 경비를 보조하는 등 이를 육성・지원하여야 한다.

국가 또는 지방자치단체는 가정폭력관련 상담소를 설치・운영할 수 있고, 상담소의 설치기준과 상담원 등 자격을 갖춘 단체와 사람도 시장・군수・구청장에게 신고하고 설치할 수 있다. 상담소는 가정폭력을 신고 받거나 이에 관한 상담에 응하는 일, 가정폭력으로 인하여 정상적인 가정생활 및 사회생활이 어렵거나 기타 긴급히 보호를 필요로 하는 피해자에 대한 임시보호를 하거나 의료기관 또는 가정폭력피해자 보호시설로의 인도, 행위자에 대한 고발 등 법률적 사항에 관한 자문을 얻기 위한 대한변호사협회 또는 지방변호사회 및 대한법률구조공단 등에 필요한 협조와 지원의 요청, 경찰관서

등으로부터 인도받은 피해자의 임시보호, 가정폭력의 예방 및 방지에 관한 홍보, 기타 가정폭력 및 피해에 관한 조사·연구 등을 수행한다.

국가 또는 지방자치단체는 가정폭력피해자보호시설을 설치·운영할 수 있다. 사회복지법인 기타 비영리법인은 시장·군수·구청장의 인가를 받아 보호시설을 설치·운영할 수 있다. 보호시설은 가정폭력관련 상담소의 업무를 하고, 피해자를 일시보호 하는 일, 피해자의 신체적·정신적 안정 및 가정복귀를 돕는 일, 다른 법률에 의하여 보호시설에 위탁한 사항, 기타 피해자의 보호를 위하여 필요한 일 등을 수행한다. 보호시설의 장은 위의 사업으로 인한 비용의 전부 또는 일부를 가정폭력행위자로부터 구상할 수 있다. 이 경우 그 구상절차는 국세 또는 지방세 체납처분절차의 예에 의한다.

2) 성폭력 상담과 보호

성폭력범죄의 처벌 및 피해자보호 등에 관한 법률(성폭력특별법)에 따르면, 성폭력은 강간뿐만 아니라 추행, 성희롱, 성기노출 등 성을 매체로 인간에게 가해지는 모든 신체적·언어적·정신적 폭력을 포괄하는 넓은 개념이다. 성폭력에 대한 막연한 불안감이나 공포심, 그로 인한 행동 제약도 간접적인 성폭력이라 할 수 있다.

성폭력범죄는 강간, 강제추행, 준강간, 강간 등에 의한 치사상, 미성년자에 대한 간음, 업무상 위계 등에 의한 간음, 혼인빙자 간음, (본인의 의사에 반하여 타인의 신체를)카메라 등을 이용하여 촬영하는 것 등이다. 또한 성폭력특별법은 전화·우편·컴퓨터 등 통신매체를 이용한 음란행위와 버스, 지하철, 극장 등 밀집 장소에서의 추행도 처벌하도록 했다. 성폭력범죄의 수사 또는 재판에 관여하는 자는 피해자의 신원과 사생활의 비밀을 누설하지 못하도록 하고 신청이 있으면 성폭력 범죄에 대한 심리를 비공개로 해야 한다.

국가 또는 지방자치단체는 성폭력피해상담소를 설치·운영할 수 있다. 국가 또는 지방자치단체 외의 자가 상담소를 설치·운영하고자 할 때에는 특별시장·광역시장 또는 도지사에게 신고하여야 한다. 성폭력특별법 제24조에 의하면, 성폭력피해상담소는 성폭력피해를 신고 받거나 이에 관한 상담에 응하는 일, 성폭력피해로 인하여 정상적인 가정생활 및 사회생활이 어렵거나 기타 사정으로 긴급히 보호를 필요로 하는 사람을 병원 또는 성폭력피해자보호시설로 데려다주는 일, 가해자에 대한 고소와 피해배상청구 등 사법처리절차에 관하여 대한변호사협회나 대한법률구조공단 등 관계기관에 필요한 협조와 지원을 요청하는 일, 성폭력범죄의 예방 및 방지를 위한 홍보를 하는 일, 기타 성폭력범죄 및 성폭력피해에 관하여 조사·연구하는 일 등을 수행한다.

국가 또는 지방자치단체는 성폭력피해자보호시설을 설치·운영할 수 있다. 사회복지법인 기타 비영리법인은 특별시장·광역시장 또는 도지사에게 신고하고 보호시설을 설치·운영할 수 있다. 보호시설의 주요 업무는 제24조 각호의 일, 성폭력피해자를 일시 보호하는 일, 성폭력피해자의 신체적·정신적 안정회복과 사회복귀를 돕는 일, 기타 성폭력피해자의 보호를 위하여 필요한 일 등이다.

3) 모자·부자복지

모·부자복지법은 모·부자가정이 건강하고 문화적인 생활을 영위할 수 있게 함으로써 모자가정의 생활안정과 복지증진에 기여함을 목적으로 제정되었다.

이 법에서 '모' 또는 '부'라 함은 배우자와 사별 또는 이혼하거나 배우자로부터 유기된 자, 정신 또는 신체의 장애로 인하여 장기간 노동능력을 상실한 배우자를 가진 자, 미혼자(사실혼관계에 있는 자를 제외한다), 위에 준하는 자로서 보건복지부령이 정하는 자로서 아동을 양육하는 자를 말한다. '모·부자가정'은 모 또는 부가 세대주(세대주가 아니더라도 세대원을 사실상 부양하는 자를 포함한다)인 가정을 말하고, '아동'은 모 또는 부에 의하여 양육되는 18세 미만(취학 중인 때에는 20세 미만을 말한다)의 자녀를 말한다.

이 법에 따르면, 모·부자복지에 관한 사항을 상담하거나 지도하기 위하여 특별시장·광역시장·도지사와 시장·군수·구청장은 관할구역 안에 모·부자복지상담소를 설치할 수 있다. 모·부자복지상담소는 자격을 갖춘 모·부자복지상담원을 둔다.

시장·군수·구청장은 매년 1회 이상 관할구역 안의 보호대상자를 조사하여야 한다. 시장·군수·구청장은 보호대상자를 조사한 때에는 그 조사결과를 시·도지사에게 보고하여야 한다. 보호기관은 보호대상자와 피보호자의 실태에 관한 대장을 작성·비치하여야 한다.

국가 또는 지방자치단체는 규정에 의한 복지급여의 신청이 있는 경우 생계비, 아동교육지원비, 직업훈련비 및 훈련기간 중 생계비, 아동양육비, 기타 대통령령이 정하는 비용 등 복지급여를 실시할 수 있다. 다만 이 법에 의한 보호대상자가 국민기초생활보장법 등 다른 법령에 의하여 보호를 받고 있는 때에는 그 범위 안에서 이 법에 의한 급여를 하지 아니한다.

이 법 제19조에 따르면, 모·부자복지시설은 다음 각 호의 시설로 한다.

1. 모자보호시설: 생활이 어려운 모자가정을 일시 또는 일정기간 보호하여 생계를 지원하고 퇴소 후 자립기반을 조성하도록 지원하는 것을 목적으로 하는 시설
2. 모자자립시설: 자립이 어려운 모자가정에 대하여 일정기간 주택편의만을 제공함을 목적으로 하는 시설
3. 부자보호시설: 생활이 어려운 부자가정을 일시 또는 일정기간 보호하여 생계를 지원하고 퇴소 후 자립기반을 조성하도록 지원하는 것을 목적으로 하는 시설
4. 부자자립시설: 자립이 어려운 부자가정에 대하여 일정기간 주택편의만을 제공함을 목적으로 하는 시설
5. 미혼모시설: 미혼여성이 임신을 하였거나 출산을 하였을 경우 안전하게 분만하게 하고 심신의 건강을 회복할 때까지 일정기간 보호함을 목적으로 하는 시설
6. 일시보호시설: 배우자(사실혼관계에 있는 자를 포함한다)가 있으나 배우자의 물리적·정신적 학대로 인하여 아동의 건전양육 또는 모의 건강에 지장을 초래할 우려가 있을 경우 일시적으로 또는 일정기간 그 모와 아동 또는 모를 보호함을 목적으로 하는 시설

7. 여성복지관: 모자가정 및 미혼여성에 대한 각종 상담을 실시하고 생활지도, 생업지도, 탁아 및 직업보도를 행하는 등 모자가정 및 미혼여성의 복지를 위한 편의를 종합적으로 제공하는 것을 목적으로 하는 시설

8. 모부자가정상담소: 모부자가정에 대한 조사, 지도, 시설입소 등에 관한 상담업무를 수행할 것을 목적으로 하는 시설

국가 또는 지방자치단체는 모부자복지시설을 설치할 수 있다. 국가 또는 지방자치단체 외의 자가 모부자복지시설을 설치·운영하고자 하는 때에는 시장·군수·구청장에게 신고하여야 한다. 국가 또는 지방자치단체는 대통령령이 정하는 바에 의하여 모·부자복지사업에 소요되는 비용을 보조할 수 있다.

정부는 종합적이고 체계적으로 저소득 모·부자가정의 생활안정을 도모하고 복지를 증진하며, 모·부자가정이 건강하고 문화적인 생활을 향유할 수 있도록 하기 위하여 저소득 모·부자가정 지원사업을 시행한다.

저소득 모·부자가정 지원사업의 주요 복지 내용은 재가보호로서 생계비, 자녀교육비, 아동양육비 지원 및 복지자금의 대여, 고용촉진 알선 등이 있다. 또한 시설보호로서 모자보호시설, 모자자립시설, 미혼모시설, 가정폭력피해자 보호시설 등에 수용·보호함으로써 기본생계 보장과 자립기반을 조성하며, 여성복지상담은 모자가정에 대한 조사, 지도, 시설입소 등에 관한 상담을 실시한다.

모·부자가정으로 선정되려면, 다음에 해당하는 세대주(세대주가 아니더라도 세대원을 사실상 부양하는 자를 포함)인 모(부)와 모

(부)에 의하여 양육되는 18세 미만(취학 시에는 20세 미만)의 자녀로 이루어진 가정으로서 저소득 모자가정 선정기준에 적합한 자(국민기초생활보장 수급자는 저소득 모·부자가정 선정대상에서 제외되지만 관리는 하여야 함)이어야 한다.

- 배우자와 사별 또는 이혼하거나 배우자로부터 유기된 여성(남성)
- 정신 또는 신체장애로 인하여 장기간 근로능력을 상실한 배우자를 가진 여성(남성)
- 미혼모·부(사실혼 관계에 있는 자는 제외)
- 배우자의 생사가 분명하지 아니한 여성(남성)
- 배우자 또는 배우자 가족과의 불화 등으로 인하여 가출한 여성 (사실상 가계운영을 혼자 담당하는 남성)
- 배우자와 해외거주·장기복역 등으로 인하여 부양을 받을 수 없는 여성

저소득 모자가정 선정기준은 모·부자복지법 제5조 및 동법시행규칙 제3조에 의거하여, 가구원수별로 재산과 월소득의 기준에 맞을 때 보호를 받을 수 있다. 또한 저소득 모·부자가정으로서 근로능력 및 자립자활의지가 뚜렷하고 현실성 있는 사업계획을 제시하는 자에게 저금리로 복지자금을 대출한다. 저소득 모·부자가정의 6세 미만의 아동에게는 규정에 따라 아동양육비를 지원한다. 다만 국민기초생활보장법 등에 의해 생계비를 지원받는 경우에는 제외된다.

모자보호시설에 입소하기 위해서는 입사대상자로서 입소절차를 밟아야 한다. 입소대상자는 모부자복지법 제4조의 규정에 의한 모

로서 18세 미만(취학 시 20세 미만) 아동을 양육하는 무주택·저소 득 모자가정, 미혼모시설 퇴소자 중 스스로 아동을 양육하는 미혼 모이다. 입소절차는 구청 상담을 거쳐 호적등본 1통과 시설입소신 청서를 제출해야 한다. 보호기간은 3년 이내이고, 1년 단위로 기간 연장을 할 수 있다.

미혼모 시설의 입소대상은 임산부와 출산 후(6월 미만) 보호가 요구되는 미혼모로서 분만혜택과 숙식보호가 필요한 사람이다. 입 소절차는 구청상담을 거쳐 입소(신원은 주민등록증으로 확인)하고, 보호기간은 6월(6월 연장 가능)이다.

4) 성매매방지 상담과 보호

성매매방지 및 피해자보호 등에 관한 법률은 성매매를 방지하고 성매매피해자 및 성을 파는 행위를 한 자의 보호와 자립의 지원을 목적으로 2004년에 제정되었다. 이 법이 제정되면서, 1961년에 제 정된 윤락행위등방지법은 폐지되었다.

이 법 제3조에 따르면, 국가와 지방자치단체는 성매매를 방지하 고 성매매피해자 및 성을 파는 행위를 한 자의 보호와 자립의 지원 을 위하여 성매매, 성매매알선 등 행위 및 성매매 목적의 인신매매 를 방지하기 위한 조사·연구·교육·홍보, 성매매피해자 등의 보 호와 자립을 지원하기 위한 시설(외국인여성을 위한 시설을 포함한 다)의 설치·운영에 대한 법적·제도적 장치를 마련하고 필요한 행 정적·재정적 조치를 취하여야 한다. 또한 국가는 성매매 목적의 인신매매의 방지를 위한 국제협력의 증진을 위하여 노력하여야 한 다. 이 법 제5조에 의하면, 성매매피해자 등을 위한 지원시설의 종류는 다음과 같다.

  (1) 일반지원시설: 성매매피해자 등을 대상으로 6월 이내의 범위
에서 숙식을 제공하고 자립을 지원하는 시설

  (2) 청소년지원시설: 청소년인 성매매피해자 등을 대상으로 1년
이내의 범위에서 숙식을 제공하고, 취학·교육 등을 통하여
자립을 지원하는 시설

  (3) 외국인여성지원시설: 외국인 여성인 성매매피해자 등을 대상
으로 3월(성매매알선 등 행위의 처벌 및 방지에 관한 법률 제
11조의 규정에 해당하는 외국인 여성에 대하여는 그 해당기
간) 이내의 범위에서 숙식을 제공하고, 귀국을 지원하는 시설

  (4) 자활지원센터: 성매매피해자 등을 대상으로 자활에 필요한 지
원을 제공하는 이용시설

  일반지원시설의 장은 6월 이내의 범위에서 여성부령이 정하는 바
에 따라 지원기간을 연장할 수 있다. 청소년지원시설의 장은 청소년
이 19세에 달할 때까지 여성부령이 정하는 바에 따라 지원기간을
연장할 수 있다. 국가 또는 지방자치단체는 지원시설을 설치·운영
할 수 있다. 국가 또는 지방자치단체 외의 자가 지원시설을 설치·
운영하고자 할 때에는 시장·군수·구청장에게 신고하여야 한다. 이
법 제7조에 따르면, 지원시설의 업무는 일반지원시설, 청소년지원시
설, 외국인여성지원시설, 자활지원센터별로 구분되며, 일반지원시설
은 다음의 업무를 행한다.

1. 숙식의 제공
2. 심리적 안정 및 사회적응을 위한 상담 및 치료
3. 질병치료 및 건강관리를 위한 의료기관에의 인도 등 의료지원
4. 수사기관의 조사 및 법원의 증인신문에의 동행
5. 법률구조기관 등에의 필요한 협조 및 지원요청
6. 자립자활 교육의 실시와 취업정보 제공
7. 국민기초생활보장법 등 사회보장관련법령에 따른 급부의 수령 지원
8. 기술교육(위탁교육을 포함한다)
9. 다른 법률이 지원시설에 위탁한 사항
10. 그 밖에 여성부령이 정하는 사항

청소년지원시설은 일반지원시설의 업무 외에 진학을 위한 교육을 제공하거나 교육기관에 취학을 연계하는 업무를 행한다. 외국인 여성지원시설은 제1항 제1호 내지 제5호, 제9호의 업무 및 귀국을 지원하는 업무를 행한다. 자활지원센터는 자활공동체 등의 운영, 취업 및 기술교육(위탁교육을 포함한다), 취업 및 창업을 위한 정보의 제공, 그 밖에 사회적응을 위하여 필요한 지원으로서 여성부령이 정하는 사항을 행한다.

국가 또는 지방자치단체는 성매매피해상담소를 설치·운영할 수 있다. 국가 또는 지방자치단체 외의 자가 상담소를 설치·운영하고자 할 때에는 시장·군수·구청장에게 신고하여야 한다. 상담소에는 상담실을 두어야 하며, 이용자를 임시로 보호하기 위한 보호실을 운영할 수 있다. 이 법 제11조에 따르면, 성매매피해상담소는

다음의 업무를 행한다.

1. 상담 및 현장방문
2. 지원시설이용에 관한 고지 및 지원시설에의 인도 또는 연계
3. 성매매피해자의 구조
4. 제7조 제1항 제3호 내지 제5호의 업무
5. 다른 법률이 상담소에 위탁한 사항
6. 성매매피해자 등의 보호를 위한 조치로서 여성부령이 정하는 사항

4. 사회복지에서의 여성차별

여성을 위한 사회복지는 점차 일부 여성의 보호에서 전체 여성의 평등한 삶과 인권보장을 위한 사업으로 바뀌는데, 아직도 전체 사회복지에서 성인지적 관점은 매우 부족한 상황이다.

한국의 사회복지는 가부장제도를 전제로 발달되었기 때문에, 성인지적 관점에서 볼 때 여성에 대한 차별이 제도화된 경우가 많다. 모자복지가 부자복지보다 먼저 발달되고, 여성복지는 있어도 남성복지가 없기 때문에 여성에 대한 긍정적 차별이 있는 것처럼 보이지만, 사회복지에서 여성에 대한 차별은 여전하다.

사회복지 전반에 대한 성인지적 관점을 갖고, 여성에 대한 차별이 심각한 영역부터 양성평등적 관점에서 재검토해야 한다. 그중 대표적인 사례를 살펴보면 다음과 같다.

1) 사회보험 적용대상자에서의 차별

한국사회에서 사회복지의 큰 흐름이 공공부조에서 사회보험으로 바뀐 계기는 건강보험(1977년)과 국민연금(1988년)의 시행이다. 이전에도 산업재해보상보험이 실시되고, 공무원연금·군인연금이 시행되었지만, 전체 국민이 사회보험의 급여를 받게 된 것은 건강보험이다.

사회보험의 양대 축인 건강보험과 국민연금의 적용대상자는 개인이지만 급여는 사실상 가족 단위이다. 피보험자인 개인이 적용대상자가 되지만 급여를 받을 때는 피보험자와 그 가족이 함께 받는다.

건강보험은 부부 중 한 사람이 피보험자가 되더라도 급여의 내용이 같기 때문에 적용대상자에서 성차별은 큰 문제가 아니다. 그런데 국민연금은 누구의 이름으로 가입하느냐에 따라서 급여의 내용에서 큰 차이가 있기에 피보험자의 성차별은 중요한 문제이다. 국민연금에서 지역가입자의 경우 세대주 한 사람만 가입하게 하는 것은 세대주가 아닌 여성을 국민연금의 '국민'에서 제외시킨다는 문제점이 있다.

또한 최근 적용대상자가 크게 확장된 산재보험과 고용보험의 경우 상시피용자의 수가 1명 이상인 모든 사업장(법으로 정한 일부 사업장을 제외한)은 보험에 가입해야 할 의무가 있다. 하지만 주로 여성들이 많이 종사하는 음식숙박업, 개인서비스업 등은 사회보험의 가입을 기피한다. 사회보험에 적극적으로 가입하는 사업장에서도 비정규직 노동자의 보험가입에 소극적인데, 여성 노동자의 절대다수가 비정규직이라는 점에서 성차별은 심각하다.

사회보험의 적용대상자에서 여성차별을 줄이기 위해서는 국민연금에 기초연금제도를 도입하여 모든 성인은 국민연금에 가입하게 해야 한다. 또한 비정규직도 산재보험, 고용보험 등에 가입하도록 행정지도를 강화해야 한다.

2) 사회보험 급여에서의 차별

사회보험의 급여는 기본적으로 성차별이 없도록 설계되어 있다. 예컨대 국민연금의 피보험자 또는 그 가족은 누구나 노령연금, 장애급여, 유족급여, 반환일시금 등을 받을 수 있다. 그런데 기혼 여성의 상당수가 사실상 제도적으로 국민연금의 가입대상자에 제외되기에 노후에 독자적으로 노령연금을 받을 수 없고 남편의 노령연금에 의존하게 된다.

건강보험의 급여도 모든 피험자와 그 가족에게 동일하게 적용되기 때문에 형식적으로 볼 때는 성차별이 없는 것처럼 보인다. 그런데 여성만이 수진을 받는 산전산후의 의료서비스 중에는 상당수가 요양급여가 되지 않는 실정이다. 특히 여성들이 많이 받는 성형수술도 대부분 건강보험법상 비급여이기 때문에 여성의 본인부담금은 늘어날 수밖에 없다. 건강보험의 급여는 형식상 성차별이 없지만 실질적으로 성차별이 매우 크다.

건강보험의 급여항목을 늘리면 결국 건강보험료의 인상으로 이어지기 때문에 건강에 치명적이지 않는 일부 성형수술을 비급여로 두더라도, 출산은 후계세대를 이어가기 위해서 인류에게 꼭 필요한 일이기 때문에 이에 대한 건강급여를 확대해야 한다.

3) 국민기초생활보장제도 등에서의 성인지적 관점

국민기초생활보장제도는 생활능력이 없거나 약한 시민을 대상으로 하는 제도이다. 공공부조도 적용대상자와 급여 내용에서 볼 때, 형식적으로는 성차별이 거의 없다. 그런데 한국사회에서 소득과 재산이 거의 없는 빈민의 대부분이 여성이고, 여성노인들의 상당수가 빈곤자라는 점에서 볼 때, 최저생활에 미치지 못한 생계급여 등은 성차별의 상징이 될 수 있다.

여성운동이 주로 중산층여성에 의한 운동에 그치기 때문에 소비자운동, 환경운동, 여성인권운동 등에 집중되어 있지만, 가난한 여성노인의 기초생활을 보장하는 복지운동에도 각별한 관심을 가져야 할 것이다.

4) 사회복지서비스에서의 성인지적 관점

사회복지서비스는 남성보다는 여성에게 좀 더 깊은 관심을 가졌다. 모자복지는 오래전에 제도화되었지만, 부자복지는 최근에야 제도화된 것이 이를 증명한다.

그런데 사회복지서비스를 자세히 살펴보면, 여성에 대한 부당한 차별이 있고, 여성의 독특성을 인정하지 않는 상황을 발견할 수 있다. 예컨대 아동복지시설에 사는 아동에게 국가는 생계비를 제공할 때, 소녀의 생리적 특성을 인정하지 않는다. 소녀들은 12세 전후가 되면 생리를 하는데도, 생계비를 산출할 때 주식비, 부식비, 피복비 등을 남녀 모두 동일하게 산정하고, 소녀에게 생리대와 같은 위생용품이 별도로 필요하다는 사실을 간과해버린다.

여성이기 때문에 이중적인 차별을 받는 것은 여성장애인에게서 흔히 볼 수 있다. 여성장애인은 장애인이기 때문에 차별 받고, 여성이기 때문에 더욱 차별을 받는다. 여성장애인은 저항능력이 낮기 때문에 성폭력의 피해자가 되기 쉽고, 비장애인과 결혼하기 어려우며, 결혼을 할 경우 가사와 자녀양육을 담당해야 하기에 결혼을 포기하도록 강요받는다.

여성을 명시적으로 차별하지 않는 많은 복지정책과 서비스가 실질적으로 여성을 차별한다는 점에서 볼 때, 사회복지에서 성인지적 관점은 매우 중요하다.

5. 여성복지서비스의 과제

여성복지는 일부 요보호여성을 보호하는 정책에서 전체 여성의 삶의 질을 높이고 여성의 권익을 향상하는 사업으로 바뀌었다. 즉, 윤락행위등방지에서 여성발전으로, 모자복지에서 모·부자복지로, 근로여성의 보호에서 양성평등노동으로, 여성단체 지원에서 여성인권 보장으로 그 관점이 바뀐 것은 여성복지의 발전이다.

그러나 한국의 사회복지는 가부장적 문화 속에서 만들어졌기 때문에 여성 차별적인 요소가 적지 않다. 성차별을 극복하려는 노력이 있지만, 여성에 대한 차별, 가정폭력, 성폭력, 성매매 등은 계속되고 있다. 사회보험, 공공부조, 사회복지서비스도 성차별을 명시적으로 밝히지 않지만 복지대상자와 급여 내용에서 여성에게 차별적인 경우가 많다. 또한 최근까지 여성복지에 대한 논의는 주로 여성을 위한 사회복지에 한정되었다. 사회복지 속에서 여성의 지위를 보거나, 사회복지와 여성의 관계를 보는 것이 아니라, 여성을 위한 사회복지에 한정해서 살펴보았기 때문이다.

향후 여성과 사회복지의 관계를 올비로 정립하기 위해서는 양성이 평생 동안 평등하게 살 수 있는 세상을 전망하면서, 이를 저해하는 문제점을 발견하고, 적절한 대안을 모색해야 한다. 이를 위해서 몇 가지를 제언하면 다음과 같다.

첫째, 여성과 복지정책에 대한 체계적인 모니터링이 필요하다. 여성발전기본법에 의하여 국가와 지방자치단체는 여성발전5개년계획을 세우고 있는데, 이 계획이 제대로 수립되고 있는지, 수립된 정책이 제대로 집행되고 있는지를 지속적으로 평가하는 모임이 활성화되어야 한다.

둘째, 여성에 대한 제반 불평등을 철폐해야 한다. 사회복지에서 성차별을 철폐하는 것만으로 여성이 행복하게 사는 세상을 만들 수 없다. 여성이 보다 행복하게 살 수 있기 위해서는 2005년의 호주제 폐지와 같이 여성의 발전을 억압하는 제도의 철폐와 남녀차별을 당연시하는 생활문화를 바꾸어가야 한다.

셋째, 여성의 행복을 지향하는 사회복지를 실천하기 위해서도 사회복지실천 현장에서 여성사회복지사의 역할을 재정립해야 한다. 한국여성사회복지사협회 등을 만들어서 사회복지실천현장에서 여성에 대한 차별을 찾고 이를 개선하는 노력이 필요하다. 단지 여성사회복지사라는 이유만으로 채용, 근무조건, 교육훈련과 승진에서 차별이 일반화되어 있기에 여성사회복지사들이 자각하고 조직적으로 대응해야 한다.

넷째, 성인지적 관점에서 사회복지를 연구하는 한국여성복지학회의 창립을 제안한다. 여성을 위한 복지만을 연구하는 것이 아니라, 여성과 사회복지의 관계를 연구하여, 양성평등의 복지공동체 건설을 연구하고 대안을 실천하는 실천적 학술활동이 필요하다.

참고문헌

고명석 외(2012). 『사회복지개론』. 대왕사.

고명수 외(2013). 『사회복지개론』. 동문사.

고양곤(1998). 『고령화 사회를 대비한 노인복지 현황과 과제』. 보건사회연구원.

권중돈(2004). 『노인복지론』. 학지사.

권중돈 외(2013). 『사회복지개론』. 학지사.

김경우 외(2013). 『사회복지개론』. 창지사.

김상균 외(2011). 『사회복지개론』. 나남출판.

김성천 외(2013). 『사회복지개론』. 학지사.

김영모(1999). 『사회복지학』. 한국복지정책연구소 출판부.

김윤나(2013). 『사회복지개론』. 신정.

김인수 외(2008). 『여성복지실천과 정책』. 나남출판.

김종명 외(2013). 『사회복지개론』. 양서원.

김현용 외(1997). 『현대사회와 아동』. 소화.

김형태 외(2013). 『사회복지개론』. 신정.

남세진·조흥식(1996). 『한국사회복지론』. 나남출판.

박경일(2008). 『사회복지정책론』. 공동체.

박상하 외(2013). 『사회복지개론』. 양서원.

박석돈 외(2012). 『사회복지개론』. 양서원.

박용권 외(2013). 사회복지행정론. 양서원.

석재은 외(2000). 『노인의 소득실태 분석과 소득보장체계 개선방안 연구』. 한
국보건사회연구원.

양점도 외(2012). 『사회복지개론』. 공동체.

양정하(2004). 『사회복지발달사』. 현학사.

엄기욱 외(2013). 『사회복지개론』. 학지사.

오봉욱 외(2013). 『사회복지개론』. 동문사.

원석조 역(1987). 『이데올로기와 사회복지』. 홍익재.

원석조(2002). 『사회보장론』. 양서원.

윤동성(2000). "장애인복지." 이영철 외. 『사회복지학』. 양서원.

이건모 외(2013). 『사회복지개론』. 신정.
이순형 외(2009). 『아동복지 이론과 실천』. 학지사.
이용교(2004). 『청소년정책론』. 인간과복지.
이용교(2004). 『한국청소년복지』. 현학사.
이혜원(1999). 『노인복지론』. 유풍출판사.
임우석 외(2012). 『사회복지개론』. 공동체.
임혜숙 외(2013). 『자원봉사론』. 박영사.
장인협(1981). 『아동복지연구』. 수문사.
정무성 외(2013). 『현대사회복지개론』. 신정.
조형식(2009). 『국제적 장애인인권 규범』. 인권위원회.
조흥식 외(2013). 『사회복지학개론』. 장지사.
최선화 외(2009). 『여성복지론』. 양서원.
최성재(1995). "한국의 노령화와 사회정책." 『동/서양의 노령화 국제학술회의
    자료집』. 서울대학교 사회발전연구소.
최인덕 외(2010). "노인 장기요양 보험 대상자 및 시설, 인력 추계." 한국사회
    보장 학회. 『사회보장연구』. 26.
최일섭·최성재 공편(1996). 『사회문제와 사회복지』. 나남출판.
최일섭 외(2012). 『사회복지개론』. 공동체.
한인영 외(2011). 『사회복지개론』. 학지사.
홍봉수 외(2010). 『사회복지개론』. 공동체.
한국청소년개발원(1994). 『청소년복지론』. 인간과 복지.

Bengtsson. T. & K. Scott(2010). "The Ageing Population", in Castles.
    F.(2004). *The Future of the Welfare State: Crisis Myths and Crisis
    Realities*. New York: Oxford University Press.
Beveridge. W.(1942). *Social Insurance and Allied Services*. London: Her
    Majesty's Stationery Office.
Bradshaw, J.(1977). "The Concept of Social Needs", Gilbert, N. & Specht, H.
    eds.. *Planning for Social Welfare*. N.J.: Prentice-Hall.
Bruce, M.(1961). *The Coming of the Welfare State*. London: Batsford.
Bruce, M.(1973). *The Rise of the Welfare State*. London: Cox & Wyman.
Chu, K. & S. Gupta(1998). *Social Safety Net*. IMF.
Cutler, D. & R. Johnson(2004). "The birth and growth of the social insurance
    state: explaining old age and medical insurance across countries." *Public*

Choice. 120.

Dormont, B. et al.(2006). "Health expenditure growth: reassessing the threat of ageing." *Health Economics*. 15.

Drucker, P.(1954). *The Practice of Management*. New York: Harper.

Engelhardt, G. & V. Gruber(2004). *Social Security and the evolution of elderly poverty*. NBER.

Forder, A. et al.(1984). *Theories of Welfare*. London: Routledge & Kegan Paul.

Friedlander, W. & R. Apte(1980). *Introduction to Social Welfare*. Englewood Cliffs: Prentice-Hall.

George. V. & P. Wilding(1976). *Ideology and Social Welfare*. London: Routledge & Kegan Paul.

George, V. & P. Wilding(1984). *The Impact of Social Policy*. London: Routledge & Kegan Paul.

George, V. & P. Wilding(2002). *Globalization and Human Welfare*. Basingstroke, Palgrave.

Gilbert, N. & P. Terrell(1998). *Dimensions of Social Welfare Policy*. Boston: Allyn and Bacon.

Hodin, M. & M. Hoffmann(2011). "Snowbirds and Water Coolers: How Aging Population Can Drive Economic Growth." *SAIS Review*. 31.

Levitas, R. ed.(1986). *The Ideology of the New Right*. Cambridge: Polity Press.

Lowe. R.(1993). *The Welfare State in Britain since 1945*. London: Macmillan.

Lowsky, D. et al.(2014). "Heterogeneity in Healthy Aging." *Journal of Gerontology* 69(6).

Lowy, L.(1979). *Social Work with the Aging*. N. Y.: Harper & Row.

Matthews, J. & D. Berman(2000). *Social Security, Medicare and Pensions*. Nolo.

Meenaghan. T. & R. Washington. 김한주 역(1983). 『사회정책과 사회복지』. 법문사.

Omran, A.(1982). *Epidemiologic Transition*. International Encyclopedia of Population.

Pinker. R.(1979). *The Idea of Welfare*. London: Heinemann.

Rejda, G.(1999). *Social Insurance and Economic Security*. N.J.: Prentice Hall.

Seshamani, M. & A. Gray(2004). "Ageing and health-care expenditure." *Health Economics*.

Sobotka, T.(2008). "The rising importance of migrants for childbearing in

Europe." *Demographic Research.* 19.

Stearns, S. & E. Norton(2004). "Time to include time to death? The future of health care expenditure predictions." *Health Economics.* 13.

Titmuss, R.(1974). *Social Policy.* London: Allen & Unwin.

Titmuss, R.(1976). *Commitment to Welfare.* London: Allen & Unwin.

Townsend, P.(1975). *Sociology and Social Policy.* London: Penguin Books.

Verbon, H.(1988). *The Evolution of Public Pension Schemes.* Berlin Heidelberg: Springer-Verlag.

Zweifel, P. et al.(1999). "Ageing of population and health care expenditure." *Health Economics.* 8.

OECD (2006). *Projecting health and long-term care expenditures.* Paris: OECD.

OECD (2011). *Retirement Income Systems in OECD and G20 Countries.* Paris: OECD.

OECD (2011). *A Framework for Growth and Social Cohesion in Korea.* Paris: OECD.

OECD (2012). *Public Spending on Health and Long-Term Care.* Paris: OECD.

OECD (2013). *Pensions at a Glance 2013: OECD and G20 Indicators.* Paris: OECD.

OECD (2013). *Historical Population Data and Projections(1950~2050).* Paris: OECD.

OECD (2014). *Statistics on Average Effective age and Official Age of Retirement in OECD Countries.* Paris: OECD.

OECD (2014). *OECD Factbook 2014.* Paris: OECD.

정헌영 ————————————————————————————————

정헌영은 성균관대학교와 서울대학교 대학원 및 성균관대학교 대학원에서 학사, 석사, 박사학위를 취득했고, 현재 서경대학교 공공인적자원학부 교수로 재직하고 있으면서, 사회복지개론과 사회복지정책론, 사회조사방법론, 데이터분석론 등을 강의하고 있다.

사회복지정책의 이해

초판인쇄 2020년 12월 31일
초판발행 2020년 12월 31일

지은이 정헌영
펴낸이 채종준
펴낸곳 한국학술정보㈜
주소 경기도 파주시 회동길 230(문발동)
전화 031) 908-3181(대표)
팩스 031) 908-3189
홈페이지 http://ebook.kstudy.com
전자우편 출판사업부 publish@kstudy.com
등록 제일산-115호(2000. 6. 19)

ISBN 979-11-6603-257-8 93330